厦门大学
哲学社会科学繁荣计划
2011—2021

本书得到中央高校基本科研业务费专项资金（Supported by the Fundamental Research Funds for the Central Universities）资助，项目编号20720151261。特此致谢。

广告中的两性研究

Research of Gender in Advertising

周　雨 / 著

厦门大学出版社　国家一级出版社
XIAMEN UNIVERSITY PRESS　全国百佳图书出版单位

图书在版编目(CIP)数据

广告中的两性研究/周雨著. —厦门:厦门大学出版社,2016.6
(品牌与广告研究书系/黄合水主编)
ISBN 978-7-5615-5928-4

Ⅰ.①广… Ⅱ.①周… Ⅲ.①广告-人物形象-研究 Ⅳ.①F713.8

中国版本图书馆 CIP 数据核字(2016)第 148366 号

出 版 人	蒋东明
责任编辑	王鹭鹏
装帧设计	李夏凌　张雨秋
责任印制	朱　楷

出版发行 厦门大学出版社

社　　址	厦门市软件园二期望海路 39 号
邮政编码	361008
总 编 办	0592-2182177　0592-2181406(传真)
营销中心	0592-2184458　0592-2181365
网　　址	http://www.xmupress.com
邮　　箱	xmupress@126.com
印　　刷	厦门市明亮彩印有限公司

开本	720mm×1000mm　1/16
印张	15.25
插页	2
字数	274 千字
印数	1~2 000 册
版次	2016 年 6 月第 1 版
印次	2016 年 6 月第 1 次印刷
定价	45.00 元

本书如有印装质量问题请直接寄承印厂调换

厦门大学出版社
微信二维码

厦门大学出版社
微博二维码

序

　　男与女，是永恒的话题，它给广告注入源源不断的灵感，又时刻映证着时代的风云变化。

　　如同许多的创新、试水总是先于理论而行，广告中的两性真正进入学界的视野，要到 20 世纪 70 年代，首先是女性引起关注。彼时伴随着美国进入丰裕时代，广告市场蓬勃发展，大量的美女被应用到广告中来促销。人们自然要问，这样用美女到底好不好？还有，这样用美女到底对不对？于是效果研究和刻板印象批判两个研究思路逐渐建立起来。在第一个议题下，学者们提出并证实产品/模特一致性假设，即消费者认为产品是有"性别"的，如果被认定是女性的产品，那么广告用女模特来代言，最能得到受众的喜爱和信赖。还有传统的"异性相吸"观念也得到验证，人们都喜欢看异性的美丽，但是如果涉及性诉求时，大家会特别讨厌裸露太多的同性，尤其女性更是如此。通常这种现象的解释是移情、设身处地的心理普遍存在，当人们假设自己被暴露在众人的注视下，肯定会感到不自在。我在进行广告和绘画中的裸露效果比较研究时，也从深入访谈中发现了受众的这一顾虑。

　　在第二个议题下，大量的描述性研究都论证了一个事实：广告中的女性形象的确是刻板印象，无论在年龄、形象、社会角色、两性关系上，女性都不是真实而全面地被反映，且存在的主要目的是被看。由此，随着女性主义思潮和运动的兴起，刻板印象成为无数学者的批判重点。这样的关注一直持续到 21 世纪初，学者们发现，尽管过去 30 多年，刻板印象依然顽固，但总体上来说在朝着两性平等的方向发展。比如有的研究发现如今的广告如果塑造现代女性形象的角色，效果会更好。而在现代女性形象中，平等主义女性又比女强人形象会更好。经济资源理论被用来解释此结果,这一理论认为家庭中女性比男性权力小,是因为她们为家庭所提供的经济资源小。随着女性经济能力提高,她们对丈夫在家庭中承担的家务抱有更多期待,因此广告才会表现为平等主义,中国的一句俗语"经济地位决定家庭地位"差可比拟。

刻板印象研究关心的对象起初是女性,而只有在比较中才能见出差异,自然而然地,男性形象和角色的描述增多起来,并逐渐成为研究重地,这大概是20世纪八九十年代的事情,彼时所谓的"男性主义运动"开始萌芽。传统的广告中男性形象是为了反衬女性的柔弱和性吸引力,如今越来越多的广告愿意表现平等一点的男性,甚至外表女性化的男子,国内的称呼有"花样美男""暖男"等。有学者提出"男性的对象化"理论,"对象化"这个词本来是形容女性形象的,但当前男性的身体,像女性一样被肢解、打包以适应广告销售,成为被操控和观赏的对象。

对男性的一系列思考终于在R.W.康奈尔的《男性气质》一书中建构成理论,她将男性气质分为支配性、从属性、共谋性和边缘性四种类型。目前我们在广告中看到的异彩纷呈的新男性形象,大抵上都属于共谋性气质,他们既向女性伸出橄榄枝、分担职责、展示平等态度,又从长期和整体上由支配性男性气质所塑造的社会环境中继续获益。

以上的两个研究议题有没有国别差异?这可以说是广告与性别研究的第三个思路,也是跨文化广告研究中的一大重点。国内对此问题的关注,离不开1996年于北京召开的世界妇女大会的推动。自此以后,大量的著作和理论被引进,大规模的全国性调查和学者自主进行的研究齐头并进,大家关注的主要是第二个议题,刻板印象是否在中国同样存在?答案是肯定的,不独在90年代、20世纪初如是,即使到了2010年代,整体上仍然摆脱不了男尊女卑的关系模式。

不过,这样的结论显然不够让人满意,因为放眼望去,热点的话题却是肉食女、草食男的搭配,花美男占领杂志版面,相亲秀上男性惨遭全部灭灯……作为研究者，我不禁要问，现实和学术，到底哪一个才真实？

至少，研究视角和方法是一个至关重要的影响因素。广告学研究，作为社会科学的一个分支，在视角上，专注的多是静态和稳定的现象；在方法上，沿用的多是量化方法，归纳的多是主流规律。这样做的好处自不必多说，但缺陷和流弊就是：忽视新兴的、尚未成气候，却可能具有重大启示意义的个例。

有鉴于此，笔者有意识地去搜集和分析那些广告中的热点现象和特殊个案，这构成本书的第一个独特性。书中所涉现象大都五年之内新近发生，所涉案例大半与众不同、不走寻常路。比如网球巨星李娜颠覆传统的女性形象，她欺负自己的丈夫及教练，教训不守规矩的观众，脱离为国争光的套路；热门的真人秀《爸爸去哪儿》中"全能全美"的明星父亲们让过去的大老爷们汗颜；再如，专门卖给女性的护肤品、化妆品甚至卫生用品，却使用根本没有产品体验的男性来推荐代言；还比如，治疗不能宣之于口、难言之隐的私密产品使用特殊的技巧来广而告之，等等。这些现象在业界也许有过短平快的点评，但真正系统、客观而且诉诸于理论的检视还没有。

第二个特点，是研究问题的推进。刻板印象研究，坦率而言，目前进入了瓶颈时期，无论中外（荷兰学者凡·祖南《女性主义媒介研究》一书做了集大成的理论体系总结）。例如裸露的刻板印象，研究者所用的理论框架大都是将裸露程度分为数级，程度越高，性诉求意味越强，对女性的侮辱和歧视也越高。但笔者所接受过的美学教育却告诉我，情况远没有这么单纯。因为在另一个视觉文化的重镇——绘画中——裸体无疑数量更多，程度更高，却不一定都意味着性和侮辱。如18世纪法国画家安格尔的名作《泉》，一位正面全裸的直立少女手捧着水罐，德拉克罗瓦《自由引导人民》中裸露双乳手举旗帜的自由女神。假如按照广告解读的逻辑，这样的形象无疑是对女性极致的歧视。恰恰相反，无论是艺术史评价还是个人体验，均认为这样的裸体象征了纯洁、独立，是对女性的最高赞美。或许有人会说，这是两个完全不同的领域，功能形态都不一样，怎么能放在一起评价？但笔者相信，受众是在用同一双眼睛看裸体，即使广告主希望，也无法强迫人们把广告只当广告，而不是文化产品来接受。那么，为什么研究者不能用艺术作为参照系来思考广告呢？况且有学者已经敏锐地注意到其实艺术中的女性和男性也是刻板印象。

于是，本书中两篇有关广告和绘画中裸露比较的论文即是尝试。一篇通过调查和深入访谈证实了几乎是常识的判断：的确人们对广告中的女性裸露态度更严格，道德评价更低。而之所以这么判断的原因，远不止于功能属性定位的差异，还包括广告和绘画各自的表现方式、放置情境的不同。第二篇则延续该问题，选择数副裸露程度、姿势都非常相似的广告和绘画，从视觉修辞的角度来微观比较，发现广告使用的对比、夸张、避讳等修辞能更突显裸露以吸引受众，又规避伦理争议。笔者相信，广告和艺术的交叉研究一定能为媒介性别的议题注入活力，目前仅仅是开始。

此外，长期以来广告与性别的研究主战场都是以美国为代表的西方学术界，许多跨文化研究致力于通过比较来发现本土广告文化的特质。笔者在长期的教学中深深体会到，相比于广告理论、广告策略而言，广告文案，即通常所说的广告语、广告修辞等更具有文化的差异性。许多西方优秀的文案教材直接拿到国内来用，会饱受水土不服的折磨，不少伴随网络和新世代人群而生的词汇表达又未进入研究视野。因此笔者从自身的教学需要出发，重点从广告语的修辞和诉求等角度来分析某些产品品类的文案特色，从中可以看出中国本土消费者的心理倾向。特别是一篇论文探讨私密产品，包括计生用品、女性卫生用品、性保健品在内的隐私性产品，它们本身具备"不公共"和"不公开"的性质，即不在群体中共同使用和不分享使用信息，这与广告的"公共"和"公开"属性恰好针锋相对，如何把"不可说"变成"可说"？这其中的技巧值得玩味。

新兴现象的专注、传统议题的推进、本土文化的深挖，这大概就是本书值得一读的原因吧。但最为遗憾的是，在理论本土化方面，笔者尚未有可喜的进展，这不独是自己，也算许多跨文化研究者的目标。有学者曾做出很好的尝试，比如方钢在康奈尔的四个男性气质基础之上，结合中国传统文化特色，提出了"男性气概十字轴理论"。今后，笔者应会继续沿着广告与艺术交叉研究的思路走下去，希望能有所突破。正如古语所言，虽不能至，心向往之！

最后，这本书里的论文都基于笔者长期的教学和科研实践，感谢学生给我灵感，与我合作。具体合作情况如下：

周雨、郎虹晨《裸露的意蕴：广告和绘画中的视觉修辞比较》；周雨、吴凡《受众对于广告中女性裸露的态度和道德评价研究：与绘画相比较》；陆宇航、周雨《广告中社会性别刻板印象的解构：以李娜的影视广告为例》；周雨、柳荷《如何言说"不可言说"：私密产品广告语的修辞分析》）；周雨、袁菲《台湾性诉求广告研究》；周雨、殷毅雄《变迁中的男性特质分析：以〈爸爸去哪儿〉明星父亲代言广告为例》；周雨、丁月婷《性别逆向代言广告的创意策略分析：与同性代言广告对比》；卢静芳、周雨《性别逆向代言化妆品广告中的男性形象解读》；周雨、郭珮玲《男性和女性护肤品的广告语比较研究》；伍叶瑶、周雨《社会变迁中的婚恋观：三十年征婚广告的历时研究》；韩庆、周雨《国外性别与广告研究述评》。

周　雨

2016 年 4 月 1 日

目　录

上编

裸露的意蕴：
广告和绘画中的视觉修辞比较

[摘要]裸露是广告性诉求策略的主要手法，也是绘画中的常见主题，引入同属视觉文化的绘画作为参照，可更深入地理解广告文化及其传播。本文以视觉修辞理论为研究角度，通过符号分析，比较三组广告和绘画在呈现相似的女性裸露形象时所应用的修辞方法，探讨两者的差异及其修辞效果。研究发现广告擅长运用对比修辞来突出裸露；为了规避伦理争议，广告遮蔽身体，但应用避讳的修辞手法更加突显裸露；广告的夸张修辞塑造了理想的裸露形象；广告修辞的目的明确，与产品及主题相关性强；某些性意味强烈的裸露经由广告修辞美化，降低了冲突性。

[关键词]裸露；广告；绘画；视觉修辞

性诉求及裸露是广告的常用创意，美国学者弗·杰姆逊认为广告正是把那些最深层次的欲望通过形象引入消费，因此性作为人们的本源欲求得以在广告中开枝散叶。然而，性诉求和裸露的广告传播效果及社会影响争议最大，这与艺术史上比比皆是的裸体绘画收获的评价大相径庭，人们通常都认为艺术中的裸露要比广告中的裸露更为美好。或许两者的本质属性及社会期望各有偏重，但笔者认为绘画和广告同属视觉艺术，其处理裸露的方式，即视觉修辞上的差异，也是至关重要的原因。因此，本文挑选了具有相似裸露姿势和程度的女性形象进行比较，以期发现广告和绘画为了服务彼此的主题而使用的修辞技巧有何不同，为广告合理使用裸露提出建议。

1 研究背景

裸露在广告和绘画中的分别研究均较为丰富，但将其纳入一个视野的观照较少。广告中的裸露研究侧重于其效果及社会意义批判。

1.1　广告中裸露的分类及效果

裸露指广告中模特裸露身体的一些部位或全身，它是性诉求最常见最普遍的表现方式(Tom,2002)。

裸露的类别和程度，有学者按照不裸露、端庄、诱惑、裸体四个层次来划分(Peterson & Kerin,1997)；也有划分为不裸露、裸露头颈、裸露上身、侧面全裸、正面全裸的五个阶段(Alexander & Ben,1978)；以及性感嘴唇、诱惑着装、半裸、全裸这四种程度(Piron & Young,1996)。裸露越多，性诉求的效果越强烈。

裸露广告最主要的积极效果在于增加消费者对广告的注意力，模特作为画面装饰能加强回忆(LaTour,1990)；裸露能唤起强烈的情感，使受众感到性兴奋与能量，无论男女都表示，含有性诉求的广告比不含性诉求的广告更有趣(Bello, Pitts & Etzel,1983;LaTour, Pitts & Snook,1991)；有时裸露确实会刺激消费者的购买欲望，具备一定的行动效果(Simpson, Horton & Brown, 1996)。

裸露广告的消极意义体现在对广告、产品的态度和道德评价上。直白的性诉求容易招致受众的负面态度(Simpson, Horton & Brown,1996)；两性对裸露广告的态度不完全一致，男性喜欢高度的裸露形象，女性则讨厌全裸广告(LaTour & Henthorne,1993)。此外，裸露程度越深，广告在道德伦理上越不被认可(Henthorne & LaTour,1995)，其社会效应越差。

由于广告中的裸露形象以女性居多，因此刻板印象和歧视是裸露的另一大争议(Harold,1976)。大量的广告利用女性身体带来的性刺激吸引消费者注意，而忽视了女性的其他魅力。

总体而言，学者们从传播效果角度认同性诉求和裸露的正面作用，但从社会影响和伦理评价上否定裸露，对其评价毁誉参半。

1.2　绘画中的裸露

相比广告中争议性极大的裸露，绘画中的裸露形象则让人赞誉有加。雕塑大师罗丹说："一个人的形象和姿态必然显露出他心中的感情，形态表达内在的精神。对于懂得这样看法的人，裸体是具有丰富意义的。"(罗丹,2001)我国最早系统研究裸体艺术的学者陈醉认为，"人类最早表现自己的艺术就是裸裎袒露的，而且，蕴含其中的单纯而强烈的情感也犹如他们的身躯一样地赤诚坦荡"(陈醉,1987)。

绘画中的裸露研究侧重于从美学鉴赏的角度,或站在社会学角度探讨裸露和民俗文化的关系。学者们一般将裸露形式的演变分为远古时期、古希腊罗马时期、中世纪时期、文艺复兴时期、资本主义发展时期以及现代艺术时期(罗斯玛丽·兰伯特,2009)。

原始裸体形象可以看到生殖崇拜的基调,裸体艺术品有着混沌圆浑的形态,重点刻画丰满的乳房,肥大的臀部以及明显的下腹。从旧石器时代到新石器时代的过渡中,原始人的艺术创造力不断提高,裸体形象被赋予更多的审美意味。古希腊时期的人物画是人性和神性并存,裸体艺术既是信徒们对神的礼赞,也是对人类自身生命力和肉体美的讴歌。这一时期的女性裸体多取材于神话传说中的女神形象,理想化的神性美与世俗的女性美融为一体。中世纪宗教的禁欲主义和蒙昧主义使得裸体艺术受到曲解和丑化,这时期的裸露女性形象数量较少且多为着衣的圣母,"裸体"的主题更多地表现为忏悔和殉道。经过中世纪艺术对感性欲望的长期禁锢后,文艺复兴的大师们通过裸体女像来歌颂人性解放,以古希腊罗马神话和圣经故事为主题表现世俗生活和女性身体的优美。绘画的内容在裸露的女性之外加入自然元素,对女性身体的描绘更加精确,结合了圣洁的神性和世俗的美感。这一时期杰出的女性裸体绘画不断涌现。随着资本主义经济发展,享乐主义取代禁欲主义,取材于世俗的自然逼真的女性裸体形象表现了宫廷贵族和上流社会的生活。18 世纪的洛可可艺术中,女性身体被描绘得甜美世俗,色彩和造型带着特有的程式,题材轻松而现实,不似之前的宗教气息浓厚。19 世纪法国大革命后资本主义蓬勃发展,艺术流派众多,裸体艺术整体上的发展趋于精细化、生活化。现代艺术流派蔚为大观,裸体艺术大都以变态方式为主,真实的透视和空间感不再流行,被欣赏不再是作品的唯一目的,裸露常被艺术家作为符号来传达批判性观念。

总体而言,美术史对使用裸体形象的整体态度是认同并支持的,认为其代表人性本源,对其引起性欲的可能性同样予以认可,"审美意识在它的产生过程中,一开始就打上性的烙印"(Sherry C.M.,2012)。人们讨论裸体艺术的时候,不可能完全将自我的欲念与对艺术品的审美体验割裂开来,"任何一个裸像,无论它如何抽象,从来没有不唤起观者的零星情欲,即便是最微弱的念头。如果不是这样,它反而是低劣的艺术,是虚伪的道德"(肯尼斯·克拉克,1988)。但艺术史普遍支持裸露的审美意义远超过其道德争议。

将广告和艺术进行跨学科的研究虽然较少,但富有启发意义。有学者从传播学的角度考察艺术,发现艺术并非象牙塔里的产物,事实上它和媒介文化一样,是被塑造出来的,绘画中也存在鲜明的刻板印象,女性的裸露比男性频繁,程度要高,而且角色固定(Charlotte,1983)。还有通过实验法和访谈法进行的广告和绘画态度评价,发现受众对绘画中裸体的态度和道德评价比对广告宽容。观众虽然喜欢裸露,但对全裸和半裸广告的态度呈现两极化,女性最厌恶全裸广告;人们对绘画中的裸露程度则不那么在意(周雨、吴凡,2014)。

有鉴于此,笔者希望进一步从视觉修辞学的角度对广告和绘画文本进行微观分析,发掘裸露的内涵差异,着重考察广告修辞的特色。

2 研究过程

2.1 研究方法

视觉修辞学可以说是传统修辞学的图像领域应用。修辞的本质是说服技巧和艺术,传统修辞学针对语言,被认为是"语辞的调整或适用",是"达意传情的手段"(陈望道,2014)。从 20 世纪 60 年代开始,法国哲学家罗兰·巴尔特首先提出修辞研究的"视觉转换",要在视觉传播领域中寻找语言学修辞手段的图片性对等物,他据此开创视觉修辞学(Barthers,1977)。他用修辞的术语来分析一则意大利食品广告图像中各元素的符号学意义,指出图像包含三种讯息——语言学讯息、被编码的图像讯息和非编码的图像象征信息(罗兰·巴尔特,2005)。符号学方法是视觉修辞分析的主要工具(Scott,1994)。

本文的分析框架,笔者借鉴"修辞三角"理论(Hesford & Brenda,2007),从主题/内容(subject/content)、视角(perspective)、观众/内容(audience/content)三方面展开。主题/内容包括图像的主题和元素构成、配置;视角包括观者的角度以及和图像的距离关系;观众/内容包括图像和观者所处的历史文化语境。接着,将分解后的文本信息又综合予以理解,阐述其修辞重点和对意义的塑造与传达。

所用文本是精心挑选过的三组具有相似裸露姿势和程度的广告及绘画作品,绘画样本建立在笔者长期的观察和对艺术史名著的详细阅读基础之上,以"nude""nudity""advertisement"等为关键词进行网络搜索,搜索到匹配的知名裸露广告。

2.2 研究结果

2.2.1 第一组视觉修辞对比

从构图、色彩、线条、人物形象、装饰、空间及运动感等方面,概括出广告和艺术所使用的主要修辞手段及差异,如表 2-1 所示:

表 2-1 第一组视觉修辞比较

画面简介	模特 Kelly Brook 2009 年为 Ralph Lauren 运动内衣拍摄的平面广告	《维纳斯的诞生》,"文艺复兴三杰"之一波提切利(Sandro Botticelli)绘制于 1485 年
裸露程度	人物全裸;花束遮挡胸部和下体;脚上穿着鞋子	人物全裸;前臂弯曲遮住胸部;手持头发遮住下体
构图	单独人物居中;模特近景,背景建筑远景;画面中无产品;地面、盆栽、大门、立柱组成的横竖结构稳定平衡;仰视视角拍摄模特	主角人物居中;主角和配角近景,背景地平线;主角维纳斯构图稳定,配角本身不稳定,主配角三角形构图稳定,烘托中心主角;仰视视角描绘主角
色彩线条	整体色调与肤色相近;色彩纯度低;冷色调;大色块为主;花束的粉色与绿色较为鲜艳,与人物肤色形成对比;背景大门黑色与人物肤色对比同样鲜明;散射光,人物肤色是最亮的色块;人物线条清晰	整体色调与背景色接近;色彩纯度更低;中性色调;人物肤色及头发最亮,配角人物次之,四角背景最暗;线绘手法,轮廓清晰;细节明确

续表

人物形象	模特身体直面镜头,头转向左侧;视线看向画外,与观者无对视;表情平静而专注;体型丰满,胸部和臀部丰满;穿着高跟鞋,腿部比例拉长	维纳斯身体呈波浪曲线姿势;视线直视观者,但无表情,无互动,眼神忧郁冷漠;身材纤长,不够丰满,腹部丰腴;脖颈、手臂比例拉长
空间距离	人物背后封闭空间,两侧开阔;模特距离镜头近,下方触框,封闭平面	四周开阔自然,两侧人物占据画幅,纵深感强,开放平面
配饰细节	总量少;门边对称两个盆栽,模特左前方一株植物,不完整、模糊;与模特直接相关的花束、鞋子,清晰完整	总量多;配角人物表情、衣饰、头发细节完整,花纹繁杂;背景湖水、天空、陆地、植物,种类多,描绘清晰生动
运动趋势	人物呈现动态趋势,背景完全静态	主角人物静态;配角人物及衣袍动态趋势,向中间聚拢;背景中花瓣、湖水、树叶动态

广告和绘画中各种修辞手段的搭配而呈现出两个突出的特征。

(1)对比与和谐。广告通过视觉修辞的对比将注意力集中到裸露人物,绘画中的裸露各元素和谐搭配,人物融入其中。广告中的裸露要比绘画更引人注目,广告用各种表现手法制造出对比矛盾。模特的身体趋势和视线方向相反,这是对比之一;模特用手和花束遮蔽胸部和下体,表情却认真坚定丝毫不含羞怯,这是对比之二;虽然画面是静止的,但是模特伸出脚的临界点瞬间被固化而达到化静为动的效果,与整体稳定构图相左,这是对比之三;模特本身肤质细腻,细节精细,环境像素模糊残缺,这是对比之四。鲜明对比的色块,横纵分割的构图等,都集多重矛盾于一身,聚焦了观者的视线,使其牢固地记住裸露本身。

绘画中的和谐也体现在主题、色彩、构图、配饰等多个方面。维纳斯虽然被左右两侧的风神、花神、时序女神等烘托成为主角,但人物之间通过视线、身体趋势而互相关联、指示。维纳斯的长发、湖水、花瓣、衣饰等被风神从画面左侧吹向右侧;维纳斯作为画面中最亮的部分,通过浅背景色过渡到次亮的配角人物,再从配角人物衣饰过渡到最暗的四角景物,色彩过渡渐变和谐;构图上,地平线的稳定平衡感和两侧配角的倾斜动感相互映衬;维纳斯本身描绘精细,但保留了很多素描线条的底色,蛋彩薄涂,与背景和配角细节的繁琐之风保持一致。总之,尽管观者能体会到维纳斯是当仁不让的主角,但其个体的优美和整体的和谐融为一体,广告中的所有元素似乎都是为衬托裸体模特而设置。

(2)故意遮蔽与故意裸露。广告和绘画都有意遮蔽身体,但广告的遮蔽更突显裸露。广告和绘画中的女性都遮蔽部分身体,然而给人的观感却相差较大。广告使用各种技巧遮蔽直接的性刺激,突出裸露的意图。胸部被花束和手臂遮挡,但由于模特手臂紧压在身体上,反而让胸部被挤压得更加呼之欲出。鲜亮的花束是全幅画面中的高光所在,恰好吸引观者去注意被遮挡的部位。模特虽然未暴露胸部,但整体丰腴,曲线毕现,性吸引的效果一目了然,其柔和的身体曲线在深色大门、僵直的背景构图映衬下更为清晰完整。模特虽然不与观者对视,但走下台阶的瞬间动作暗示运动趋势,深色背景向后退却,营造出模特即将走出画面,走向观者的观感。

反观绘画中的维纳斯,表情淡漠、忧郁,虽然与观者直视,但在仰视的视角下,人物的视线似超越观者,而看向观者身后的大空间。维纳斯虽然身体姿势是动态的,但重心停留在稳定的左脚上,而广告中的模特身体落在伸出台阶的右脚上,一静一动对比明显。维纳斯的身材过于纤长羸弱,胸部也不丰满,脖颈和手臂的比例被刻意拉长,进一步掩饰了直接的性吸引力。在肌肤的质感上,画家描绘时保留大量的线描底色,色彩薄涂,肌肤的质地显得不够细腻平滑。最重要的是,维纳斯的神态被画家塑造得面无表情,彰显了古希腊绘画崇尚的"高贵的单纯和静穆的伟大"之美(朱光潜,1979),传递出神性的一面。此外,丰富的细节配饰,对配角人物精心的描绘布置等,都分散了观者对维纳斯的单独凝视。

值得一提的是,广告同样使用修辞手法来增强裸露的美感,降低冲突性。除了用美丽的花束来遮蔽身体之外,模特的视线被特意设计成望向画外,没有与观者对视或做出具有性暗示意味的动作,这一方面降低了刺激感,另一方面也营造出丰富的想象空间。

2.2.2 第二组视觉修辞对比

表 2-2 第二组视觉修辞对比

画面简介	模特 Cara Delevingne 2014 年为 Tom Ford 品牌女士香水 Black Orchid 拍摄的平面广告	《镜前维纳斯》，近现代主义西班牙画家委拉斯凯兹（Velazquez）绘于 1650 年
裸露程度	裸露臀部、背部和部分胸部	裸露臀部、背部
构图	横向构图；模特横卧，占据画面主体；产品由模特手持；俯视角度	横向构图；模特横卧，占据画面中下部；脸部映射在镜中，模糊化；平视角度
色彩线条	整体冷色调；纯度高；对比鲜明；顶部集中投射光，皮肤高光明显；皮肤明暗对比明显，立体感强；背景中的水波亮度、纯度高，细节不详，与模特形成对比；人物线条清晰，轮廓明显，高对比度	整体暖色调；纯度低；色彩柔和；室内散射光，维纳斯背部略亮；背景的织物亮度、纯度低，质感细微；人物轮廓稍模糊，色彩晕染，无明显线条
人物形象	模特身材修长纤瘦，肌肤紧致，臀部突出，肌肤小麦色，曲线锐利；水珠映衬肌肤光滑感；眼神直视观者，嘴唇微张，容貌美丽，妆饰厚重，有挑逗性；躯体动作紧绷；水中的手臂指向产品	维纳斯身材腰肢纤细，臀部丰腴，肌肤白皙；镜中倒映出的面庞模糊，表情淡漠；背对观者侧卧，以手撑头，两腿微曲叠放，动作状态自然放松
空间距离	纵深感小；模特处于近景中	纵深感略高，延伸至丘比特身后墙壁；模特处于中景中，有织物形成前景

续表

配饰细节	总量少,细节清晰;模特卧于水中,紫色花朵围绕;产品部分隐于水中,不明显	总量多,轮廓模糊;模特卧于布幔上,丘比特、镜子、丝带、帷幔、衣饰等围绕
运动趋势	水波流动状;人物处于静态,但身体姿势紧绷,有力量感	人物和背景均静态,无运动趋势

两组作品虽然裸露程度很接近,但修辞手法对比强烈,这就产生如下两个重要差异。

(1)阳刚与阴柔。广告与绘画都刻画了女性裸露之美,但广告中的女性更符合现代审美取向。对比,仍然是广告和绘画的主要修辞,其目的都是突显主体——裸露的女性。绘画中的对比非常明显,布幔的柔软和肌肤的光滑,织物的红绿与肌肤的白皙,模糊的脸部和细腻的背部、臀部等。但总的来说,广告的对比更强烈,且意图更不一致,广告中的女性呈现出现代感的性吸引力。模特身材纤瘦,皮肤光滑紧致无瑕疵,肤色日晒色,这是注重运动饮食的现代女性所认可的性感。女性的力量感还体现在身体姿势上,模特姿态绷紧,刻意扭曲臀部来塑造鲜明的身体曲线。在柔和的整体曲线中,由手臂夹角形成的鲜明锐角传达出强烈的运动感,还指向产品。画面的阳刚风格通过其他烘托物加强,如整体的冷色调,高对比度、高反光的水波背景,皮肤上晶莹饱满的水珠,整齐利落的头发和一丝不苟的妆容等。

相比之下,绘画的风格是柔和的,人物姿态、肌肤状态、表情神态都是放松慵懒的,身体曲线虽然也很鲜明,但不如广告中锐利,人物背对观者更降低了互动性。其他因素,如蓬松的头发、随意褶皱的布幔、丘比特的动作等都烘托出人物的闲适。

(2)理想与平凡。广告比绘画更试图塑造完美的女性来唤起向往。从模特的身材、容貌都能看出,广告中的女性更符合形式美的标准,她比普通的消费者更美丽,因而成为一个理想形象来吸引受众的向往,这是广告常用的夸张修辞策略。为了强化这一完美性,构图上身体占据画面主体,背景色和配饰都来烘托主角,人物刻意摆拍,场景的空间感被刻意缩短,使裸露成为特写中心。这一去掉背景,极力强化对身体关注的手法,被认为具有"恋物癖"的修辞效果(乔纳森、珍妮特,2005),即美化、神圣化对象,激发受众的仰慕情感。反观绘画,人物、场景、烘托物等都更接近常人的世俗生活,色调、构图和线条等手法也致力于营造出整体的氛围。

此外,视线是重要的唤起技巧。绘画中有一定距离的平视视角是最常见的观看角度,它与传统的"静观"审美态度是呼应的(宗白华,1981);广告采用俯拍的视角对待女性,一般认为这种手法显示了主体的操控性,卑微化对象,是广告常见的取悦观者的策略;模特的头部微微上扬,潜藏着动能,与观众略成对峙状态,激发观者的征服欲望,眼神直视观者,口唇微张,直接传递性挑逗意味,并渴求回应,各种刺激都试图提高观者的卷入,唤起其情绪。

广告在性诉求的策略之下,并未忘记广告的产品主题。虽然产品本身的色彩和摆放位置都与背景融合,但人物手臂夹角形成的尖锐运动趋势指向产品。

2.2.3 第三组视觉修辞对比

表 2-3 第三组视觉修辞对比

画面简介	明星 Rihanna 2009 年为其个人品牌 Reb'lFleur 叛逆花朵香氛拍摄的平面广告	《金发宫女》,法国洛可可派画家布歇(Francois Boucher)绘于 1752 年
裸露程度	裸露部分背部、腿部,遮盖臀部;俯卧姿势	裸露全部背部、臀部;俯卧姿势
构图	横向构图;模特横卧,占据画幅主体;产品居于前景右侧,与人物无关系;仰视视角	横向构图;模特横卧,占据画幅中部;俯视视角
色彩线条	整体粉色的暖色调,色调高度统一;人物及环境均纯度低、明度高;产品黄色,明度、纯度高,对比强烈;逆光散射;人物轮廓分明,线条感弱	整体金色的暖色调;色彩细节丰富;室内散射光,人物最亮,四角最暗;人物线条感弱,轮廓柔和;画面元素多

续表

人物形象	模特俯卧,手臂遮挡胸部,衣物遮挡臀部,但轮廓可见;脚上穿鞋;双腿分开;发色红色,偏向左侧,裸露肩部;模特纤瘦,体型小巧,皮肤棕色,细腻有光泽;眼神直视观者,嘴唇微张,有挑逗性;身体姿势较为放松	模特俯卧,手臂遮挡胸部,臀部和背部全裸;双腿分开距离大;体型小巧、丰腴,肤色白皙,偏向粉色,质感有弹性;模特容貌稚嫩;眼神看向画外,与观者无对视,表情淡漠,手中无意识把玩发带
空间距离	纵深感强;模特居于前景,背景延伸至窗外	纵深感弱;背景为墙壁,室内空间,模特居于中景
配饰细节	配饰数量少,单纯,色彩与整体色调呼应;手上配有饰物;产品独立,与模特和场景均无关联	总量多,种类繁复,琐碎;描绘细致
运动趋势	人物姿态稳定,背景静态	人物姿态稳定,配饰杂乱,床单有滑落趋势,整体有动态

作为典型的世俗宫廷绘画,布歇的作品曾被批评为格调低下,该幅是代表,这说明艺术中的裸露并不全是优美的,广告与之形成对比。

浪漫与色情。广告中的裸露降低了性刺激,增强浪漫氛围,绘画中的裸露色情意味偏重。布歇的裸女像被认为充满浓厚的色情气息,这种观感来自多种视觉符号的意义。人物的姿势是最被诟病的,虽没有裸露性征,但大面积的臀部裸露和叉开的双腿都带有明显的性意味,女性的丰腴肉感和细腻白嫩肤色强化了这一点。模特的脸颊酡红,目光迷茫,嘴唇微翘,使人直接联想到性。室内凌乱的布置和琐碎的装饰,金色和相似色的笼罩,这一切都赋予画面甜腻的气氛。

在广告中,具有强烈性暗示的臀部虽然仍能通过光滑的衣料看出轮廓,但刺激感已然降低不少,双腿分开的距离拉近,脚尖呈并拢方向,削弱了色情感。模特的外形依然符合现代审美标准的健康美,棕色的皮肤配上纤细紧致的肌肤,毫无绘画中的肉感和纵欲意味。色彩方面,整体色调是粉红色,且统一柔和,增添了浪漫气氛,裸露并不与周围环境形成鲜明对比,身体融于整体布局中,大大降低了冲击力。在视角上,广告采用略带仰视的拍摄角度,模特侧对镜头,这一方面减少了很多裸露部位,另一方面又暗示了对对象的尊重。相反,绘画的俯拍视角让裸露最大可能地被呈现无遗。

可见,艺术中的裸露并非一定会比广告更美,广告使用性诉求不一定只为追求性刺激本身,它的修辞手法能确保裸露的美感,规避伦理争议。

3   结论及启示

笔者归纳了广告和绘画描绘相似裸露程度的女性形象时各自所使用的视觉修辞特色,重点探讨其修辞效果和符号意义,主要发现如下:

(1)广告擅长运用对比修辞来突出裸露。广告的性诉求主题明确,裸露形象是修辞重点。对比是广告突出裸露的重要手法,绘画更注重呼应和谐。在动静关系上,广告通过静态的构图、色彩、线条,反衬人物的动态。在刚柔关系上,广告模特的动作和表情都比绘画更有力度,更符合现代审美标准。在矛盾与均衡关系上,广告中使用各种修辞手段将矛盾集中到裸露模特身上,绘画则追求人物间、人物与背景、人物与故事的和谐。

(2)广告规避伦理争议,遮蔽身体,但避讳的修辞应用更加突显裸露。纵观艺术史,广告中的裸露比绘画少,程度比绘画低,但广告的裸露更容易招致社会非议,遮蔽是广告常用的手法,这相当于修辞学中的"避讳"修辞,即为降低对观众的刺激而故意婉言某些隐私、粗俗或触犯之事(陈望道,2014)。广告通常遮挡胸部、下体等直接的性征,但其修辞手段反而变相地突出裸露的刺激。这包括:人物与观者的对视,身体化静为动的趋势,遮挡物暗示突出被遮蔽的部位等。

(3)广告的夸张修辞塑造了理想的裸露形象。任何时代的文化产品都会折射其社会思潮,广告和绘画中的女性均反映同时代的审美风尚。广告呈现出更有现代感的女性美,她注重身体的力量、肌肤的健康光泽和特定样式的容貌。不仅如此,广告还将这种美感夸张到极致程度,塑造出理想人格来吸引消费者。特写和去背景化的手法加强了人物的神圣性。绘画中的女性则更接近同时期的平凡人物。

(4)广告修辞的目的明确,和产品及主题相关性强。上述三种广告修辞的特点,笔者认为和广告的本质属性、功能定位密不可分。广告修辞的目的是提高说服效果,对比突出裸露、遮蔽暗示裸露、夸张裸露形象等,都旨在增强性诉求的效果,吸引注意力,促成受众好感。营销是广告的本质功能,广告使用各种修辞手段来指示产品,明确广告主题。这包括:产品、品牌等是广告的元素,环境和背景映衬产品,人物的眼神、手势或运动趋势指示产品,色彩与品牌识别统一等。绘画也服务于自身的主题,但显然比广告更为"自治"。

(5)某些性意味强烈的裸露经由广告修辞美化,降低了冲突性。艺术史中的裸露优美和低俗并存，并且由于艺术对裸露的呈现方式更为自由大胆，其性意味甚至超过广告的表现。广告通过修辞将露骨的性诉求调整改善，达到类似语言修辞中的"婉曲"效果（王希杰，2004），避免对受众的刺激。其手法有：减少裸露部位，掩盖性征；调整身体姿势，避免与性的直接联想；通过色彩、细节等烘托整体浪漫氛围；改变常用的俯视视角，用仰视来提升对象地位等。

通过引入艺术这样的视觉文本作为参照系，笔者认为能够更深入地理解广告文化及其传播。除了上述发现，广告和绘画的修辞比较还对刻板印象议题有所启示。传统研究认为裸露是性诉求的主要手段，裸露程度越高，性诉求的刺激越强，性意味越明显，对女性的歧视侮辱性越强。如果与绘画进行对照，就能发现单独从裸露程度来判断性意味程度是不够全面的。在第三组绘画中，虽然模特裸露背部和臀部，而最常指示性感的胸部完全被遮挡，但其形象、姿势、动态以及场景、装饰的配合，色彩、构图、线条的技巧，使得其色情意味远超出一般的裸露。在艺术史上，越是高程度的裸露，如正面全裸，模特的姿势反而是直立，描绘多仰视，这时候的裸露往往象征高贵、自由、理想等符号意义，女性是被尊崇和敬仰的对象。正如学者陈醉所说，"在西方裸体艺术中，一丝不挂的裸体是最为典型的自由象征。"（陈醉，2003）

在后续研究中，笔者建议还可以进一步通过实证、访谈的方式来考察受众对这些修辞的接受效果，或者进一步扩大视觉修辞的比较对象和领域，推进本议题。

参考文献

［1］WAYNE A M, JUDD B, Jr. Do nudes in ads enhance brand recall? ［J］. Journal of advertising research，1978，18（1）：47-50.

［2］BARTHERS R. Image music text ［M］. New York：Hill and Wang, 1978.

［3］BELLO D C, PITTS R E. The communication effects of controversial sexual content in television programs and commercials ［J］. Journal of advertising，1983，3（12）：32-42.

［4］O'KELLY C G. Gender role stereotypes in fine arts ［J］. Qualitative sociology，1983，6（2）：136-149.

［5］陈望道. 修辞学发凡［M］. 上海：复旦大学出版社，2008.

［6］陈醉. 裸体艺术论［M］. 北京：中国文联出版公司，1987.

［7］陈醉，曹林. 世界裸体艺术之旅［M］. 银川：宁夏人民出版社，2003.

［8］杰姆逊. 后现代主义与文化理论：杰姆逊教授讲演录［M］. 唐小兵，译. 西安：陕西师范大学出版社，1986.

[9] HAROLD W F. Sex stereotypes in advertisements [J]. Business and society，1976,17：24-30.

[10] HENTHORNE T L, LATOUR M S. A model to explore the ethics of erotic stimuli in print advertising [J]. Journal of business ethics,1995,14(7)：561-569.

[11] HESFORD W S, BRUEGGEMANN B J. Rhetorical visions：reading and writing in a visual culture [M]. NewJersey：Pearson Prentice Hall，2007.

[12] 克拉克. 裸体艺术：理想形式的研究[M]. 吴玫,宁延明,译.北京：中国青年出版社,1988.

[13] LATOUR M S. Female nudity in print advertising：an analysis of gender differences in arousaland ad response [J]. Psychology and marketing,1990,7(l)：65-81.

[14] LATOUR M S, HENTHORNE T L. Female nudity：attitudes toward the ad and the brand，and implications for advertising strategy [J]. The journal of consumer marketing,1993,10(3)：25-32.

[15] LATOUR M S, PITTS R E, SNOOK-LUTHER D C. Female nudity, arousal, and ad response：an experimental investigation [J]. Journal of advertising,1991,19：51-62.

[16] 罗丹. 罗丹艺术论[M]. 葛赛尔,记,沈琪,译. 北京：人民美术出版社,1987.

[17] 巴尔特. 形象的修辞[C]//巴尔特,鲍德里亚. 形象的修辞：广告与当代社会理论. 吴琼,杜予,编,北京：中国人民大学出版社,2005.

[18] 兰伯特. 剑桥艺术史：20世纪艺术[M]. 钱乘旦,译. 南京：译林出版社,2009.

[19] PETERSON R A, KERIN R A. The female role in advertisements：some experimental evidence [J]. Journal of marketing,1997,41(4)：59-63.

[20] FRANCIS P, MURRAY Y. Consumer advertising in Germany and the United States：astudy of sexual explicitness and cross-gender contact [J]. Journal of international consumer marketing,1996,8(3,4)：211-228.

[21] 谢勒德,伯格森. 隐秘的欲望：当代广告中的恋物癖,本体论和表征[C]//巴尔特,鲍德里亚. 形象的修辞：广告与当代社会理论.吴琼,杜予,编,北京：中国人民大学出版社,2005.

[22] SCOTT L M. Images in advertising：the need for a theory of visual rhetoric [J]. Journal of consumer research,1994,21 (September)：252-273.

[23] LINDQUIST C M S. The meanings of nudity in medieval art：an introduction [M]. Farnham：Ashgate Publishing Co, 2012.

[24] SIMPSON P M, HORTON S, BROWN G. Male nudity in advertisements：a modified replication and extension of gender and product effects [J]. Journal of the academy of marketing science,1996,24(3)：257.

[25] REICHERT T. Sex in advertising research：areview of content, effects, and functions of sexual information in consumer advertising [J]. Annual review of sex research,

2002,13:241-273.

　　[26] 王希杰. 汉语修辞学[M]. 北京:商务印书馆,2004.

　　[27] 周雨,吴凡. 受众对于广告中女性裸露的态度及道德评价:与绘画作品中的女性裸露相比[D]. 厦门:厦门大学,2014.

　　[28] 朱光潜. 西方美学史[M]. 北京:人民文学出版社,1979.

　　[29] 宗白华. 论中西画法的渊源和基础[M]//宗白华. 美学散步. 上海:上海人民出版社,1981.

受众对于广告中女性裸露的态度
和道德评价研究

——与绘画相比较

[摘要]广告使用女性裸露的性诉求已被证明有负面效果,它会引发受众的消极态度和较低的道德评价,绘画中的裸露比广告中的数量更多,程度更高,但一般人认为绘画中的裸露都是优美的、必要的。本文试图对此现象作比较研究,通过问卷调查法和深入访谈法,发现受众对广告中裸露的态度比对绘画中裸露的态度更为严苛。观众对全裸和半裸广告的态度呈现两极化,女性最厌恶全裸广告;人们对绘画中的裸露程度则没有那么在意。广告和绘画中的女性全裸比半裸都更能吸引注意力,但全裸比半裸更容易让人产生负面情感;男性比女性更喜爱裸露。影响态度和评价差异的原因有:广告和绘画的投放场合及社会属性不同、两者表现裸露的方式不同、两者对待女性的视角不同等。因此,广告创意和表现应借鉴、学习绘画在色彩、人物形象及姿势等方面的技巧,增强美感,减少争议性。

[关键词]女性裸露;广告;绘画;态度;道德评价

"食色,性也",广告贩卖欲望,于是女性裸露在广告里大行其道,它直白却效果显著,在西方从 20 世纪 60 年代甫一诞生,就呈不断攀升之势,直到 21 世纪后才逐渐放缓。我国在全球化浪潮中感受着西方品牌的国际化策略,裸露广告明显增多,不少本土品牌也纷纷效仿。

然而,裸露并不总是奏效,它会招致消费者的厌恶,引发社会争议。裸露广告效果的复杂性促使学者们从性别、年龄、教育等多个因素去探求原因,试图避免其负面效应。

如果我们将视线从广告一隅跳脱开来,就会发现裸露比比皆是,但确实没有一个文化现象能像广告中的裸露那么容易招致非议。有鉴于此,笔者引进另一经常使用裸露形式的绘画来进行比较研究,试图探寻受众对广告和绘画中裸露的态度及道德评价是否一致,对待各种程度的裸露评价是否有异。

1　研究背景

1.1　广告中的女性裸露

"裸露"指广告中的模特露出部分或者全部的身体肌肤。作为性诉求最直接且主要的手法,女性裸露的数量和程度要远远超过男性(Reichert,2002)。裸露的研究则涉及裸露程度和裸露的效果。

1.1.1　女性裸露的程度

笔者将这一问题的研究结果汇总为表 1-1,其中四位学者的划分得到公认:

表 1-1　广告中女性裸露的分类

作者	年份	裸露程度	含义
Peterson & Kerin	1977	无裸露(none)	不出现女性形象,仅有产品
		端庄(demure)	女性着深色长袖上衣搭配宽松长裤,无身体肌肤裸露
		诱惑(seductive)	女性着长衣长裤,但上衣纽扣解开,裸露部分皮肤但不涉及私密部位
		裸露(nude)	女性完全赤裸,不着任何衣衫
Reid, Salmon & Soley	1984	端庄(demure)	模特身着比较传统、典型的服饰,运动裙装也算作这一分类
		诱惑(seductive)	模特身着诱惑性衣服,如敞开的衬衫、迷你短裙、紧身衣等
		半裸(partially clad)	模特身着浴袍、泳衣等过分暴露的衣物,露出 3/4 或者更多的腿部等等
		全裸(nude)	模特全身赤裸或者身着完全透明的衣物,浴巾(其他衣物)仅盖住肩膀,暴露出私密部位等

续表

作者	年份	裸露程度	含义
Piron & Young	1996	性感嘴唇 (sexy lips)	模特身着传统衣物，不暴露身体肌肤，但通过微张的嘴唇以及其他有暗示性的动作表现出诱惑性
		诱惑性着装 (suggestive clad)	模特身着敞开的衬衫、长筒丝袜、紧身衣等虽然不暴露隐私部位但性感的衣衫
		半裸 (partially clad)	模特身着比基尼、热裤等衣物，裸露后背、大腿等身体部位
		全裸(nude)	模特露出隐私部位
Wayne & Ben	1978	Ⅰ级裸露	在广告中没有产生性联想的因素或者画面
		Ⅱ级裸露	女性露出脸部与颈部
		Ⅲ级裸露	女性露出胸部
		Ⅳ级裸露	女性露出侧面全身肌肤

1.1.2　女性裸露的效果

裸露广告的效果是混合的。裸露的积极效应主要有两个：第一个是广告使用裸露能够明显吸引消费者的注意力，增强对广告的关注度（Severn & Belch，1990），而且不存在性别差异（LaTour Michael，1990）；第二个则是裸露能够促进消费者的行为意向（Severn，Belch & Belch，1990）。Dudley（1999）认为，如果产品属性与性较相关，消费者的购买意向会更高。

裸露的负面效果主要是影响态度和道德评价。随着裸露加深，消费者会不喜欢、厌恶广告，尤其是女性（LaTour Michael S.，1993）。男性普遍更喜欢裸露，女性则较为保守（Peterson & Kerin，1977），半裸、略带诱惑性的裸露最合适（LaTour Michael S.，1993）。而且男女都更偏爱在广告中看到异性的裸露（Smith etal.，1995）。这些差异并不随地域和时代变化而改变（Christian & Zdenek，2010）。

其次，消费者从道德角度对裸露广告持较低的评价。裸露程度越高，道德评价越低，消费者认为该广告不正确、不受社会规范约束、有冒犯性，进而不喜欢广告和品牌，影响购买意愿（Henthorne & LaTour，1995；Dudley，1999）。Reichert，LaTour & Ford(2011)也测量了消费者的道德认同度对"裸露"态度的影响，发现受众如果对裸露广告道德上不予认同，整体的态度就偏向消极。

1.2 绘画史中的裸露

综观绘画发展史，人体裸露是非常重要的题材。距今两三万年前的旧石器时代，岩画、石刻、壁画等早期绘画上就已经出现裸露的人体，通常重点刻画女性的胸部和臀部，突出生育功能，显示生殖崇拜的信仰。古希腊文明对女性裸体的再现真实、健康，对人体比例的精确掌握显示了彼时人们对裸体美的关注(陈醉、曹林，2004)。中世纪的裸体数量很少，裸露通常与圣母像联系在一起，用以表达纯净、无暇、奉献的赞赏(Sherry，2012)。从文艺复兴时期开始，裸体绘画的数量和形式都开始蓬勃发展，艺术家们在真实和优美之间寻求平衡，塑造了一大批经典形象。同时，小人物和平凡女性的肖像画逐渐兴盛，对世俗生活的兴趣使得一些裸体绘画洋溢出诱惑和肉欲的味道。总的来说，绘画中的裸露比广告数量更多，程度更甚，但一般人似乎对前者的态度更为宽容。为检验这一现象，本文的研究问题有三个：

(1)受众对广告中的女性裸露和绘画中的女性裸露态度是什么？有无差异？

(2)受众对广告中的女性裸露和绘画中的裸露的道德评价是什么？有无差异？

(3)受众对两种裸露的态度和评价差异的影响因素有哪些？

前两个问题通过问卷调查方法测量，第三个问题应用深度访谈法。

2 研究过程

2.1 研究方法

2.1.1 问卷调查

本文从两个角度调查受众对于女性裸露的态度。一是消费者的广告态度，二是消费者的道德评价。两者都采用问卷调查法。

Mitchell(1986)和 Holmes & Crocker(1987)的量表被广泛使用。前者设计了广告态度的三个条目，后者的量表更为全面，共计十个条目。由于本研究只涉及绘画和广告的横向比较，因此剔除与产品信息有关的条目，参考李琼、吴作民(2008)的翻译,确定 6 项测量条目是:好的/坏的、引起注意的/没引起注意的、有吸引力的/没吸引力的、印象深刻的/无印象的、令人感到愉快的/令人不舒服的、整体上喜欢/整体上不喜欢。

Reidenbach & Robin(1988)构建的多维道德模型经常用来从道德维度评价广告,本研究也使用了这一量表。多维道德模型考察三个维度:道德公正性从基本伦理规范判断行为是否正确,相对主义考察行为是否被文化传统接受,契约主义考察行为是否违反公认的约定。这里引用李晓明、傅小兰和王新超(2012)三位学者的翻译。

向受访者出示的广告和绘画作品共挑选四幅,包括半裸绘画、半裸广告、全裸绘画和全裸广告。根据前文所归纳的裸露定义,半裸指模特完全裸露后背、3/4 以上的腿部以及胸部的裸露,全裸指模特裸露全部肌肤特别是隐私部位的暴露。广告作品都去除了产品及品牌信息,以免影响态度。

图 2-1　半裸女性广告

图 2-2　全裸女性广告

图 2-3　半裸绘画

图 2-4　全裸绘画

以方便抽样方式,在网络上发放问卷,请学生进行二次扩散,最终收回103 份有效问卷,且男女比例基本平衡(女性 52 份,男性 51 份)。

问卷要求受众按照裸露程度逐渐增强的顺序观看,图片次序是:半裸女性广告→全裸女性广告→半裸女性绘画→全裸女性绘画。每幅图片观看完后,填写态度测量量表和道德评价量表。

在进行正式的问卷发放之前,笔者先小范围地发放了 30 份问卷用于信度及效度检验。前侧显示态度量表一致性 α 系数为 0.939,道德量表的一致性达到 0.910,均符合测量标准。对态度量表的 6 个条目进行因子分析,KMO 度量值为 0.880,符合因子分析标准。采用主成分提取法进行分析,只能析出一个因子,该因子可以解释 72.624% 的总方差。道德量表的 8 个条目 KMO 度量值为 0.862,同样符合因子分析标准。采用主成分提取法进行分析,只能析出一个因子,可以解释 63.445% 的总方差。因此,两个量表的结构效度都符合测量标准。

2.1.2 深度访谈

深度访谈的目的是挖掘影响受众态度和道德评价的原因因素。根据研究目的,访问对象是对待不同作品态度和道德评价差异比较大的受众,筛选的方式如下:

(1)将被调查者按照性别分为两组;

(2)按照性别分组,分别筛选出对待裸露程度相同的不同作品态度得分及道德评价差异较大的女性及男性被访者;

(3)在上一步的基础上,挑选出这些被访者中对绘画有一定热爱及了解的受众。

按照此逻辑进行筛选,对待裸露程度相同的不同作品,其态度和道德评价存在显著差异,同时对绘画有所了解的受众一共有 6 位,四名女性和两名男性。对态度和道德评价不存在显著差异的受众进行筛选,总共选出 2 名对绘画有所了解的访谈对象,一名男性和一名女性,共计 8 位访谈对象。

具体访谈提纲如下:

(1)针对受众对待广告及绘画的不同态度。结合被访者的调查问卷,针对每一个态度测量维度被访者的打分予以询问,着重作品之间的比较,特别是全裸广告与全裸绘画之间的态度差别。如:被访者如何判断该幅作品是好的？该幅作品的什么因素让被访者觉得是有吸引力的？哪些部分给被访者留下了深刻的印象？是什么让被访者感到愉悦和喜欢？

针对女性受众,询问全裸广告是否带来不良体验以及原因;针对男性受众,询问全裸广告是否带来愉悦体验以及原因。

(2)针对受众对待广告及绘画的不同道德评价。结合被访者的调查问卷,询问被访者为什么认为只有全裸广告在道德上是不正确的？四幅作品为什么都让被访者觉得不符合中国文化但有些却符合传统伦理(被访者是如何理解中国文化和传统伦理的)？如果被访者觉得没有违反社会契约,那么这种手法是否值得鼓励等。

(3)受众如何看待广告及绘画中的裸露。询问受众平时接触到裸体广告和绘画的频率,请受众回忆看到这些作品时的感受,受众如何理解在广告和绘画中使用裸露的意义,受众能接受的裸露尺度等。

(4)受众如何看待调查结果。告知被访者本次调查问卷的数据所显示的现象,询问被访者如何看待大众对广告及绘画中的"裸露"的差异评价,被访者觉得形成这种差异的原因是什么,被访者认为此次的调查结果对广告有哪些启示作用。

2.2 研究结果

2.2.1 受众对于半裸广告的态度

总的来说,受众的态度较为积极,均值为 1.75,意为较欣赏该广告,该作品能让受众产生积极情绪(见图 2-5)。具体到态度量表的 6 个维度,被访者普遍认为该幅作品较能吸引消费者的注意,具有一定的吸引力,是比较好的广告,整体也比较喜欢。但记忆力维度和令人愉悦维度的得分稍低于其他四项,说明受众认为该广告给人留下印象不是太深刻,愉悦程度一般:

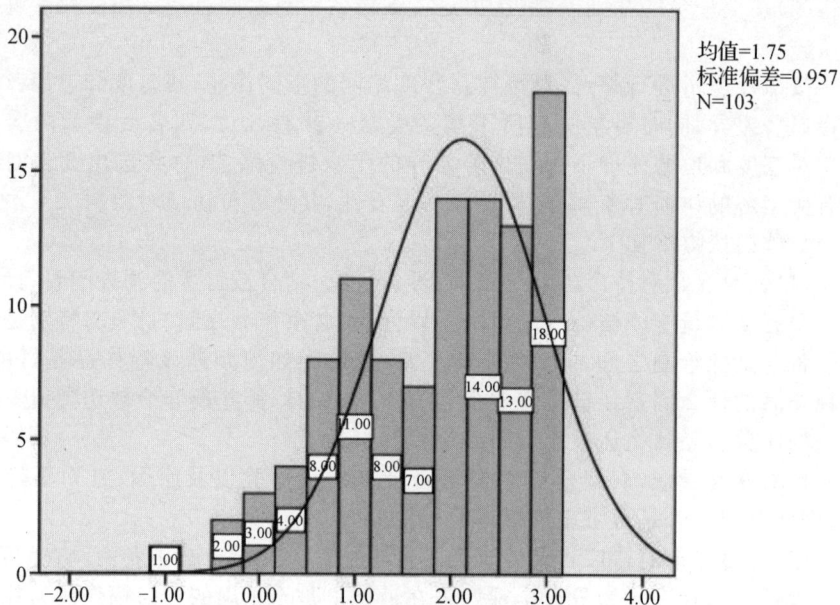

均值=1.75
标准偏差=0.957
N=103

图 2-5　消费者对半裸女性广告的态度

女性的态度略比男性积极,不过相差不大(女性均值为 1.78,男性为 1.73)。这种积极性主要来源于女性更容易被这幅作品吸引,关注度更高,印

象更深刻一点。但男性受众得到的愉悦感更强一点(见图 2-6):

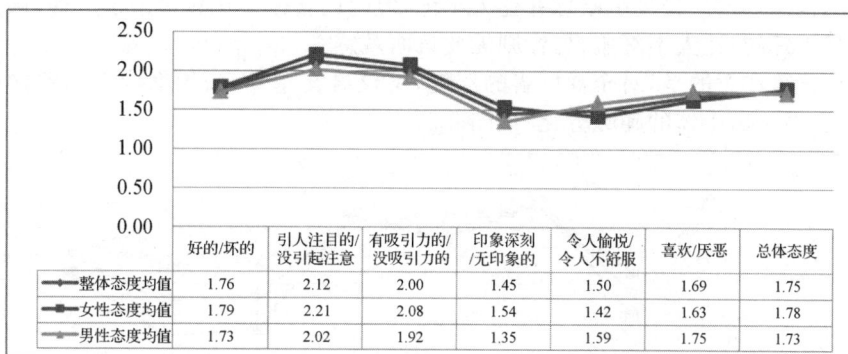

	好的/坏的	引人注目的/没引起注意	有吸引力的/没吸引力的	印象深刻/无印象的	令人愉悦/令人不舒服	喜欢/厌恶	总体态度
整体态度均值	1.76	2.12	2.00	1.45	1.50	1.69	1.75
女性态度均值	1.79	2.21	2.08	1.54	1.42	1.63	1.78
男性态度均值	1.73	2.02	1.92	1.35	1.59	1.75	1.73

图 2-6 不同性别的消费者对待半裸女性广告的态度

2.2.2 受众对于全裸广告的态度

相对于半裸广告,受众对待全裸女性广告的态度有所下降,均值为 1,意即受众只能产生微弱的积极态度(图 2-7)。具体而言,受众普遍认可该广告吸引注意,让人印象深刻,其得分拉高了整体态度。但其他几个维度,受众表示无法评价,无从判断全裸广告的好坏,是否能带来愉悦享受。

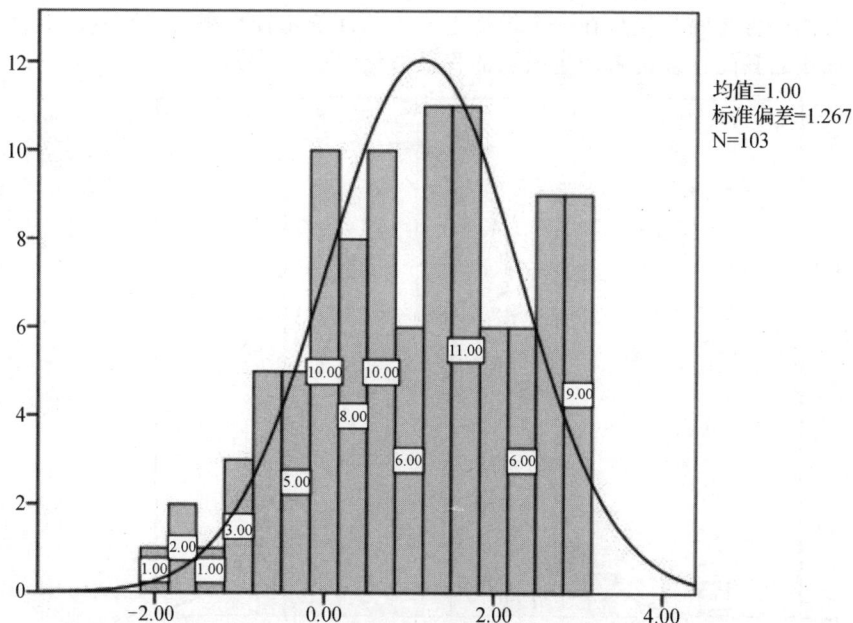

均值=1.00
标准偏差=1.267
N=103

图 2-7 消费者对全裸女性广告的态度

在性别差异方面,女性比男性的态度消极,且比较显著,主要是因为女性虽然也同意该广告吸引眼球并让人牢记,但她们整体上比较厌恶该广告,认为它是不好的,让人不舒服;男性则无此负面观感。

值得注意的是,对全裸广告的态度,不仅男女差异大,男女内部的差异也较大,显示出个体的趣味分化(见图 2-8):

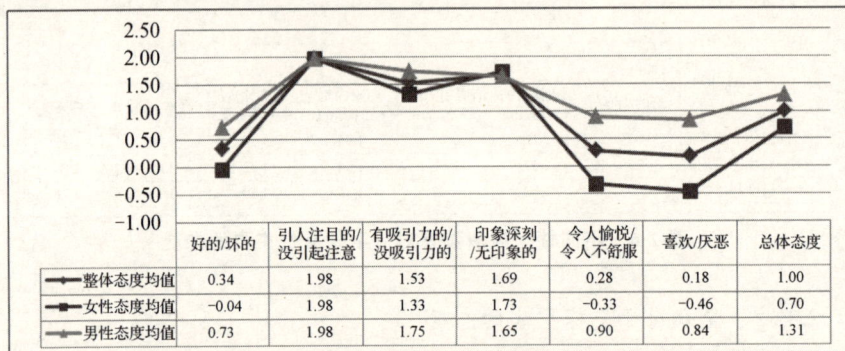

	好的/坏的	引人注目的/没引起注意	有吸引力的/没吸引力的	印象深刻/无印象的	令人愉悦/令人不舒服	喜欢/厌恶	总体态度
整体态度均值	0.34	1.98	1.53	1.69	0.28	0.18	1.00
女性态度均值	-0.04	1.98	1.33	1.73	-0.33	-0.46	0.70
男性态度均值	0.73	1.98	1.75	1.65	0.90	0.84	1.31

图 2-8　不同性别的消费者对待全裸女性广告的态度

2.2.3　受众对于半裸绘画的态度

受众对待半裸女性绘画的态度得分均值为 1.15,介于全裸女性广告和半裸女性广告之间。受众在 6 个维度上给予的评价比较均衡,比较积极,但整体上该作品只能让被访者产生微弱的积极情绪(见图 2-9):

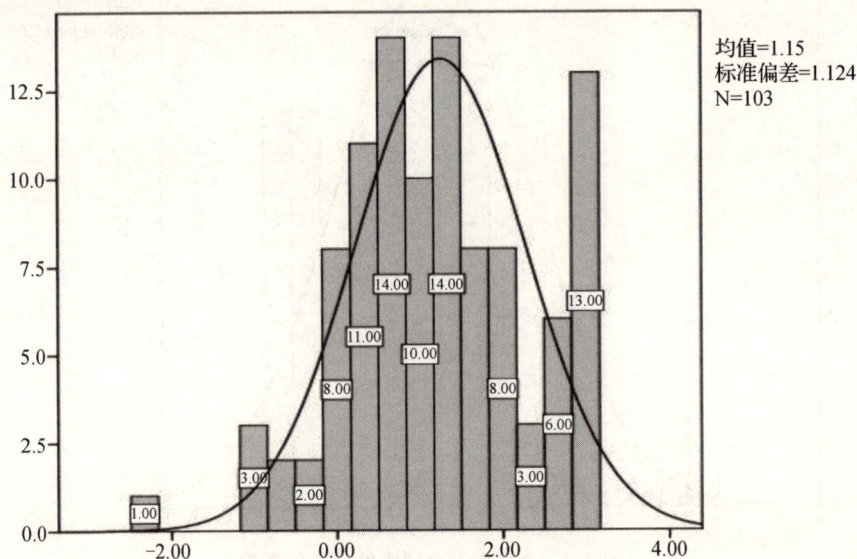

均值=1.15
标准偏差=1.124
N=103

图 2-9　消费者对半裸女性绘画的态度

在性别差异上,和半裸女性广告类似,不同性别的受众之间没有明显差异。女性在各个维度的打分上都略高于男性,唯独在愉悦度一项,男性在面对半裸绘画时会比女性感到更愉快(见图 2-10):

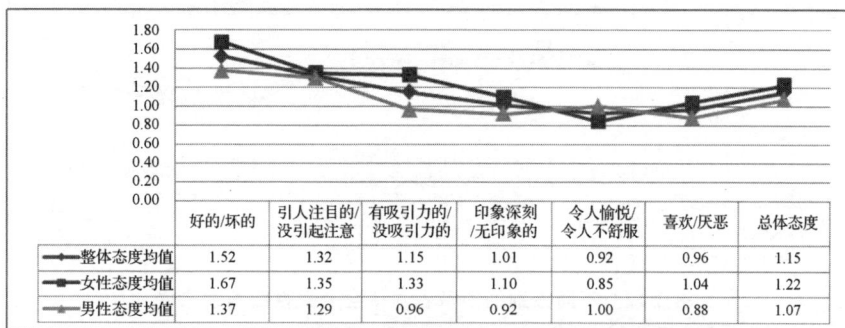

	好的/坏的	引人注目的/没引起注意	有吸引力的/没吸引力的	印象深刻/无印象的	令人愉悦/令人不舒服	喜欢/厌恶	总体态度
整体态度均值	1.52	1.32	1.15	1.01	0.92	0.96	1.15
女性态度均值	1.67	1.35	1.33	1.10	0.85	1.04	1.22
男性态度均值	1.37	1.29	0.96	0.92	1.00	0.88	1.07

图 2-10 不同性别的消费者对待半裸女性绘画的态度

2.2.4 受众对于全裸绘画的态度

相比半裸绘画而言,受众的积极态度微弱上升,均值为 1.22,这主要来自于吸引注意力和给人留下深刻印象两个方面的能力得到认可,比半裸绘画提高,但在愉悦度、喜爱程度、吸引力等三个方面,消费者对于全裸绘画的态度几乎与半裸绘画一致(见图 2-11):

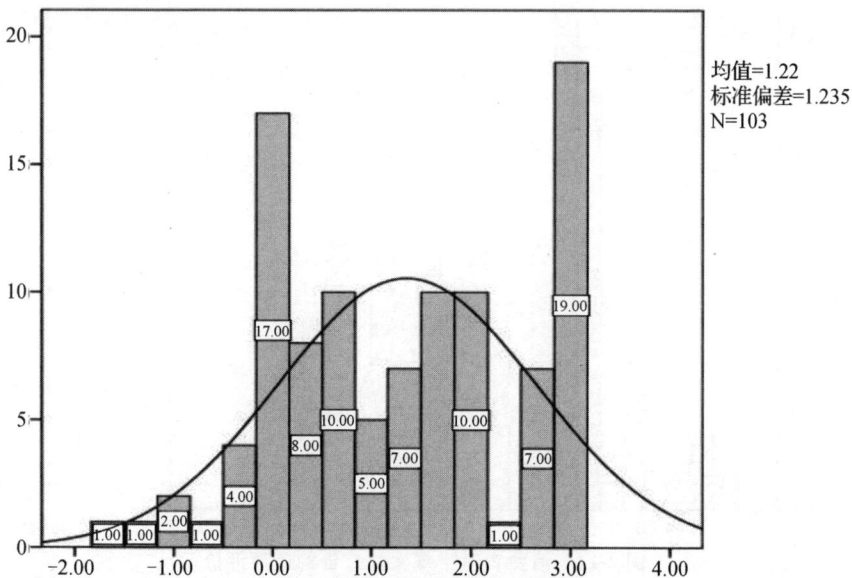

均值=1.22
标准偏差=1.235
N=103

图 2-11 消费者对待全裸女性绘画的态度

数据显示女性更容易被全裸绘画吸引并深刻记住,但在愉悦程度上,依然是男性更高,男性比女性更喜欢该作品。而且,男女之间的差异较大,这与受众对待全裸广告的态度是相似的(见图2-12):

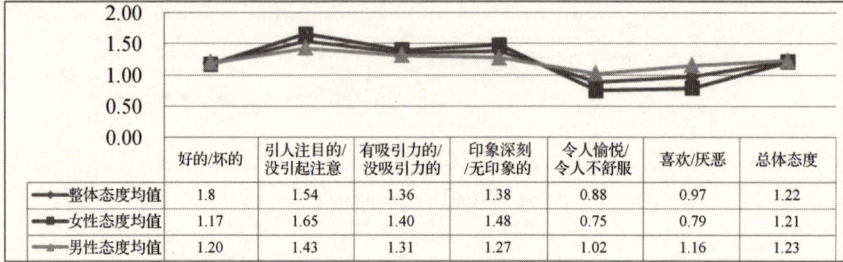

	好的/坏的	引人注目的/没引起注意	有吸引力的/没吸吸引力的	印象深刻/无印象的	令人愉悦/令人不舒服	喜欢/厌恶	总体态度
整体态度均值	1.8	1.54	1.36	1.38	0.88	0.97	1.22
女性态度均值	1.17	1.65	1.40	1.48	0.75	0.79	1.21
男性态度均值	1.20	1.43	1.31	1.27	1.02	1.16	1.23

图2-12   不同性别的消费者对待全裸女性绘画的态度

2.2.5   受众对于半裸广告的道德评价

总的来说,受众对待半裸女性广告的道德判断是非常轻微的正面评价,均值为0.85,意即该广告虽然不属道德的不正确,但也不能算很好的榜样。受众普遍认为该广告没有侮辱女性,也比较合理,但家人的接受度略低,半裸广告与中国文化略有不合,但不算违背传统伦理和社会契约规范(见图2-13):

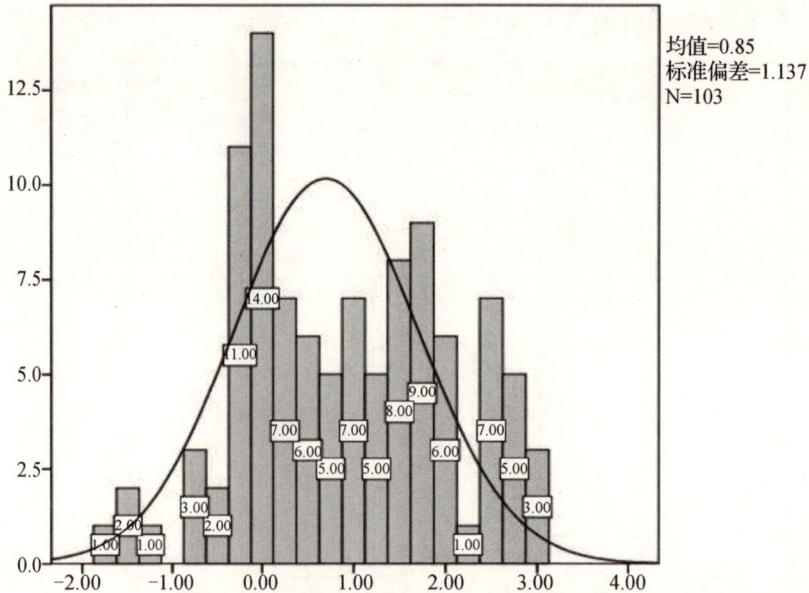

均值=0.85
标准偏差=1.137
N=103

图2-13   消费者对半裸女性广告的道德评价

性别之间的差异不明显。女性的道德接受度比男性略高,但男性在社会契约维度一项上比女性打分更高,意味着男性更认可该广告符合社会中的规范及约定(见图 2-14):

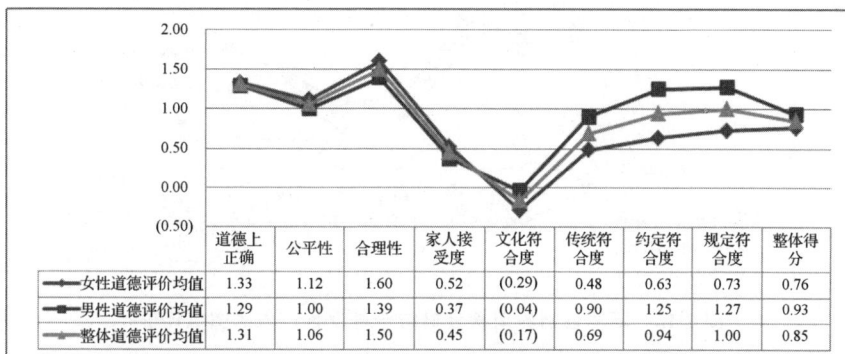

	道德上正确	公平性	合理性	家人接受度	文化符合度	传统符合度	约定符合度	规定符合度	整体得分
女性道德评价均值	1.33	1.12	1.60	0.52	(0.29)	0.48	0.63	0.73	0.76
男性道德评价均值	1.29	1.00	1.39	0.37	(0.04)	0.90	1.25	1.27	0.93
整体道德评价均值	1.31	1.06	1.50	0.45	(0.17)	0.69	0.94	1.00	0.85

图 2-14　不同性别的消费者对待半裸女性广告的道德评价

2.2.6　受众对于全裸广告的道德评价

受众对待全裸女性广告,明显持负面的道德评价,均值为－0.33,不过程度并不强。受众认为该广告肯定不能被家人接受,但其正确、合理与否,对女性是否公平,自己无法明确给出答案。受众还认为该作品不符合中国文化,违背传统伦理,也违背社会普遍认可的规范(见图 2-15):

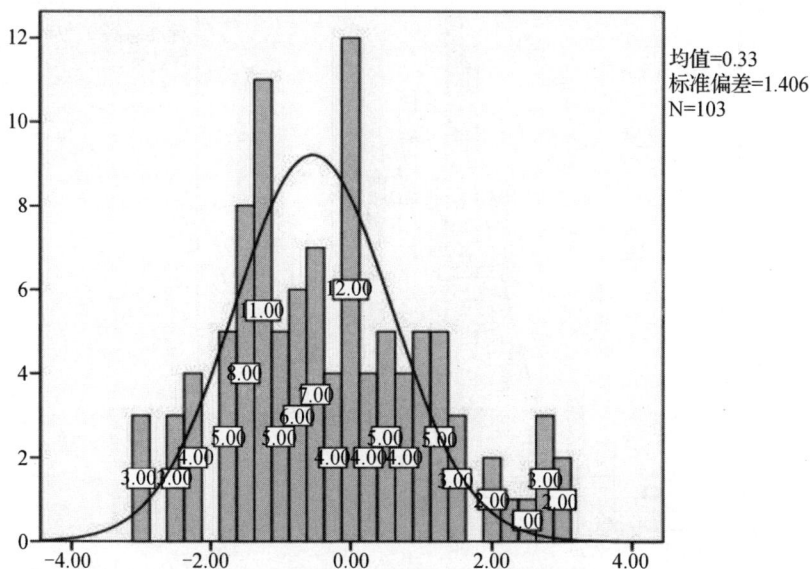

图 2-15　消费者对全裸女性广告的道德评价

在性别上,女性给予全裸广告的每一条道德评价均比男性低。组内的差异更大,受众的评价波动很大(见图 2-16):

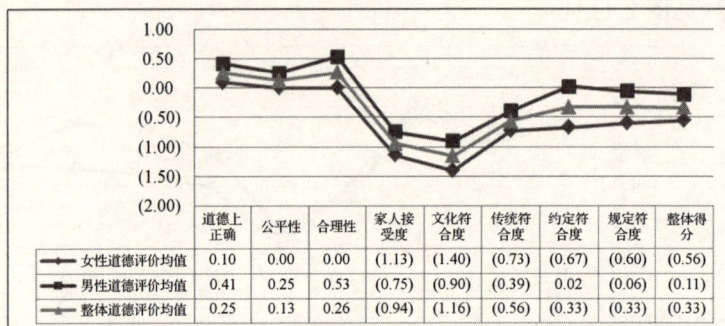

	道德上正确	公平性	合理性	家人接受度	文化符合度	传统符合度	约定符合度	规定符合度	整体得分
女性道德评价均值	0.10	0.00	0.00	(1.13)	(1.40)	(0.73)	(0.67)	(0.60)	(0.56)
男性道德评价均值	0.41	0.25	0.53	(0.75)	(0.90)	(0.39)	0.02	(0.06)	(0.11)
整体道德评价均值	0.25	0.13	0.26	(0.94)	(1.16)	(0.56)	(0.33)	(0.33)	(0.33)

图 2-16　不同性别的消费者对待全裸女性广告的道德评价

2.2.7　受众对于半裸绘画的道德评价

与对待半裸广告的态度相似,受众对半裸绘画总体持正面评价,均值为0.6,认可度较低。在道德评价各指标上,受众对于半裸广告和半裸绘画的评价趋向一致,即道德上正确、合理,不侮辱女性,家人勉强能接受;与中国文化稍显不符,但不违背传统伦理和约定俗成的风俗(见图 2-17):

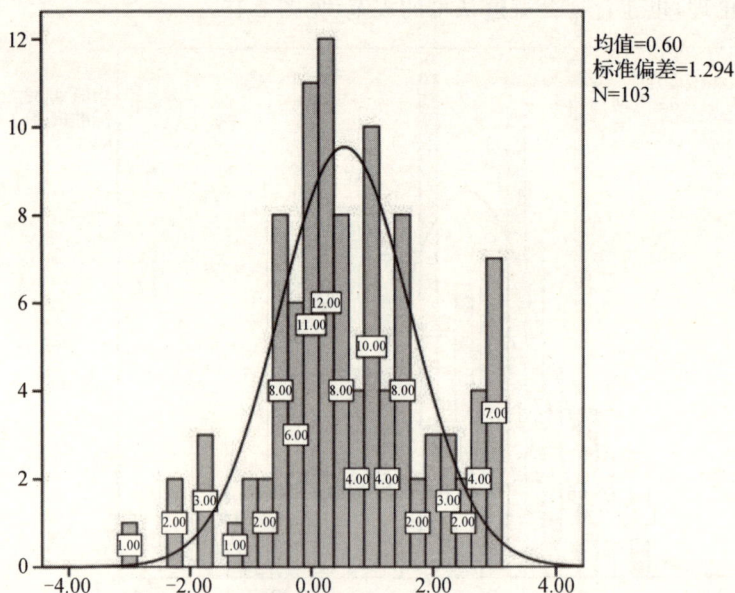

均值=0.60
标准偏差=1.294
N=103

图 2-17　消费者对半裸女性绘画的道德评价

男女差异也与半裸广告相似,不显著。只是在社会契约维度方面,男性对半裸绘画的接受度更高一些,其他维度几乎都保持一致(见图 2-18):

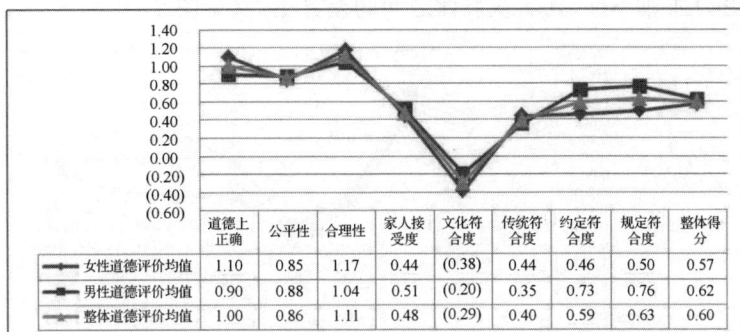

	道德上正确	公平性	合理性	家人接受度	文化符合度	传统符合度	约定符合度	规定符合度	整体得分
女性道德评价均值	1.10	0.85	1.17	0.44	(0.38)	0.44	0.46	0.50	0.57
男性道德评价均值	0.90	0.88	1.04	0.51	(0.20)	0.35	0.73	0.76	0.62
整体道德评价均值	1.00	0.86	1.11	0.48	(0.29)	0.40	0.59	0.63	0.60

图 2-18 不同性别的消费者对待半裸女性绘画的道德评价

2.2.8 受众对于全裸绘画的道德评价

相比半裸绘画来说,受众对全裸绘画的道德评价有所下降,均值为 0.21,且大量得分集中在分值 0 的附近,这表示大部分被访者很难做出正确与否的判断(见图 2-19):

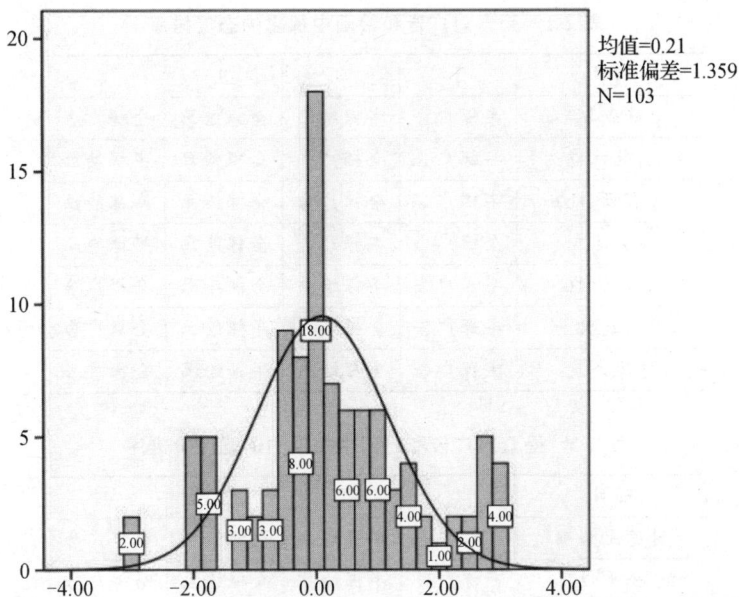

均值=0.21
标准偏差=1.359
N=103

图 2-19 消费者对全裸女性绘画的道德评价

从性别差异来讲,受众对待全裸绘画,与对待全裸广告的评价相似,女性在道德维度每一个条目上的打分都略低于男性,即女性对全裸绘画的负面道德评价更为强烈一点,且受众彼此之间的差异更大(见图 2-20):

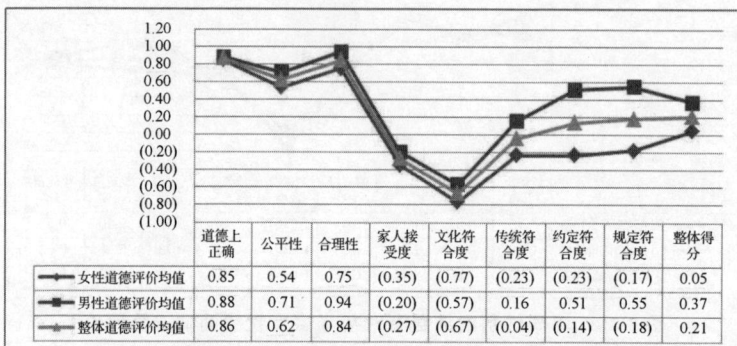

	道德上正确	公平性	合理性	家人接受度	文化符合度	传统符合度	约定符合度	规定符合度	整体得分
女性道德评价均值	0.85	0.54	0.75	(0.35)	(0.77)	(0.23)	(0.23)	(0.17)	0.05
男性道德评价均值	0.88	0.71	0.94	(0.20)	(0.57)	0.16	0.51	0.55	0.37
整体道德评价均值	0.86	0.62	0.84	(0.27)	(0.67)	(0.04)	(0.14)	(0.18)	0.21

图 2-20　不同性别的消费者对待全裸女性绘画的道德评价

2.2.9　结果汇总

根据上述数据,笔者将四则广告按照受众态度维度、道德评价维度的得分高低排列成表 2-1 和表 2-2:

表 2-1　受众对广告和绘画中裸露的态度排序

项目	1	2	3	4
好或坏	半裸广告	半裸绘画	全裸绘画	全裸广告
引起注意	半裸广告	全裸广告	全裸绘画	半裸绘画
富有吸引力	半裸广告	全裸广告	全裸绘画	半裸绘画
印象深刻	全裸广告	半裸广告	全裸绘画	半裸绘画
令人愉悦	半裸广告	半裸绘画	全裸绘画	全裸广告
喜欢或厌恶	半裸广告	全裸绘画	半裸绘画	全裸广告
总体态度	半裸广告	全裸绘画	半裸绘画	全裸广告

表 2-2　受众对广告和绘画中裸露的道德评价排序

项目	1	2	3	4
道德上正确	半裸广告	半裸绘画	全裸绘画	全裸广告
公平性	半裸广告	半裸绘画	全裸绘画	全裸广告
合理性	半裸广告	半裸绘画	全裸绘画	全裸广告

续表

项目	1	2	3	4
家人接受度	半裸绘画	半裸广告	全裸绘画	全裸广告
文化符合度	半裸广告	半裸绘画	全裸绘画	全裸广告
传统符合度	半裸广告	半裸绘画	全裸绘画	全裸广告
约定符合度	半裸广告	半裸绘画	全裸绘画	全裸广告
约定符合度	半裸广告	半裸绘画	全裸绘画	全裸广告
整体评价	半裸广告	半裸绘画	全裸绘画	全裸广告

2.3 受众对广告和绘画中裸露的态度及评价的原因探析

2.3.1 受众对半裸广告的评价优于全裸广告的原因

（1）裸露程度不同。受众对半裸广告持较积极评价的原因之一是女性模特恰到好处的裸露，虽然画面中的女性模特并未着任何衣物，但是通过道具的合理使用，隐私部位被完全遮挡。这种遮挡使女性受众产生安全感，男性受众会因对被遮挡部位的好奇而觉得这幅图片更加具有吸引力。五名女性被访者都表示半裸广告未暴露私密部位，这种尺度可以接受；一名男性受众表示会对被遮挡住的女性性器官更加好奇。

受众对于全裸广告持消极评价的最主要原因是，画面中的女性模特暴露了胸部，叉开的双腿指向女性的私密部位，这种裸露明显地唤起女性受众的消极情绪，引起女性受众的反感。一名女性被访者表示，女性的裸体本身对女性受众就不具有吸引力，而且对于女性的私密部位"自己不想被别人看，也不想看别人的"。这种大尺度的暴露一方面能够给予男性受众愉悦感（欣赏女性裸体产生的兴奋感与愉悦感），另一方面也会让男性受众产生紧张感（不希望被他人知晓内心活动的紧张感）。一名男性受众在访谈中表示：**"至于没有感觉到愉悦的原因在于，看到这幅图的一瞬间会很想仔细看，但如果是在大庭广众之下会不想让别人知道我想看，所以这幅图更多的会带给我一种紧张感和不适感，这种感觉要远大于女性裸体给人带来的愉悦感。"**

（2）表现裸露的重点不同。八名被访者都提到半裸广告的色彩搭配让人感觉大气和高端，黑色、灰色为主色调加重了画面的庄严感，使得整个画面传递出沉静感。同时，光线的运用也十分巧妙，光源将焦点放在模特的头部，有意识地避开模特的裸露,使得整个画面的重点在于模特的表情和眼神,而非遮挡的性器官。此外,半裸广告中模特的皮肤得到精心的修饰,呈现出细腻而有光泽的状态,加强了该幅图片对于受众的吸引力。两名女性受众表示,在这幅作品中**"光打得很好,显得皮肤很滑很嫩,但又有一些硬朗的感觉"。**

反观全裸广告,大片的黑色和白色的对比将消费者的视觉焦点定位在女性裸露的身体上,突出模特裸露的性器官,使得消费者不得不注意到女性模特裸露的胸部,继而产生性联想。同时,这种强烈的色彩对比也给消费者带来视觉上的不舒适感,四名受众都表示在全裸广告中,模特的皮肤呈现惨烈的白,不是正常的肤色,**"毫无血色,感觉不到鲜活的气息,反而是一种死气沉沉的感觉"。**

(3)女性地位不同。在访谈中,两名男性受众和一名女性受众提到画面中出现的男性元素(男士礼帽、衬衫)中和了图片的女性气质,使得模特呈现出中性、阳刚的美感。此外,超过一半的被访者都提到模特的表情传达出自信和沉静的力量,这种感觉让受众感到舒适和愉悦。整幅图片给人的感觉是在表现女性不依赖于男性的独立和自信,呈现出积极向上态度。

全裸广告则只突出女性的裸体,五名受众都表示在这幅作品中通过女性模特的姿势和表情感受到广告模特对性的渴望。一名女性受众提到该幅作品中**"叉开的双腿,扬起的头部、左手抚摸胸部都是在展示对性的享受,虽然性本身没有对与错,但在什么场合引起性欲这就有对错"。**这种性诉求让女性受众觉得隐私遭到侵犯,同时觉得这则广告十分低俗、色情。男性受众并不反感广告中直白的性诉求,两名男性受众提到,成年男人接触到的这种直接引起性欲的图片很多,所以不会太反感。

(4)社会影响不同。在访谈中,八位被访者都表示半裸广告并不违背任何道德准则,受众在观赏时不会承受来自道德的压力。一方面是因为模特并未暴露任何的私密部位,不会对部分思想传统的消费者造成冲击,即使是和他人一起欣赏也不会感到尴尬;另一方面,该幅图片很好地表现了女性的身体美,宣扬了不依赖于男性的自信、独立的精神,对青少年不存在不利引导,可以大大减少对其使用女性裸露的争议。

全裸广告由于其过于直白地使用女性裸体被受众认为是不道德的,且在一定程度上存在对女性的侮辱。首先,全裸广告使用女性裸体会引发受众的性联想,特别是会刺激男性受众的性欲望,"性"被受访者认为是比较隐私的个人事务,在公共场合被刺激到是不道德的;其次,使用女性的肉体来吸引男性目光,被受众认为是对女性的不尊重,女性可以通过优秀的品质来吸引男性,这则广告使用最低级别的吸引,无疑是对女性的侮辱;最后,成年人有比较成熟的价值观和判断力,而青少年的成长受到周围环境的影响较大,这则广告宣扬对"性"的渴求和享受,对青少年存在着非常不利的引导。

2.3.2　受众对绘画作品的评价低于半裸广告的原因

(1)裸露的真实度不同。半裸广告使用摄影手法来对人体进行描绘,对人体的还原度非常高,虽然身体的边缘会经过处理,但人物的表情、身体线条都十分清晰、真实;绘画中对人体的描绘真实度会差一些,不少艺术家会对模特皮肤以及人体与背景的分割线进行模糊处理。相比之下,真实的人体对受众的吸引力更大。三名男性受众都表示,虽然绘画作品有其作为艺术品的吸引力,但真实的女性裸体对男性的吸引力更大。

(2)对受众的理解力要求不同。一名受访者表示,广告作品归根到底都出于商业目的,广告商的根本目的在于使消费者关注产品信息,对品牌产生好感以及产生购买行为。即使有不同的表现主题,但都是为了这几个根本目的,受众通过对广告主题的领悟而自发地通过联想将其引导到产品用途上,完成对广告作品的理解过程,这种体验让受众愉悦。绘画作品各有主题,受众受到自身教育程度、人生经历、对历史的了解程度等因素的影响,并不能很好地领悟作者想要表达的主题,部分受众会直接放弃对绘画作品的欣赏,因而在吸引受众注意力和产生愉悦感上,绘画作品都略逊于半裸广告作品。

2.3.3　受众对全裸广告的评价低于全裸绘画的原因

(1)裸露的表现方式不同。全裸广告中使用明暗对比将焦点集中在模特裸露的身体上,再通过姿势(左手抚摸胸部、双腿张开)的设计将重点放在女性的性器官上,模特的表情呈现出享受的状态,整幅作品表现出女性对"性"的享受,将"性"如此直接地暴露给大众,让受众产生不愉悦感。

八名受访者都谈到,全裸绘画作品中的女性模特以自然、松弛的状态平躺在床上,眼神温和平静,同样的裸露却与"性"没有一点关系,呈现出日常的生活状态,让受众也感受到放松和愉悦。

(2)裸露与主题的关系不同。广告由于其自身的商品属性,存在功利性,最终以促进销售为目的。因此,在广告中使用全裸女性,被受访者认为是对女性身体的消费,这种消费又与"性"有关,不免让人觉得广告商在用女性的身体取悦男性消费者,是对女性的侮辱。

六名受访者提到绘画属于艺术品,其艺术欣赏价值要远远大于其商业价值,绘画作品还有其历史价值,这些价值决定了受众通常不会用道德标准去衡量画作。而且,一名受访者提到当代的道德标准也不能用于衡量一幅不属于这个时代的画作。

(3)传播场合不同。广告作为重要的传播工具,直接面向大众,受众接触广告的门槛很低,这就导致使用全裸女性的广告会对部分思想传统的消费者造成冲击,毕竟其表现的女性形象与我国传统文化中对女性的要求截然相反。受众自身的观念受到冲击时,很容易产生对广告的负面评价。除此之外,四名受访者特别提到,青少年可以轻易接触全裸广告,会对其价值观的形成产生非常不利的影响,全裸广告受到的非议就会更大。

绘画则与广告截然不同,绘画作为艺术品,通常只出现在特定的场所(画展、作品集、博物馆等),受众接触到绘画作品存在一定的门槛。通常情况下,受众接触绘画作品都通过主观选择,表明对该幅作品的兴趣或者爱好,从而大大减少对绘画中裸露的抵触。

2.3.4　广告可以借鉴绘画之处

(1)学习绘画的表现手法。在访谈中,七名受众都表示绘画作品让人产生愉悦感的原因之一是令人舒适的颜色搭配,暖色调的使用可以降低紧张感,缓和情绪。特别要避免使用强烈的色彩对比,因为其不仅让人视觉上不舒服,而且直接突出裸露也会增加受众的不适感。

另外,一半的被访者还提到,绘画中女性多呈现出自然、舒适的状态,面部表情也比较放松、柔和,这种愉悦感会传递给受众。广告中的模特很多时候都是在刻意地摆造型,身体呈现出紧张的状态,这种紧张感会减少受众的愉悦感。

(2)合理利用周边元素,增加故事感。三名被访者谈到绘画能够吸引到受众的原因在于女性模特与周围环境的互动感较强,通过道具的合理添置让受众揣摩彼此之间的联系,在脑海中想象作品所讲述的故事,减少对女性裸露的关注。广告作品通常都直接展示女性裸体,使得该幅作品显得空洞而缺少内涵。

(3)选择合适的投放平台。绘画由于其出现的场合有限,即使使用女性全裸也会大大减少受到的非议。广告作品直接面向大众,在进行投放时应当考虑受众的接受程度,选择合理的裸露程度,减少消费者的抵触情绪。

3　讨论

3.1　受众对待广告和绘画的态度差异

（1）女性全裸比半裸更能吸引注意力。无论是广告还是绘画，裸露程度越高，越能吸引注意力，给人留下深刻的印象。

（2）女性全裸广告比半裸广告更容易让人产生负面情感。尽管全裸和半裸广告都能让受众深刻地记住它们，但是受众对它们的好感却是差距甚远。人们更喜欢半裸广告，全裸广告没有这样的效果，甚至会带来厌恶感。

（3）受众对绘画中的裸露比对广告更为宽容。相对于观众对全裸和半裸广告的两极态度来说，人们对绘画中的裸露程度则不那么在意。无论全裸还是半裸，绘画都更容易被人接受。

（4）全裸广告的争议性最大。全裸广告是四副作品中唯一会招致负面态度的特例，特别是女性观众。

（5）男性比女性更喜爱裸露。男性对待全裸广告的态度和女性有显著差异，其余三幅则不然。男性的态度更积极，更享受裸露。

3.2　受众对待广告和绘画的道德评价差异

（1）全裸广告是最不道德的。全裸广告是四幅作品中唯一整体评价为负分的，且在几个选项上得分最低，即最不合传统，不合文化，不合社会规范，最不被家人接受。

（2）受众对绘画的道德评价比对广告宽容。半裸和全裸绘画的道德评价差异性不大，全裸绘画被认为不太合乎传统文化，家人认可度较低。广告中的全裸和半裸，收获的评价趋于极端化，半裸广告各方面的评价都是最好的，全裸广告恰好相反。

（3）男女的道德评价差异不大。人们彼此之间的评价差异比性别的差异还要更显著。因为不同受众彼此之间的道德评价差异很大，组内差异显著高于组间差异。

3.3　影响受众持不同态度及评价的原因

（1）广告和绘画的投放场合不同。前者是公众平台，后者是专业领域，受众对待前者的标准更为严苛，不能容忍裸露程度过高的表现，尤其是对青少年的不良影响。

（2）绘画处理裸露的方式更为高明。绘画中的裸露不是唯一主题，广告则尽量突出裸露；绘画通过线条、色彩和细节的配合将裸露融入其中，广告则单一表现裸露；绘画中的裸露较为和谐，广告中的裸露较为直白。

（3）广告和绘画中女性的形象及地位不同。绘画中的女性裸露较为尊重女性，不但形象上美化表现，且与性的直接关系较弱；广告中的裸露服务于吸引注意力、唤起兴奋的目的，与性的关系密切。

3.4　启示

（1）受众对于广告的标准要比对绘画更严苛，选用全裸广告更应慎重。无论是广告态度还是道德评价，本研究都证明人们的常见印象：人们更在意广告中裸露的多少。人们不介意绘画中出现全裸女性，但如果广告使用全裸模特，尽管能吸引眼球，却不会带来好情绪，这呼应了前人对裸露程度和广告态度相关性的研究结论。因此，广告主在使用全裸的性诉求时，要特别谨慎。究其原因，笔者揣测，绘画和广告的属性和功能定位不同，绘画通常被视为艺术家个人表达，广告却是公共文化，要受制于社会约束，因此争议性也更强。此外，也许绘画在表现全裸时所采用的方式也和广告有差异，这和其功能相关。绘画的标准有天然的审美性，优美是艺术家的普遍追求；而广告的营销功能优先于审美功能，为了卖出商品而忽略其美感设计，技巧性略逊一筹。但这些有待后续研究予以发现。

（2）女性受众不喜欢广告中的女性裸露过多，男性则无此纠结。针对目标消费者的传播策略应有的放矢。

前人研究证明，男女都更喜欢看异性裸露，如果是同性裸露，女性评价趋于保守。本研究也发现，女性厌恶广告中的同性全裸，男性则较享受各种裸露形式。这可能源于女性的心理投射和移情，当女观众设身处地地置身于广告情境中，她会感受到自己被观看和暴露带来的不适。所以，假使产品投放于女性消费者中，不建议应用太多的裸露诉求，如果产品消费者主要是男性，使用性诉求的效果会更好，相应的传播策略应该调整。

（3）受众对于裸露的接受度较为开明，但个体差异大。裸露广告投放的社会效应更为复杂。除了全裸广告，受众对于广告和绘画中的裸露总体上持正面的态度和道德评价，特别是半裸广告，无论男女，对其打分都是最高，这说明性诉求或者裸露是有效的策略，符合人之天性。还有一个有趣的发现，在对裸露广告的道德评价中，受众认为其合理、正确、符合传统文化和社会规范，但又普遍认为,家人接受不了裸露。这里的家人大都指父母,换句话说,被访者认为自己对裸露的接受度比老一辈人要高。鉴于本研究的样本以年轻人居多,这说明现今社会的道德评价趋于开放。不过,受众不是铁板一块,有的人仍然介意裸露,这并非单指女性,男女中都有对裸露两极评价的例子。或许可以猜测,裸露广告投放后,引起的争议性将更加复杂。

(4)广告创意和表现应借鉴、学习绘画表现裸露的技巧,增强美感,减少争议性。

至少有三点是广告可以借鉴的。第一是色彩,绘画对裸体的绘制较接近正常肤色,整体色彩搭配自然和谐。广告为了吸引眼球,通常会采用鲜艳的或者明暗对比强烈的色彩来突出女性的裸露。因此,广告可以适当调整色彩组合,减少视觉不适感。第二是人物体态,绘画中的女性在裸露时都呈现放松、舒适的状态,这可以从松弛的皮肤、自然的体态以及温柔的眼神中传递出来,这种舒适感会传达给受众。在广告中,避免让女性模特刻意摆出不自然的姿势,尤其是突出自己的胸部或者其他隐私部位,对受众产生不利引导;模特的表情应尽量舒缓、自然,以减少裸露可能给受众造成的紧张感。第三是人物形象,绘画中的女性通常不是大众意义上的"美女",也鲜有大众口中的"魔鬼身材",很多可能还略微臃肿,是普通的女性,但她们在绘画中无疑是女性美的最佳代表。广告为了增强理想化的说服力,故意夸大模特的身材比例及容貌,丧失与受众的亲近感。事实上,越来越多的品牌在营销中已经采取选用更为正常的女性形象的亲民化策略。

3.5 研究局限及展望

本研究在样本数量、分布上均有不足,因此结论有一定的局限性。

挑选的广告及绘画作品,其裸露程度尚无法做到完全匹配,可能会影响调查结果。

后续研究,笔者以为应该深入挖掘受众对广告和艺术态度差异的深层心理机制,使用访谈等定性方法将更为合适。

参考文献

[1] MITCHELL A A. The effect of verbal and visual componentsof advertisements on brand attitudes and attitude toward the advertisement [J]. Journal of consumer research, 1986,13：12-25.

[2] 陈醉,曹林. 世界裸体艺术之旅[M]. 银川:宁夏人民出版社,2004.

[3] DIANOUX C, LINHART Z. The effectiveness of female nudity in advertising in three European countries [J]. International marketing review,2010,27(5): 562-578.

[4] DUDLEY S C. Consumer attitudes toward nudity in advertising [J]. Journal of marketing theory and practice,1999,7(4): 89-97.

[5] HENTHORNE T L, LATOUR M S. A model to explore the ethics of erotic stimuli in print advertising [J]. Journal of business ethics,1995,14(7): 561-569.

[6] HOLMES J H, CROCKER K E. Predispositions and the comparative effectivenessof rational, emotional and discrepant appealsfor both high involvement andlow involvement products [J]. Journal of the academy of marketing science,1987,15(1): 27-35.

[7] LATOUR M S. Female nudity in print advertising: an analysis of gender differences in arousal and ad response [J]. Psychology & Marketing,1990,7(1): 65-81.

[8] LATOUR M S, HENTHORNE T L. Female nudity: attitudes toward the ad and the brand, and implications for advertising strategy [J]. The journal of consumer marketing,1993,10(3): 25-32.

[9] 李琼,吴作民. 广告态度和品牌态度作用机制研究综述[J]. 中国广告,2008(11): 137-140.

[10] 李晓明,傅小兰,王新超. 不同道德评价取向对企业道德决策的预测作用[J]. 心理科学,2012,35(5): 1154-1158.

[11] PETERSON R A, KERIN R A. The female role in advertisements: some experimental evidence [J]. Journal of marketing,1977,41(4): 59-63.

[12] FRANCIS P, MURRAY Y. Consumer advertising in Germany and the United States: a study of sexual explicitness and cross-gender contact [J]. Journal of international consumer marketing,1996,8(3,4): 211-228.

[13] REIDENBACH R E, ROBIN D P. Some initial steps toward improving the measurement of ethical evaluations of marketing activities [J]. Journal of Business Ethics, 1988 (11):871-879.

[14] REID L N, SALMON C T, SOLEY L C. The nature of sexual content in television advertising: proceedings of the AMA, Chicago, 1984 [C]. Lexington Kentucky.

[15] JESSCIA S, BELCH G E, BELCH M A. The effects of sexual and non-sexual advertising appeals and information level on cognitive processing and communication effectiveness [J]. Journal of advertising,1990,19(1): 14-22.

[16] LINDQUIST C M S. *The meanings of nudity in medieval art* [M]. Farnnam: Ashgate Pub Co,2011.

[17] SMITH S M, HAUGTVEDT C P, JADRICH J M, et al. Understanding responses to sex appeals in advertising: an individual difference approach[J]. Advances in consumer research,1995,22: 735-740.

[18] REICHERT T. Sex in advertising research：a review of content，effects，and functions of sexual information in consumer advertising [J]. Annual review of sex research，2002,13：241-273.

[19] REICHERT T, LATOUR M S, FORD J B. The naked truth [J]. Journal of advertising research,2011,51(2)：436-448.

[20] WAYNE A M, JUDD B, Jr. Do nudes in ads enhance brand recall? [J]. Journal of advertising research,1978,18：47-50.

附录

受众对待不同作品中女性裸露的态度及道德评价调查问卷

您好！感谢您抽出宝贵时间填写本次问卷，大概会占用您 10 分钟左右的时间,烦请您仔细阅读以下问卷填答说明。

1. 本次问卷用于学术研究,不会暴露您的个人隐私,请您放心作答。

2. 您会依次看到四幅作品,请您根据自身的真实感觉第一时间进行填答。

3. 请您依照问题编号的顺序进行作答,不要从后往前或者跳跃式作答,填写完成后请您不要修改答案,非常感谢您的配合。

Part A 对待作品中半裸女性的态度

注意:请您在观赏以下作品之后填答问卷

【图片 1】

Q1：您对这幅作品的印象如何？请您根据你此刻的感受给予评分。

（例:3 分表示非常好,2 分表示比较好,1 分表示有点好,0 分表示没感觉, －1 表示有点不好,－2 表示比较不好,－3 表示非常不好）

坏的	−3	−2	−1	0	1	2	3	好的
没引起注意	−3	−2	−1	0	1	2	3	引人注目的
没吸引力的	−3	−2	−1	0	1	2	3	有吸引力的
无印象的	−3	−2	−1	0	1	2	3	印象深刻的
令人不舒服的	−3	−2	−1	0	1	2	3	令人感到愉快的
整体上不喜欢	−3	−2	−1	0	1	2	3	整体上喜欢

Q2：针对这幅作品，请您选择最符合您的观点的说法。

这幅作品在道德上是否正确？	非常不正确	比较不正确	有些不正确	不好判断	有些正确	比较正确	非常正确
这幅作品对女性是否公平？	非常不公平	比较不公平	有些不公平	不好判断	有些公平	比较公平	非常公平
这幅作品是否是合理的？	非常不合理	比较不合理	有些不合理	不好判断	有些合理	比较合理	非常合理
这幅作品能否被您的家人接受？	完全不能接受	比较不能接受	有些不能接受	不好判断	有些能接受	比较能接受	完全能接收
这幅作品是否符合中国文化？	完全不符合	比较不符合	有些不符合	不好判断	有些符合	比较符合	完全符合
这幅作品是否有违中国传统伦理？	完全违背	比较违背	有些违背	不好判断	有些不违背	比较不违背	完全不违背
这幅作品是否违反了默许的约定？	完全违反	比较违反	有些违反	不好判断	有些不违反	比较不违反	完全不违反
这幅作品是否违反了不成文的规定？	完全违反	比较违反	有些违反	不好判断	有些不违反	比较不违反	完全不违反

Part B 对待作品中全裸女性的态度
Part C 对待作品中半裸女性的态度
Part D 对待作品中全裸女性的态度
（上述问卷内容与 Part A 一致，故省略）
Part E 个人信息

Q1：您的性别是_____
A. 女性   B. 男性
Q2：您业余时间的爱好是_____
A. 阅读   B. 听音乐   C. 看电影   D. 摄影
E. 运动   F. 绘画   G. 旅游   H. 动漫
I. 电子游戏   J. 其他_____

Q3：调查结束之后会有抽奖环节，烦请您留下以下任意一种联系方式。

A. 邮箱＿＿＿＿＿＿＿＿　　　　　　B. QQ＿＿＿＿＿＿＿＿

C. 微博名称或微信号＿＿＿＿＿＿＿＿　D. 手机＿＿＿＿＿＿＿＿

问卷到此已结束，请不要修改答案，非常感谢您的配合！祝好！

广告中社会性别刻板印象的解构

——以李娜的影视广告为例

[摘要]国际网球巨星李娜在现实和广告中都呈现出另类性别气质。运用符号学的方法,本文收集了 2010—2014 年李娜代言的 32 支影视广告,分析广告对其性别气质的解构和重构过程。研究发现,广告在私人领域,呈现李娜与其丈夫"性别倒错"的夫妻关系;在公共领域,呈现包括事业有成者、理性意见提供者、称职的职业网球运动员、国家形象代言人等多种对立的性别气质于一体的运动员形象。广告解构了传统的二元对立的社会性别观念,重构了多元共存的,两性之间维持着平等、依靠和合作的伙伴关系式的新型社会性别观念。广告之所以选择呈现这些"另类"的性别气质,是基于商业因素、李娜的个人特质、女性"政治正确"需求以及女性主义斗争所积累的成果的影响。

[关键词]李娜;性别气质;刻板印象;解构

作为亚洲第一位网球大满贯冠军和两次大满贯得主,运动员李娜的影响力早已超出体育界和国界,她是一个和传统理念不同的鲜明女性。作为职业运动员,她对自己的事业有绝对的发言权,敢于对体制说不,敢于指责不遵守观赛礼仪的观众;作为女性,她的主动进攻型打法和战术理念充满攻击力、侵略性和搏杀意味,可媲美男性运动员;作为妻子,她颠覆了惯常的角色分工,李娜赚钱养家,丈夫甘当陪练和后勤,甚至这种女强男弱的局面已延伸到公共领域:赛场上和训练中,丈夫时常成为李娜心情郁闷时的出气筒,李娜多次严肃或开玩笑式地感谢丈夫的"不离不弃"。不难发现,李娜的地位、角色、性格及行为与我们刻板印象中的女性气质是大相径庭的,这也使得她成为富有争议性的研究对象。

荷兰学者凡·祖伦(Liesbet van Zoonen)(2006)指出,"在讨论社会性别再现的语境中,聚焦于广告似乎是一个相当合适的选择。"一方面,"广告需要在有限的空间和时间里传达意义。这一特点使得广告必须充分利用社会中特别显著的符号。社会性别是人们最能够深刻感知的主体性和社会结构的要素之一,因此它也成为了最有效的象征符号"。另一方面,广告是支持社会经济的重要形式,"对广告的解构揭示了一种社会性别歧视符号化与制度化的方式"(Anthony Cortese,1999)。有感于此,笔者决定以广告这种高度浓缩的形式为依托,针对李娜这一富有典型性的符号来考察女性与媒介关系的传统议题。

1 文献综述

1.1 社会性别、性别气质与社会性别的刻板印象

社会性别(gender)指文化传统中对于女性特征和男性特征的设定。与我们从第一性征(男女生殖器官可以分辨出的外形和结构的差异)和第二性征(男女到青春期时出现的一系列生物特征)分辨一个人的生理性别(sex)一样,人们也可以从第三性征,即性别气质(又称性别差异或性度)来区分一个人的社会性别。狭义上的性别气质概念只包含对男性/女性的性格与行为风格的描述,广义的性别气质概念则包括对男性/女性的性格与行为风格、角色和地位的描述。正如美国激进女权主义代表米利特(2000)在《性政治》一书中所指出的:地位是政治的方面,角色是社会学的方面,狭义上的气质则代表心理学的方面,这三个方面有明显的依存关系。因此笔者所使用的"性别气质"一词,指包含性格与行为风格、角色和地位三个角度的广义概念。

在男性主导的父权制社会里,性别气质被划分成稳定的、固化的、二元对立的男性气质(masculinity/masculine)和女性气质(femininity/feminine),这就是本文所探讨的社会性别的刻板印象(gender stereotype,又译作性别气质的刻板印象)。根据斯彭斯(Spence)与黑尔姆赖希(Helmreich)在1974年编制的贝姆性别角色量表(Bem Sex Role Inventory,或称性别基模)(佟新,2011)以及对于社会性别角色的归纳,笔者将社会性别的刻板印象归纳、总结为表1-1。此表中性别气质的描述,将被笔者运用到研究中。

表 1-1 社会性别的刻板印象归纳

	男性气质	女性气质
地位	主导(dominant)	从属(yielding)
角色	主外、从业、挣钱养家、社会公众领域、外勤、创造性工作	主内、持家、相夫教子、家庭、私人领域、内务、看护性工作
性格与行为风格	自立的（self-reliant）、信念坚定（defends own beliefs）、独立的（independent）、运动型的（athletic）、坚持的（assertive）、个性强的（strong personality）、有力的（forceful）、分析能力强的（analytical）、有领导能力的（leadership ability）、富于冒险精神的（willing to take risks）、果断的（makes decisions easily）、自足的（self-sufficient）、有男人味的（masculine）、有立场的（willing to take a stand）、进取的（aggressive）、举止像领导的（acts as a leader）、我行我素的（individualistic）、有竞争力的（competitive）、有雄心的（ambitious）	可爱的(cheerful)、害羞的(shy)、有感情的(affectionate)、受人赞赏的(flatterable)、忠诚的(loyal)、有女人味的(feminine)、易共鸣的(sympathetic)、敏感的(sensitive to other's needs)、善解人意的(understanding)、富有同情心(compassionate)、乐于抚慰受伤害的情感（eager to soothe hurt feelings)、说话轻柔的(soft spoken)、热情的(warm)、温柔的(tender)、容易受骗的（gullible）、孩子气的(childlike)、不说脏话的(does not use harsh language)、爱小孩的(loves children)、温和的(gentle)

上表直观地反映出社会性别的刻板印象，把男性气质与女性气质截然对立起来。佟新(2011)简化了男性气质和女性气质的特点，指出，"男性气质固化和稳定的内容至少包括三个成分：地位、坚强和非女性化。地位代表功成名就和受人尊敬，是社会成就取向；坚强代表力量和自信；非女性化则是避免女性化的活动。女性特质反衬了男性特质，男性不能依赖、软弱、温柔等；男性气质总是与雄心勃勃、大胆、争强好斗、具有竞争力联系在一起"。

虽然女性气质的内涵不断变化，但其固有的内容包括三个部分：与家庭相关的一切，温柔、爱整洁、依赖男性以及一切与男性气质对立的特征，因此女人总是与羞涩、腼腆、胆小、多愁善感、温柔联系在一起。贝姆量表分别使用"有男人味的"和"有女人味的"来描述男女两性的性别气质，造成界定上的模糊。根据"masculine""feminine"的释义，以及佟新等人对性别气质的描述，笔者认为，"有女人味的"指的是行为、性格、衣着以及外貌上的非男性化，如纤细的身材,光滑、嫩白的肌肤,使用珠宝和化妆品等来装饰自己。而"有男人味"的则与之相反,如满身肌肉的强壮身材。由于这两个概念和表格中关于性格与行为的描述重复,在后面的研究中,笔者用这两个概念特指形象衣着与外貌的描述。

1.2 居于统治地位的男性气质与伙伴关系模式的性别气质

澳大利亚社会学家康奈尔(R. W. Connell)(2003)对男性气质这一议题进行了深入的研究。她在专著《男性气质》(*Masculinities*)中,将男性气质分为霸权性(hegemony)、从属性(subordination)、共谋性(complicity)和边缘性(marginalization)四种类型。同时,她指出霸权性的男性气质被认为是"理想型"的,在大众社会关系的层面上,高度刻板印象化和苍白贫乏的男性气质的定义是构建占据支配地位的男性与处于从属地位的男性,以及所有男性与女性关系的基石。也就是说,虽然男性气质和女性气质有多种表达方式,但都围绕一个确定的前提:男性对女性的支配,即霸权性的男性气质对所有其他的男性气质和女性气质的控制。与此同时,性别气质属于其他三种类型的男性依然能够享受康奈尔所提出的"家长制红利",即从男性气质占主导地位的家长制中获利。在这种情况下,女性气质无法避免地被引向满足这种共谋的男性气质的利益及愿望的方向。

父权社会对女性的控制体现在家庭的私人领域和社会的公共领域两个层面上。佟新(2011)认为女性不仅被限定在家庭的范围内,在家庭中,她们扮演的依旧是顺从和依附的角色:年轻女性作为性对象和被观望的对象,其气质多与性行为的接受能力有关;老年女性的气质则多与母性相关。作为维护霸权的需要,这些被强调的女性气质在各种媒体、广告和消费活动中流行。

随着时代进步,其他气质类型逐渐壮大,这就意味着父权制社会正被解构着。那么,非父权制社会的性别模式是怎么样的?通常的观点是,如果一个社会不是父权制,那么它必定是母权制。美国人类学家艾斯勒(2009)颠覆了这种非黑即白的简单观念。她通过重新论证考古发现,指出人类社会存在过一个伙伴关系社会并倡导重建这种模式的社会,以取代统治关系的社会。历史上存的两类社会,一类是以剑(男性生殖器象征)为标志的统治关系的社会,这种社会崇尚战争与暴力、以征服为目的。结合康奈尔的观点,这种社会是由霸权性的男性气质所统治的;而另一类社会,则是以圣杯(女性生殖器的象征)

为标志的伙伴关系的社会。在这种社会模式中,两性维持着平等、依靠和合作的伙伴关系,人与自然的关系也是和谐的。统治型关系的社会逐渐成为历史的主导,父权制社会的霸权得以确立。但同时,男女平权的伙伴关系的社会模式并未完全消失,在 5000 年的历史长河中,它与男性统治关系社会模式进行着斗争。艾斯勒的论述为这种多元共存、尊重差异的新型的社会气质的建构提供了强大的理论依据。

1.3 对广告中呈现的社会性别的刻板印象的研究

广告学领域关于社会性别刻板印象的研究颇丰。无论在国外还是在国内,大多数研究关注的是广告文本对于两性刻板印象的再现。相比男性气质的研究,学者曹晋(2008)指出,学界对女性气质的刻板印象的讨论占据主导。许多学者总结了广告中再现的女性刻板印象模式,其归纳都大同小异。如吴廷俊和郑玥(2004)总结了"美的角色"、"贤妻良母"和"性工具和商品"三类;朱丽(2011)总结为"成为男性视觉欲望客体的女性形象"、"被物化的女性形象"、"被表现为私领域主角的女性形象"和"被定位为'弱者'的女性形象"四个类别;曹晋(2005)把媒介再现的妇女分为"妻子、母亲和家庭主妇"、"作为贩卖男性商品上的性玩具"以及"追求美丽取悦男性的人"三类。任何一种分类中的女性气质都臣服于男性气质,正如怀特海和贝瑞特(Whitehead & Barret,2001)在谈到男性认同时所说的:"无论人们对男性气质的定义如何变化,这些定义永远都和女性气质形成鲜明对比,并永远凌驾于女性气质之上。这样来说……男性气质的核心就是对女性气质的否定。"

尽管大多数国内外研究聚焦于对女性刻板印象的呈现与批判,但有少量研究者指出一些不太相同的现象。如岗特莱特(Gauntlett,2002)认为,1990年代以来,社会性别在大众媒介中的再现更为复杂,相比过去,刻板印象有所减少。韩淑芳(2011)从广告对职场女性形象的呈现和"柔化"的男性形象两个方面指出广告对传统的刻板性别模式的突破。

对于与社会性别相关的批判研究议题,国内研究大多停留在对前人经验的总结,缺乏创新和批判性,缺少对具体广告文本的分析和研究。笔者希望通过对具体广告文本的分析和研究来填补这一空白,同时通过对社会性别刻板印象的深入洞悉引发人们的反思。

2　研究设计与方法

笔者采取符号分析的方法,针对 2010—2014 年李娜代言的 32 支广告,探讨如下问题:

(1)李娜代言广告中所反映的性别气质与传统刻板印象的差异在哪里?

(2)这些广告如何使用符号进行社会性别气质的编码?这些编码解构了哪些社会性别的刻板印象?如何解构?

(3)这些广告是否重构了性别气质?以及广告为什么要选择呈现这些与众不同的社会性别气质?

2.1　资料收集

此次研究旨在揭示性别话语如何编码于李娜的商业影视广告的文本中,因此如何选择广告成为研究的第一步。李娜开始大量进行商业代言是在她2011 年 6 月历史性地成为亚洲网球大满贯第一人之后。从 2011 年开始一直到现在,李娜的收入(其中代言收入至少占到八成以上)连续三年超过一亿元人民币,远远高于排名第二的中国运动员。以 2013 年为例,李娜 1.245 亿的收入是排名第二的林丹(0.3 亿)的 4 倍以上。目前,李娜代言的品牌包括耐克(Nike)、法国运动器材品牌百宝力(Babolat)、加拿大运动绷带品牌 SpiderTech、瑞士奢侈钟表品牌劳力士(Rolex)、澳大利亚娱乐度假胜地运营商Crown、美国信用卡品牌维萨(Visa)、汽车界巨头梅赛德斯—奔驰(Mercedes-Benz)、冰淇淋品牌哈根达斯(Haagen-Dazs)、韩国手机品牌三星(Samsung)、国内的泰康人寿、伊利牛奶、昆仑山矿泉水、杞动力饮料等。可以说商业代言类别十分丰富,从运动产品到奢侈品,从旅游服务产品到信用卡产品,从饮食类产品到传统意义上属于男性代言人主导的手机、汽车等产品,类别十分丰富,各品类之间的差异很大,目标受众也大相径庭。这十分有利于笔者在各种类别产品的广告文本中探求社会性别话语的建构。

此次收集到的 32 个广告涵盖李娜代言的耐克、百宝力、劳力士、维萨、梅赛德斯—奔驰、三星、泰康人寿、哈根达斯、伊利、昆仑山等 10 个品牌,还包括李娜为自己的"工作单位"——国际女子网球组织(WTA)拍摄的一个商业性宣传广告。

2.2 研究步骤

首先,笔者就收集到的广告中呈现的社会性别气质进行全貌性描述,结果形成表 3-1。这部分内容包括广告的基本信息(所属品牌、产品类型、国别、诉求)以及李娜的形象再现和广告的文案、音效等角度详细列举,分析广告对李娜性别气质的建构,还有作为配角的其他人物形象的性别气质的建构。

接着,笔者结合表 3-1 和个案,逐一进行个例的分析。这时主要采用符号分析法,有学者认为刻板印象研究"仅限于传播现象的描述,而缺乏对宏观深入的社会权力结构的洞察,不能从根本上对媒介性别问题进行批判和反思,得出的结论似乎多余、肤浅,研究也陷于模式化"(李敏,2005)。究其原因,她认为这与研究者们倾向于采用与实用主义传统密切相连的美国"管理学派"的研究方式密切相关,"刻板印象的议题大多采用经验主义的研究范式,通常运用量化的内容分析法测量信息的类别或频数,或以社会实验法探讨刻板印象对女性和儿童的影响"(李敏,2005)。不同于批判学派,管理学派不去质疑传播过程中出现的价值问题,而是以维护现有制度的稳定为己任,从而造成批判性的缺失。因此,在此次研究中,笔者主要采用定性方法来分析。符号分析的象征意义不仅局限于文本,而且与其所处的社会背景密切相关。正如曹晋(2008)所指出的,"符号学方法弥补了量化研究所无法进行的相关联意义的洞察,是一种更加深刻的能够把文本内容与社会结构相结合的方法,而且往往是个案研究采用的路径。"

3 研究结果与分析

3.1 广告中的性别气质概述

借助贝姆性别角色量表,笔者将李娜代言广告中李娜的形象及其性别气质、其他人物形象及其性别气质以及广告元素(如文案和音效等)所反映的性别气质整理成如表 3-1 所示:

表 3-1 广告呈现的性别气质

广告	品牌	产品	国别	诉求	李娜形象	李娜形象形象的性别气质	广告元素（文案、音效等）反映的性别气质	其他形象分析	其他形象的性别气质
活出伟大	耐克	运动	美国	感性：李娜的个人经历、特点	在球场训练，形象干练、展示出自然后美的运动形象（网球服）；白色短裤；戴饰物；扎头发	独立的、运动型的、进取的、竞争力的	"打得很好了，又不打了，出去读书，我搞不懂"：独立的，富于冒险精神的；"丫头是好惊是不太强了，要不得！"她上场后要那么公拼为什么；主外的，从业余的，个性强力的；"她想到什么就说什么"：个性强的；"她每一分都要争，界内还是界外"，倔于坚定的，富于冒险精神的；"我老婆婆把我炒了"；主导的，赚钱养家的；"伟大/按自己的规则出击/活出你的伟大"：我行我素的	李娜教练：女强女人；李娜母亲、老牛女、记者；多观评价李娜：载判、欣赏李娜；被妻子"炒了"	李娜教练：个性强业的；李娜母亲：老牛妇女、主内的；美山：温和的、属和的
坚持梦想	耐克	运动	美国	感性：李娜的个人经历、特点	休闲、健身（有化妆）和在赛场上的多种形象的李娜，展示出自然后美的运动美。灰色运动外套；黑色紧身背心套；灰色/蓝色粉心配黑色无袖；白色网球裙；灰色短袖训练衣配蓝色短裤；粉红色短袖上衣；有化妆；露出胸口的纹身；带发卡；戴饰物；扎头发	有女人味的、独立的、运动型的、进取的、竞争力的	广告对李娜"职业网球运动员"的标注：从业的、"为了自己的目标忍受着伤病然而坚忍吃苦地艰辛地训练着"；倔于坚定、独立的、运动型的、进取的	和李娜在一起训练的女性好友	有女人味的、运动型的

续表

广告	品牌	产品	国别	诉求	李娜形象	李娜形象的性别气质	广告元素（文案、音效等）反映的性别气质	其他形象分析	其他形象的性别气质
成就自己（长）	耐克	运动	美国	感性：李娜的个人经历、特点	训练中的李娜，展示出自然的李娜，贴身运动背心/黑色运动衣袖/灰色长袖；白色短裤；露出纹身	有女人味的、独立的、运动型的、进取的、有竞争力的	"我们会练到全身的每一块肌肉"；运动型的，男人味的；"不管有多辛苦的付出，你都要为达成这一目标去奋斗"；信念坚定的、进取的	无	无
成就自己（短）	耐克	运动	美国	感性：李娜的个人经历、特点	训练中的李娜，展示出自然的李娜，黑色紧身衣配心/蓝色无袖/灰色长袖训练衣配黑短发	有女人味的、独立的、运动型的、进取的、有竞争力的	"我最喜欢的一句话就是'为自己而活'，我行我素的；'不要因为任何事情的影响而动摇自己的目标'；信念坚定的、坚持的	和李娜在一起训练的女性好友	有女人味的、运动型的
登机	耐克	运动	美国	感性：李娜的个人经历、特点	身着运动装程，自己开始运动表现，独立国际化，灰色外套、黑色长裤、白色挎包、中长发	独立的、运动型的	无	黑人男性机场工作人员	无
群星运动	耐克	运动	美国	感性：李娜的个人经历、特点	在有男性巨星出场的情况下压场，展现了运动时的自信和自然美，紫色短袖黑色短裤（网球服）	运动型的、独立的	无	科比、刘翔两位男性巨星出场	运动型的、有竞争力的

续表

广告	产品品牌	国别	诉求	李娜形象	李娜形象的性别气质	广告元素（文案、音效等）反映的性别气质	其他形象分析	其他形象的性别气质
自由运动	耐克	美国	感性；李娜的个人经历、特点的修饰（有明显的加工的印迹）	运动时的自然美；身着休闲装，面对镜头直接做广告的李娜号召；蓝色短袖白紫色网球裙；白色网球甲；紫色外套手握灰色长袖运动衣；黄色灰色长袖休闲装；有化妆；扎头发	有女人味的，独立的，运动型的，进取的，有竞争力的	"为了击败每一位对手，为大满贯，为赛过昨天的自己"：从业的，进取的，有竞争力的，坚持的，信念坚定的；"为美丽"：有女人味的，"为姜山"：赚钱养家的，善解人意的，有感情的	丈夫姜山开心地与李娜一起跑步	温柔的
女生5公里	耐克	美国	感性；李娜号召参加的活动	身着休闲装接做广告的李娜；身着休闲装，戴帽子；直色休闲装；戴饰物；扎头发	运动型的，独立的	"姐妹们，快来挑战一下自己，参加北京 NIKE 5 公里女生大挑战。证明我们都是 amazing 女生。"：进取的，运动型的，有竞争力的	无	无
今晚不回家	耐克	美国	感性；李娜号召参加的活动	身着休闲装，面对镜头发出号召的李娜；在两位男性后发；淡蓝色外套，粉色 T 恤，黑色长裤；有化妆；戴饰物；披肩长发；戴手表	有女人味的，运动型的，独立的，进取的	"不要理那两个人，还是跟我一起 NTC 吧"：有领导力的，易共鸣的	蓝球明星杜兰特，滑板明星奥马尔	运动型的，有男人味的
加入俱乐部	耐克	美国	感性；李娜的个人经历、特点的介绍；李娜号召参加的活动	运动中的李娜，展示出自然的运动美；黑色背心，黑色长袖；扎头发，有化妆；戴饰物	有女人味的，运动型的，独立的，进取的	"因为运动，带给了我很多的经历，运动改变了我，带给我很多的不同；运动型的，动起来，开始不一样的你，坚持下去"：信念坚定的，坚持的	无	无

续表

广告	品牌	产品	国别	诉求	李娜形象	李娜形象的性质气质	广告元素（文案、音效等）反映的性别气质	其他形象分析	其他形象的性别气质
运动装	耐克	运动	美国	感性：李娜的出场	与人交谈，展示出所穿的广告服装，展给未带来的独特气质，去色/妆红色运动外套，黑色裤子；披肩长发	运动型的、独立的	无	无	无
爱国	劳力士	奢侈品/手表	瑞士	感性：李娜的个人经历、特点	身着休闲装面对镜头自述自己经历的李娜；黑色马甲上衣、带帽化妆，披肩长发，带饰物，无袖红色网球帽白色网球衣，扎头发	有女人味的、独立的、运动型的、进取的、有竞争力的	"（我）和我的同胞站在一条线上，一起在奋斗"的，有力量的，有男人味的、有立场的	无	无
澳网	劳力士	奢侈品/手表	瑞士	感性：李娜的个人经历、特点	身着休闲装面对镜头自述自己经历的李娜；黑色马甲上衣、带饰物，有化妆，白色网球帽紫色无袖网球衣，带帽，扎头发	有女人味的、独立的、运动型的、进取的、有竞争力的	"有点儿像那家的感觉，而且在你去的时候，所有人都说欢迎回来'"；有感情的	无	无
童年	劳力士	奢侈品/手表	瑞士	感性：李娜的个人经历、特点	身着休闲装面对镜头李娜童年时期白色的衬衫，自己经历的照片；黑色马甲饰物，披肩长发，带饰物，有化妆	有女人味的、可爱的、独立的	李娜回忆自己童年经历：有感情的；感谢她在那么艰苦的环境中还一直坚持下来"；信念坚定的，坚持的，进取的，有感情的	无	无

续表

广告	品牌	产品别	国别	诉求	李娜形象	李娜形象的性别气质	广告元素（文案、音效等）反映的性别知识	其他形象分析	其他形象的性别气质
汲取知识	劳力士	奢侈品/手表	瑞士	感性诉求：李娜的个人经历，展示品牌的内涵特点	身着休闲装的李娜面对镜头陈述自己经历；白色衬衣，披肩长发，黑色马甲饰物，有化妆	有女人味的，独立的	"特别是在进入到了这个圈子以后，我觉得我吸收了更多别人的知识"；从业的	无	无
合作关系	劳力士	奢侈品/手表	瑞士	感性诉求：李娜的个人经历，展示品牌的内涵	身着休闲装的李娜面对镜头陈述自己经历；白色衬衣，披肩长发，黑色马甲饰物，有化妆	有女人味的，独立的	"它（劳力士）帮助了体育事业的发展。最起码我和全世界的目标是一致的，走到一起去了"；社会公共领域的，有立场的	无	无
进取卓越	劳力士	奢侈品/手表	瑞士	感性诉求：李娜的个人特点	身着休闲装的李娜面对镜头陈述上场上的李娜；黑色马甲衬衣，披肩长发，白色网球服，扎头发，戴饰物，有化妆	有女人味的，独立的，运动型的，进取的，竞争力的	"我认为成功就是当你认一件事是对的时候，你一直都没有放弃，一直坚持"；进取的，坚持的，信念坚定的	无	无
经典旁白	劳力士	奢侈品/手表	瑞士	感性诉求：产品本身的历史感，卓越的出身/李娜的	穿李娜在类似于黑色长袖衣堂中的作品，自信满满的人名；长裤，披肩直发，有化妆，戴手表	有女人味的，独立的	无	其他网球巨星（有的男有女）的照片	运动型的，独立的，从业的

续表

广告（经典配乐）	品牌	产品	国别	诉求	李娜形象	李娜形象的性别气质	广告元素（文案、音乐、音效等）反映的性别气质	其他形象分析	其他形象的性别气质
	劳力士	奢侈品/手表	瑞士	感性：产品本身的影响力/李娜的出场	赛场上的李娜；白/粉红色网球帽白色无/短袖网球衣、紫/粉红色网球裙，黑/带饰物，扎头发	独立的、运动型的、进取的、有竞争力的	无	无	无
2012篇	伊利	饮食	中国	感性：夫妻情/李娜的个人经历、特点	家庭中、知性、活泼，带有姜山温柔的李娜（包括姜山用毛线玩具打李娜的温馨画面）/赛场上的李娜（2011年法网决赛画面）；红色长袖休闲衣，加"一下油。"的李娜对着台上的姜山叫道；粉红色网球裙，扎头发、戴饰物；蓝色网球服/蓝色外套白色头发戴休发色，扎头发，有休闲妆	有女人味的、有感情的、可爱的、孩子气的、善解人意的、温柔的、家庭的/独立的、运动型的、进取的、有竞争力的	李娜独白："有人问我，网球为什么？我想，带来了他（指姜山）。我想，这个世界上，也只有有这么个容我、网球为我，能这么包容我了"，李娜对着台上的姜山说"老公，新年健康！我才能欣负你一辈子啊！"；有女人味的、温柔的、可爱的、善解人意的、温柔的、家庭的	"好丈夫"形象山	易共鸣的、有感情的的
2013篇	伊利	饮食	中国	感性：夫妻情/李娜的个人经历、特点	家庭中、知性、活泼，抑又带有姜山温柔的李娜/红色长袖休闲服，戴着长头发；蓝色网球帽/有袖休闲妆	有人情味的、有感情的、善解人意的、家庭的、温柔的、独立的、运动型的、进取的、有竞争力的	李娜独白："他，是我胜利时的欢呼。"李娜对姜山说"老公，我是我低谷时的支持"，新年健康我激励时的一个人在战斗；李娜对美人味的：有感情的、可爱的、善解人意的、温柔的、家庭的	"好丈夫"形象山	易共鸣的、有感情的、可爱的

续表

广告	品牌	产品	国别	诉求	李娜形象	李娜形象的性别气质	广告元素(文案、音效等)反映的性别气质	其他形象分析	其他形象的性别气质
2014篇	伊利	饮食	中国	感性:母女情/李娜的个人经历、特点	家庭中,关心妈妈的好女儿;红色长袖毛衣,戴饰物,披肩长发,有化妆	有女人味的,独立的,温柔的,善解人意的	李娜独白:"如果有人问我,拼了这么多年;从业以来,赚钱常陪在她(母亲)身边";李娜独白和"新年,给妈妈热杯牛奶!"以及李娜对母亲说"妈,新年健康!"和"你健康,比任何一个冠军都重要":温柔的,有感情的,善解人意的,家庭的	买来、做来、关心女儿的妈妈形象(由演员饰演)	家庭的,内务的,持家的,温柔的,善解人意的
母亲节	哈根达斯	饮食	美国	感性:母女情/李娜参加的活动	化妆、面对镜头、想妈妈的女儿,用了普通话和武汉话,使用;浅灰色外套白色衬衣,有球;灰红色衬衣外套,有化妆	有女人味的,独立的,温柔的,善解人意的,有感情的	"由于自己的赛季安排很满";从业以来,独立的;李娜对母亲的祝福,温柔的,有感情的,善解人意的	李娜母亲用武汉话表达对女儿的思念	有感情的,善解人意的
矿泉水	昆仑山	饮食	中国	理性:产品本身/李娜的特点	李娜陈述昆仑山矿泉水的特点,虚构的李娜饮用产品的场景;以及李娜饮用产品蓝袖衬衫,有化妆	独立的,运动型的,分析能力强的	李娜陈述产品特点:"昆仑山雪山天然矿泉水,源自海拔6000北纬36到46度世界黄金水源带":分析能力强的	无	无
PD球拍	百宝力	运动	法国	球拍产品(理性)/制造悬念的(感性)/李娜出场的(理性)	形象干练,化过妆,身穿球衣;李娜展示球拍的一部分;白色短袖网球裙,中长发,有化妆,戴饰物	独立的,运动型的,有女人味的	"For the rest, you have to ask Andy":从业的	无	无

续表

广告	品牌	产品	国别	诉求	李娜形象	李娜形象的性别气质	广告元素（文案、音效等）反映的性别气质	其他形象分析	其他形象的性别气质
宣传片	WTA	行业组织	无	感性：李娜的个人经历、特点	兼具传统意义上的"柔美"与运动拍击球的"强壮"的李娜反差的慢动作；米色连衣裙（露背）、中长发、有化妆	独立的、运动型的、有女人味的、果断的	广告语"Strong Is Beautiful"：大女人味的、男人味的、有力的、信念坚定的；"我来自一个拥有13亿人口的国家，但到目前为止，我们中国还没有一个排名世界第一的网球选手，并不是压力"：从业、社会公共领域、进取的、有雄心的	无	无
奥运会	维萨信用卡	信用卡	美国	感性：李娜的个人经历、特点	运动中的李娜，展示出自然的运动美／接受采访的李娜，没有冬天的外套；冬季暖帽；白色网球衣、黑色无袖、黑色配训练；连衣裙、黑色无袖、戴饰物；中长发；礼头发	独立的、运动型的、有女人味的	"小时候（学）网球其实是父母的意愿，就为了做一个孝女，就一直坚持到自己第一次退役。对网球已经有了再次回来的时候才有一个全新的认识，在那个时候觉得自己真的喜欢网球；从家庭的发展来独立，主导的"所有的人为了自己的梦想和目标努力，有一天目标总会实现"；进取的、信念坚定的	无	无
手机	三星	手机	韩国	理性：产品本身的特点；戏剧化的比场面（虚构场景）	在虚构的比赛中出现的李娜身着"成功人士"式的手机／热的李娜使用网球的李娜；白色网球蓝白色有袖晚礼服、黑色网球裙；黑色无袖晚礼服、戴手表、戴饰物；有化妆	独立的、有女人味的、率止像领导的	无	无	无

续表

广告	品牌	产品	国别	诉求	李娜形象	李娜形象的性别气质	广告元素（文案、音效等）反映的性别气质	其他形象分析	其他形象的性别气质
汽车	奈驰	汽车	德国	感性：挑战自我、超越自我，戏剧化的场面的比娜（两个李娜同台竞赛）	在虚构的比赛中出现的李娜；身着休闲装，熟练驾驶成功入式功的李娜；蓝色/白色有袖网球衣；蓝色网球饰物；扎头发	独立的、运动型的、率正像倾导的	无	无	无
自主人生	泰康人寿	保险	中国	感性：对未知和危险的修辞性语言/戏剧化的李娜经历	表演出来的赛场上和对生活中的李娜"在时一切尽在掌握中"的实演姿态的李娜；白色休闲装，有化妆；粉色/白色有袖运动衣；蓝色球帽；白色有袖球衣；绿色短裤；白色黑色球鞋	独立的，运动型的，有女人味的，主导的，分析能力强的	"无论如何，人生是自己的。不要放弃，自己要独立的"	握住李娜手的姜山和索要签名的小女孩	姜山：有感情的的，温柔的
拼搏	泰康人寿	保险	中国	感性：对未知和危险的修辞性语言/戏剧化的李娜经历	表演出来的经历各种有潜在危险场景，得到保障的李娜；橘身色运动外套，黑色球裤，扎头发	独立的，运动型的，有女人味的，主导的，分析能力强的	"我从未惧怕"/信念坚定的"在我心里，总有一份温暖的保障"；有感情的	无	无
拼搏无声	泰康人寿	保险	中国	感性：对未知和危险的修辞性语言/戏剧化的李娜经历	表演出来的经历各种有潜在危险场景，得到保障的李娜；橘身色运动外套，黑色球裤，扎头发	独立的，运动型的，有女人味的，主导的，分析能力强的	无	无	无

3.2 广告对私人领域中性别气质的呈现

从表 3-1 可以看出,大多数广告使用的是人们最熟知的李娜形象——网球运动员,其中的大多数都刻意追求真实性,保留了李娜在赛场的打扮与衣着,一部分广告中呈现的李娜有明显表演和适当化妆的痕迹。此外,尽管一些广告中展示了面对镜头进行采访的李娜,但其内容几乎都与李娜的职业相关,即使是她的个人回忆,也是与其职业或是其作为公众人物的地位、责任相关。只有 3 个广告选择表现在家庭场景中的李娜。单从这一点上,就可以明显看出广告对于"女性主内"刻板印象的颠覆。笔者集中从广告在私人和社会公共两个领域展现的对社会性别的刻板印象的解构,进行具体讨论。

3.2.1 对李娜夫妻关系的呈现:"性别倒错"的夫妻关系

李娜的丈夫姜山是许多广告都喜欢使用的形象,在 10 个有其他人物出现的广告中,5 个广告中出现过姜山,他是李娜广告中毫无争议的"第一配角"。李娜与姜山表现出的从性格与行为到角色,再到地位,几乎每一方面的"性别错位"在大众中都引起诸多关注,也使得这些"另类"的性别气质成为广告可利用的资源。5 个广告对其呈现不尽相同,耐克广告《自由运动篇》呈现生活中姜山和李娜在一起开心地跑步的场景。同时,李娜陈述她成为职业运动员的一个原因——为姜山,从私人领域的角度来看,显示出姜山的从属地位。与之类似,在耐克广告《活出你的伟大篇》中,从姜山所说的"我老婆把我炒了",也可以看出他在家庭中的从属地位。泰康人寿广告中的姜山被塑造成李娜的家庭成员,但是和此类广告不同,广告并无强调作为丈夫,姜山能给李娜带来的依靠,而是在构建以李娜为一家之主的场景。姜山代表的是类似于"家庭的温暖港湾"的形象。

伊利《2012 篇》和《2013 篇》的两则广告别出心裁地选择家庭的私人领域来再现李娜和姜山的夫妻形象。这个系列广告主打温情牌,不仅再现李娜、姜山"女强男弱"的特点,也体现了夫妻之间的温情。下面是两则广告的文案:

伊利《2012 篇》

李娜独白:有人问我,网球为你带来了什么? 我说,带来了他(指丈夫姜山)。我想,这个世界上,也只有这个人,能这么包容我了。

李娜:老公,新年健康!

姜山:干嘛?

李娜:你健康,我才能欺负你一辈子啊!

李娜:新年,和你爱的人相约健康。伊利。

伊利《2012 篇》

李娜独白:他,是我胜利时的欢呼,也是我低谷时的支持。

李娜:老公,新年健康!

姜山:健康你就能欺负我一辈子啊?

李娜:你健康我就不是一个人在战斗。

李娜:新年,和你爱的人相约健康。伊利。

图 3-1　伊利《2012 篇》《2013 篇》

　　结合文字与图像,可以看出两则广告都使用"李娜欺负姜山"这个受众并不陌生的桥段。同时,广告聪明地回避了夫妻二人的冲突。第一则广告中李娜说自己的职业带来最能包容她的姜山,这种表述一方面体现自己作为职业女性的身份,另一方面显示出自己"欺负"丈夫的事实(所配画面是 2011 年法网李娜对看台上的丈夫吼道"莫坐着,加一下子油噻"的场景);第二则广告中,李娜说姜山是"她胜利时的欢呼,也是低谷时的支持"。这种表述,说明丈夫作为自己事业的鼓励者与支持者的形象,显然还是体现了丈夫作为从属者的地位。但是,在两个广告中,主要呈现的却不是李娜在比赛或训练不顺时对姜山的苛责,而是一个有感情的、在感恩的、充满女性柔情的李娜。此外,广告中柔情舒缓的配乐、李娜对姜山的真情表白、姜山用毛绒玩具哄李娜以及两人喝完牛奶,嘴角留有奶渍对视一笑的温馨画面都体现出家庭关系的融洽与和谐。

这种处理,很大程度上消除了"李娜欺负姜山"的争议性,让人觉得这种局面是可以接受的。

从社会性别的角度上来说,它们美化了被父权制体系视为异端的"女主外男主内"的情形,使得广告最大限度地构建一个同时兼具温柔女性气质和强势男性气质的李娜,大多数受众在接受李娜作为一个关心丈夫的"好妻子"的形象的同时,也接受了她作为夫妻关系中较为强势、赚钱养家的一方的形象。这也是伊利的两个广告与另外 3 则简单再现李娜与姜山关系的广告的最大不同。在解构了"男强女弱"的刻板印象的同时,这两则广告没有呈现出女性对男性的支配,而是模糊地展示出一种多元并存的新型的社会性别意识观念。

3.2.2 对李娜母亲的呈现:对传统母亲形象的再现与颠覆

伊利广告《2014 篇》和哈根达斯广告以母女情为诉求点说服目标受众。这两则广告对性别气质的刻画重点都在李娜的母亲身上。一方面,相比李娜与丈夫姜山的关系,李娜与极少在媒体上露面的母亲的关系没有那么多违背传统观念的"爆点",也很少被媒体呈现和报道;另一方面,广告想要把李娜塑造成一个被大家接受的有感情的女儿。在不能发掘李娜的其他气质的情况下,就索性在广告中对其进行模糊化处理,转而展现母亲的形象。在伊利的广告中,由演员扮演的李娜母亲因为女儿要回来了,去菜市场买菜。这是父权制社会的现实,女性的活动领域在家庭,女性应该买菜、做饭、照顾家人。就像唱遍大江南北的《常回家看看》中的"生活的烦恼跟妈妈说说,工作的事情向爸爸谈谈"一样,这则广告再度反映传统社会性别观念的深入人心。与伊利不同,哈根达斯广告颠覆了传统母亲的刻板印象。广告中李娜的母亲能比较熟练地使用电脑,且她也不做任何父权制意识形态中女性"该做"的事,相比上一个广告,这显然是一个不那么传统的母亲形象。

3.3 广告对公共领域中性别气质的呈现:李娜"另类"的社会角色

3.3.1 在男性代言人主导品牌中的李娜:事业成功的女性形象

在三星、奔驰、劳力士经典旁白篇和经典配乐篇的 4 个广告中,产品或者品牌成为主角,其重要性要高于李娜,在这些广告中,李娜成为推销者、演示者,或者成为品牌元素的一部分。虽然广告模糊了社会性别的意识,但却掩盖不住它们把电子类产品、豪车、奢侈品手表这三个传统以来男性代言人的主导权让位于李娜的事实。劳力士的《经典旁白篇》和《经典配乐篇》广告着重宣传品牌本身的内涵与历史底蕴；三星手机则通过戏剧化的李娜比赛场景的描述，强调产品性能好、上网速度快的特点；类似的，奔驰汽车通过李娜传达"挑战自我"的理念。这说明，李娜和其他数量明显更多的男性代言人，都成为强调历史悠久、精准的瑞士奢侈品手表品牌劳力士的元素，都代表了品牌更深层次的内涵性，被构建到品牌形象中去。而在强调最新科技的三星广告中，李娜也和经常出现在此类广告中的成功商业男性一样，轻松自如地使用手机；不同于小巧的"smart"汽车和保时捷之类的使用女性代言人更多的汽车品牌，奔驰汽车中的男性形象远远多于女性，然而就是在奔驰汽车的广告中，李娜却和所有广告中塑造出来的成功男性一样，自信满满地驾驶着汽车。不难发现，三个广告都使用李娜代替传统上的男性形象，显示出对于天然和男性相连的事业成功刻板印象的颠覆。

3.3.2　颠覆传统女性代言人形象的李娜：公共领域的理性意见提供者

饮食类产品广告更喜欢使用女性模特。直观上来看，这则广告似乎与传统的饮食类广告没有区别。但仔细分析后发现，这个广告中李娜的作用是向消费者陈述昆仑山矿泉水水质优良的产品特点。在大多数情况下，如果一个饮食类广告要通过理性诉求说服受众，会选择男性。李娜的出现打破"男性更理性、更可靠"的性别气质刻板印象。在泰康人寿的广告中，李娜的表演与呈现在保险产品中的大多数受伤害的、柔弱的、需要保护的、依赖的女性形象不同。虽然受到伤害和挫折，但李娜知道要选择和主导自己的人生，这是一个独立的、理性的女性形象。可见，出现在饮用水和保险产品广告中的李娜不再是温柔的、感性的、暴露的女性，而是一个有着理性的分析能力的意见提供者。

3.3.3　男性体育明星烘托下的李娜：称职的职业网球运动员

李娜是体育器材公司百宝力旗下的 PD 网球拍的代言人。这个广告利用李娜作为职业网球运动员的专业性和权威性。在广告中，李娜说："剩下的，你得去问安迪。"（For the rest, you have to ask Andy.）这里的"安迪"指的是 PD 球拍的另外一位代言人，著名美国男子球星安迪·罗迪克（Andy Roddick）。这句话不仅强调李娜是有职业的，同时，对男性而非女性同行的提及，强调了李娜所从事的职业并非传统上的女性领域，加强了对于传统社会性别刻板印象的解构。在强调男女共事的这一点上，耐克广告《群星运动》篇处理得更为激进。在有姚明、科比这样的男性巨星一起参与的情况下，压轴出场的却是李娜。从商业的角度上来看，这或许和耐克公司的营销策划以及这个阶段李娜的影响力、争议性不断扩大有关。但从社会性别的角度上而言,让李娜力压重量级男性明星,压轴出场,充分显示了对女性的职场能力的肯定。

3.3.4 承载中国网球梦想的李娜:公共领域的国家形象代言人

WTA 的广告呈现李娜的独白(配英文字幕):"我来自一个拥有 13 亿人口的国家。但到目前为止,我们中国还没有一个排名世界第一的网球选手。并不是压力。"如果对网球不了解,只看李娜在广告中所说的话,会觉得这些话语更应该出自一个男性之口。这段简单的文案所包含的最明显意思就是:李娜肩负着中国的网球希望。李娜不仅出现在公共领域,还成为自己领域中前无古人的佼佼者。WTA 骄傲地展示了自己旗下的大明星——顶起了几乎是中国网球整片天空的李娜无可非议的成就。

3.3.5 被大量运用的"真实"李娜:集多种对立性别气质于一体的女性运动员

绝大多数的广告倾向于使用真实的(或至少是让大部分受众认为是真实的)李娜的个人经历和特点作为广告的诉求点,这些广告在社会性别的再现上有极大的相似性。其中,耐克广告中更倾向于展现李娜的被认为不属于"女性美"的运动美。在父权制的建构下,女性美和运动美是没有交集、格格不入的,然而在这些广告中,却处处是充满活力、自信、快乐的李娜形象,处处是其他同样"我运动,我健康,我快乐"的女性形象。在广告的建构下,这些女性形象已经和"女性美"重合,至少不再冲突。

对李娜的形象,在 WTA 的宣传广告中有更进一步地、更具有女性主义政治意义的体现。这则广告的画面呈现出一个这样的李娜:穿晚礼服的她尽显父权制思维下被男性观望的"女性美"。然而,她又在做着一件与穿着打扮格格不入的事,奋力地完成反手击球,这与她身穿比赛服装在赛场上的击球别无二致。在广告的慢镜头回放中,我们可以清晰地看到李娜粗壮的、肌肉发达的,与普通男性相比,有过之而无不及的右手手臂。整个击球过程中,她的眼神专注有力,充满决心和杀机,她的大腿、腰部、手臂、手腕、头部各个身体部位都恰如其分地配合击球,为所有网球爱好者、运动员,甚至是男性运动员示范了完美的反手击球。完全不同于韩剧《我的女孩》中刻画的那个"韩国的莎拉波娃"——金世瑄打球时扭扭捏捏、错漏百出的形象。后者只是借用网球选手的名号,刻画的还是父权制社会意识中美丽、温婉、娇弱的完美女性形象。WTA 广告中对李娜的刻画保留了她作为一名出色的网球职业运动员所具备的独当一面、不容置疑的专业性,强壮健康的身体和勇敢、果断、独立的性格特点,同时给了李娜一个被父权制所接受的"女性美"的外表包装。

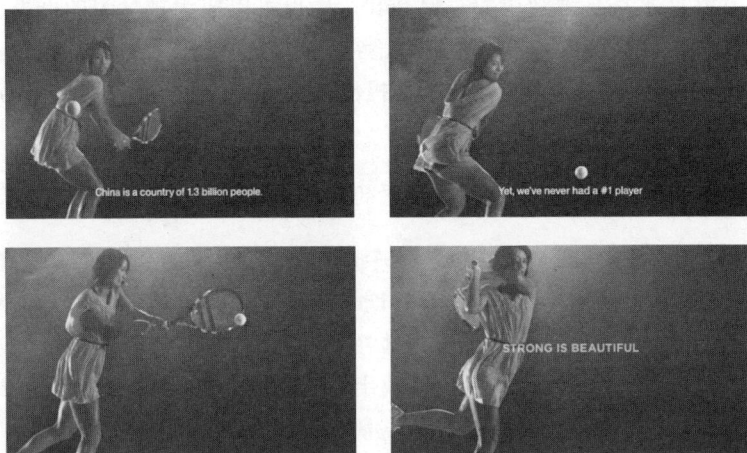

图 3-2 WTA 广告

这种形象的塑造与耐克和 WTA 本身的出发点和诉求点是一致的。耐克、WTA 以及其他类似的品牌组织正在运用它们与日俱增的影响力,潜在地向社会传达着这种意识形态的改变,这对于改变社会性别的刻板印象非常有利。而这种多种性别气质存于一体的女性形象,不仅直接挑战二元对立的性别刻板印象,还提出一种多元并存的新思路。

3.4 广告对性别气质的重构:伙伴关系模式的建立

3.4.1 广告语折射的多元并存的性别气质

"Strong Is Beautiful"是 WTA 广告的广告语。从语言学的角度分析,"strong"这个词通常用来形容男性,而其对应的译名"强壮"也是一个有明确性别概念的词汇。"strong"指的是生理和心理上的坚韧、坚强,它和"masculine"(男子气)一词有关联紧密。与之对应,"beautiful"则更多地用来解释女性的美丽,其被普遍接受的译名"美丽"也是偏阴柔的词汇。"Strong Is Beautiful"明确地颠覆了两性气质截然对立的刻板印象。

结合该则广告的广告语与广告画面可以看出,它是对社会性别秩序的一次大胆的挑战与颠覆。同时,它也显示了全新的社会性别秩序,提出多元共存的、更为包容的社会性别观。"Strong Is Beautiful"把两个在父权制意识形态下,描述完全不同性别的词画上了等号。这则广告告诉所有观看者:所谓的

"女性气质"和"男性气质"是可以共存的,这些特征可以同时存在于一个女性个体中。女性不只是被观望的对象,同时,她也可以成为被学习的楷模。在彻底颠覆父权制社会二元对立的性别观念的同时,相比上面分析的伊利 2012 年与 2013 年的系列广告,它更为清晰地提出了多元并存的新型的社会性别意识观念。

3.4.2 广告对社会性别刻板印象的解构与重构过程

耐克广告《活出你的伟大篇》呈现李娜的母亲、丈夫、启蒙教练,呈现普通市民、网球记者和裁判对于李娜的评价。这些人物分属于私人和公共两个领域。广告基本忠实地,但又有所选择地巧妙再现了这些身份的人物对李娜这个极富争议性的人物进行的评价,体现出广告所要传达的诉求,即广告最后出现的广告语:伟大,按自己的规则出击,活出你的伟大。这是品牌想要传达的"我行我素"的诉求与李娜气质的共谋。笔者以此为个案,集中分析这则广告如何解构与重构性别气质的完整过程(见表 3-2):

表 3-2　耐克《活出你的伟大篇》六个人物对李娜的评价

	余丽桥(李娜青少年时期教练)(中年妇女)(武汉口音的普通话):打得很好了,又不打了,出去读书,我搞不懂。
	范维贞(武汉市民)(老年妇女)(武汉话):丫头的性子太强了,要不得!
	陈文宇(体育记者)(青壮年男性)(普通话):她想到什么就说什么。

续表

	李艳萍（李娜母亲）（中年妇女）（武汉话）：好是好，就是不晓得为什么她上场后要那么拼，要那么凶。
	马克（网球裁判）（青壮年男性）（英语配中文字幕）：She competes all the points, in and out.（她每一分都要争，界内还是界外。）
	姜山（李娜前教练）（青壮年男性）（普通话）：我老婆把我炒了。

先分析三个女性人物对李娜的评价。白发苍苍的武汉市民范维贞摆摆手，说李娜的"性格太强，要不得"，这种看法很具有代表性，代表当下许多人对李娜这种男性化气质难以接受的态度。李娜母亲的评价也表现出刻板印象，但远不如范维贞表现得那么明显：她先肯定了李娜"好是好"，后面又指出对女儿"那么拼命，那么凶"的不解，表情疑惑不解。相比这两位女性，李娜的启蒙教练余丽桥与李娜则属于同一个类型。即使受众对这位女教练不了解，也可以从广告中轻易地发现其中性的打扮、声音以及干练的形象。在中国网球界，余丽桥教练是出了名的"女强人"，她的专业能力很强，对队员要求极高，脾气也很火爆。余教练的评述，一方面符合她作为严厉的师长对于学生的描述；另一方面，通过这个与李娜一样与众不同的女强人所说的"搞不懂"，凸显了李娜不走寻常路的特点和经历。穿插在她们中间的镜头，是在训练场上自信、潇洒、专注训练的李娜的特写。

广告中的三个女性及其评价，与最后出场的李娜形成对社会性别的刻板印象的解构与重构的过程。评价"性格太强，要不得"的模特不是学者、业界精英或年轻女性，而是白发苍苍的老年女性。这个人物符号至少有两层含义：其一，她代表着"老一代"的陈旧看法，应该会被淘汰，或者至少需要年轻一代进行反思；其二，作为一个女性，她对有着巨大贡献的女性同胞李娜给予负面的评价。这个人物符号的建构，很大程度上地削弱了在父权制下——"丫头性子太强了，要不得！"——这句话本身的合理性，促使受众对这种刻板印象进行反思，进一步削弱了父权制的意识形态。

广告对李娜母亲这一符号的处理也很有深意。和范维贞相比较，李娜母亲年龄小了很多，代表更为开放的思想，尽管还是搞不清楚为什么李娜"那么拼命，那么凶"，母亲却给予女儿支持。第一个出场的余教练是李娜的同类人，但对于李娜表现出来的完全解构的社会性别气质，老师也承认"搞不懂"。从范维贞到李娜母亲，再到余教练，再到训练场上自信、潇洒的李娜，广告呈现女性对二元社会性别观念的认识、反思与解构的过程，并在最后呈现出集多种性别气质于一身的，"按自己规则出牌"的偶像式的成功人物——在社会性别的刻板印象被解构之后，完美重构出来的李娜的形象。

再来看三位男性形象。广告依次呈现出客观评价、欣赏以及依靠女性的三个男性形象。体育记者陈文宇表情平和地描述了李娜的特点，看不出褒贬；外国裁判对李娜的描述中，皱着眉头，表现出对其果敢和强势进攻型打法的钦佩，体现出男性对女性由观望到赞赏的转变；李娜的丈夫姜山面带微笑地说"我老婆把我炒了"，广告对姜山的介绍不是"李娜的丈夫"，而是"李娜前任教练"，他的描述完全颠倒了父权制对男女社会性别的规定，不仅"女主外，男主内"，还显示女性冲出家庭的禁锢后，成为男性的上司的可能性，这个符号对权利关系的描述打破了单一的男性注定占据两性权力关系主导的格局。在解构了这种统治式的关系模式之后，广告中的男性客观评价女性，是女性的欣赏者。而在夫妻关系中，丈夫并非一定需要占据主导的地位，他一样也可以做父权制社会建构的那些只能由女性来做的活计，而且一样可以做得出彩。夫妻的角色分工取决于各自的性格和能力，而非性别。广告中的姜山，很幸福。在广告重构的两性关系模式中，并非女性挣脱被统治的枷锁后对男性实施统治，而是男女两性维持平等、依靠和合作的伙伴关系。

3.5 广告解构刻板的性别气质的原因反思

广告为什么要解构传统性别气质模式并构建新型两性关系，笔者以为至少有如下因素。

首先是商业因素。无所不在的商业性是所有商业广告都无法摆脱的，广告选择呈现李娜的另类性别气质，当然是为产品或品牌服务。因此，我们可以看到每一个广告中商业元素对于广告选择的影响。例如在伊利 2012 年和

2013 年的广告中,为了用李娜夫妇之间的夫妻情来打动受众,广告首先不失真实地使用现实中李娜夫妇"女主外男主内"和"女强男弱"的事实,但又不呈现出我们经常看到的李娜苛责姜山或用其开涮的情景,而是选择了李娜 2011年澳网决赛失利后,一改往日在采访中对调侃丈夫的形象,转而对观众说"Can you see(the man)wearing yellow shirt? This is my husband, I made a lot of jokes on him. But it does not matter if you are fat or skinny, handsome or ugly, I(will)always follow you, always love you."("你们能看到穿黄衣服的那个人吗? 他是我丈夫。一直以来,我尽拿他开涮。但是,无论你是胖是瘦,是帅是丑,我都会一直跟随着你,一直爱着你。")这样的情景在现实中出现的频率是较低的,但是广告不仅放大了这个形象的李娜,而且让广告中的李娜更温柔,更懂得感恩。于是,我们在广告中看到强势却又体贴的李娜,更能被大众所接受的李娜。这样的李娜也使我们对她在广告结尾说的"新年,和你爱的人相约健康。伊利"这句广告语更加令人信服。借用这样的形象,广告的商业性得到满足。

其次,李娜作为一个出色的职业网球运动员的身份和"亚洲网球第一人"的地位,是广告对刻板的性别气质进行解构的重要因素。网球运动所展现的速度、力量以及对击败每一位竞争对手的要求,和男性气质相吻合,特别是李娜作为顶尖级选手展现出的惊人力量与移动能力,以及面对大多数选手的统治性地位,这和康奈尔所提出的"霸权性的男性气质"的统治力量是相吻合的。绝大多数的广告都表现了李娜职业运动员这个最重要的标签。自然地,出色的成绩与无人能及的"亚洲网球第一人"的地位成为广告推销的重点。广告要把李娜的这个标签呈现出来,就难以绕过她所表现的另类性别气质。当然,与媒介在呈现姚明时不同,李娜女性的身份难以象征国家的道德力量形象。同时,职业网球的个人性也削减了李娜身上"为国争光"的意味,她更多时候是独立、成功、历史性、富有争议的职业网球运动员。因此,广告对李娜性别气质的再现没有提高到代表国家的高度,只有 WTA 的广告例外。

再次,广告对另类性别气质的刻画或多或少是为了保持对女性的"政治正确"(political correctness)。"政治正确"起源于美国 19 世纪,尤其在当今美国的政治生活中,发挥着重要的作用。它是指利用政治立场上"正确"或"中立"的字句描述事物,以避免因为使用具有褒贬意义的语句,而侵犯他人合理的权益、伤害弱势群体的利益或尊严。作为父权制社会的弱势群体,女性无可争议地成为"政治正确"原则保护的对象。尤其是从 20 世纪 70 年代以来,女权主义运动在世界范围内不断兴起,在女性主义思潮的洗礼下,保持对女性的"政治正确"显然已经影响到广告对于性别形象的呈现。这种影响在美国品牌的广告中更为明显,如耐克广告《群星运动》篇中,把李娜放在姚明、科比这样的男性巨星之后压轴出场的处理,就明显带有"政治正确"的意味。

最后,广告对另类性别气质的呈现可以看作是当代女权主义运动不断扩展,女性主义思想不断发展、传播的正面结果,是女性主义斗争所取得的胜利。因为女性主义的不断发展,人们开始逐渐反思父权制社会所解构的二元对立的性别观念,以及男性施加给女性的压迫。这种反思因为像李娜这样的优秀女性的出现,而在人群中不断扩散。大众媒介作为大众所处的拟态环境的建构者,必然要正视这种现象与思想,否则就会因为脱离大众对周围环境的认知而被质疑。因此,在广告媒介中,李娜的性别气质得以呈现,从而解构了社会性别的刻板印象。

4 结论与启示

4.1 结论

通过本次研究,笔者得出以下结论:

第一,所有广告中呈现的李娜形象都存在着对传统女性刻板印象模式的颠覆。

第二,大多数广告表现的都是李娜在公共领域的职业形象,少数广告呈现在家庭当中的形象,这一形象和性别气质表现在李娜与姜山的"性别倒错"的夫妻关系中。

第三,广告主要呈现在公共领域,赚钱养家的职业网球运动员李娜形象,总共体现了五种社会角色:事业有成者、理性意见提供者、称职的职业网球运动员、公共领域的国家形象代言人,是集多种对立的性别气质于一体的运动员。这几种社会角色及其所表现出来的地位和性格气质,颠覆了父权制社会塑造的女性刻板印象模式。

第四,广告不仅解构二元对立的社会性别观念,还更进一步重构多元共存的,两性之间维持着平等、依靠和合作的伙伴关系式的新型社会性别观念。

第五,基于广告的商业诉求,广告代言人李娜自身所取得的成就和独特气质,对女性保持"政治正确"的需要以及女性主义斗争所积累的成果,广告选择宣扬李娜"另类"的性别气质,解构社会性别的刻板印象。

4.2 研究局限与建议

本次研究搜集了 32 个李娜的商业影视广告作为研究对象,但由于李娜代言的品牌很多,一些品牌的部分广告只投放在海外市场。笔者已尽最大努力搜集相关广告,但仍然无法排除漏掉其中一些广告的可能性。这些广告的社会性别话语特色可能会对研究结果造成影响。

本研究属于批判研究的范畴,对研究者文学、历史、哲学等人文学科的修养要求较高,由于笔者的能力和阅历有限,对研究中所呈现出现象的解读、分析还有待提高。

关于后续研究,笔者建议从四个方面展开。首先,李娜的个案证明社会性别刻板印象的解构真实存在,那么是否在其他女性体育运动员的广告存在类似现象?进一步,是否有特定类型的女性代言广告集中解构刻板印象?其次,广告重构性别观念的深化问题。不仅在李娜的广告中,其他广告如何通过符号意义的塑造来建构新型的两性关系?以及,广告为什么要呈现“另类”的社会性别意识的原因反思,本次研究的回答还较粗浅,反思广告在对社会性别的刻板印象进行解构的过程中的作用具有媒介批判的意义,也是传播学批判研究中一个不会过时的议题。最后,受众的分析。受众如何看待和解读另类的性别气质,这是本文没有涉及的,而相关领域研究尚处于空白。

参考文献

[1] CORTESE A. Images of women and minorities in advertising [M]. New York: Rowman and Littlefield Publishers,1999.

[2] 曹晋. 媒介与社会性别研究:理论与实例[M]. 上海:上海三联书店,2008.

[3] 曹晋. 批判的视野:媒介与社会性别研究评述[J]. 新闻大学,2005(4):3-11.

[4] GAUNTLETT D. Media, gender and identity: an introduction [M]. London: Routledge,2002.

[5] 祖伦. 女性主义媒介研究[M].曹晋,曹茂译. 桂林:广西示范大学出版社,2006.

[6] VAN ZOONEN L. Feminist media studies[M]. London: Sage Publications,1994.

[7] 韩淑芳. 电视广告中性别形象的多元化[J]. 新闻爱好者,2011(20):124-125.

[8] 米利特. 性政治[M]. 宋文伟,译. 南京:江苏人民出版社,2000.

[9] 艾斯勒. 圣杯与剑:我们的历史.我们的未来[M]. 程志民,译. 北京:社会科学文献出版社,2009.

[10] 李敏. 女性主义视域中的媒介研究[J]. 新闻与传播研究,2005(2):56-63.

[11] 康奈尔 R W. 男性气质[M]. 柳莉等,译. 北京:社会科学文献出版社,2003.

［12］WHITEHEAD S M，BARRETT F. The masculinities reader［M］. Malden： Polity Press，2001.

［13］佟新. 社会性别导论［M］. 北京：北京大学出版社，2011.

［14］吴廷俊，郑玥. 电视广告中女性刻板印象解析［J］. 当代传播，2004(5)：68-70.

［15］朱丽. 电视广告中的女性形象分析［J］. 学理论，2011(21)：129-130.

如何言说"不可言说"

——私密产品广告语的修辞分析

[摘要]私密产品是与人体隐秘处或个人隐私相关的系列产品,其"不公开"和"不公共"的特性与广告的本质属性有冲突,笔者意在探讨这类产品的广告修辞是如何言说"不可言说之事"的。通过内容分析,结合文本分析,本文发现:私密产品广告为了避免将私密之事宣之于口的困境,频繁使用修辞技巧。其中,双关、比喻、比拟、引用、借代、夸张最常见。这些修辞主要目的是通过避讳与婉曲,降低直言其事引发的争议和冲突,美化语言,同时深化广告信息的意蕴;私密产品广告修辞受时序、地域和受众影响,其广告语境更为复杂。广告在进行私密产品修辞时,应充分考虑伦理道德、话语角色和国情时政的制约。

[关键词]私密产品;广告;修辞;语境

广告,是"广而告之",然而一些产品涉及生活中的隐私,这些产品在推广时是否采用特殊的技巧?如何将"不可言说"的变成"可言说"的?广告文案的表达有无特别要求?这一领域的关注极少,激发了笔者的研究兴趣。

1 概念界定

1.1 私密产品

"私密"一词,含义是"属于个人而比较隐秘的"(《新华词典》)。"属于个人",笔者理解包含两种含义:一是个人的身体部位,隐秘处;二是个人的私事,隐私,"即不愿暴露的私事"(《新华词典》),"不愿告诉人的事,也指有些见不得人的事"(《汉语大词典》)。

以产品来分类,凡是与人体隐秘处或个人隐私相关的系列产品,比如丰胸产品、补肾产品、避孕药、痔疮药物、前列腺药物、阴部护理品、泌尿系统药品、卫生巾等均属此类。这些产品,目前尚无统一界定,笔者认为,它们可以统一被称为"私密产品"。根据其属于个人的特性,又可以分为三类:女性用品(卫生巾、阴洗液、除毛用品等)、计生用品及情趣用品(安全套、润滑剂、性玩具等)、保健品与性保健品(壮阳药、隐私部位治疗用品等)。

私密产品具有"不公共"和"不公开"的两种属性。"不公共"指私密产品的使用是个人行为,使用者一般不会在群体中使用私密产品;"不公开"是指使用私密产品的信息是私人的,使用者一般不会将自己使用私密产品的信息与他人分享。而这两个属性恰好与广告的"公共"、"公开"属性相对立。用广告来传播私密产品,就必然面临其中的矛盾。如何用广告修辞巧妙地越过障碍,宣传私密产品,正是笔者想研究的而目前学术界没有太多涉及的领域。

目前,国家有法律规定的部分私密产品不能"登大雅之堂",有许多私密产品的广告营销虽然还不成熟,但日渐兴盛,成为商业广告的一部分。不少失败的案例更提醒广告界,私密产品的营销和传播还需要总结和探索,以符合中国的伦理道德和审美趣味。

1.2　修辞和广告修辞

简而言之,修辞是修饰文辞(陈望道,1979),修辞是语言艺术化的手段,运用各种手法对文字语句进行调整和修饰,使语言表达更加鲜明、准确、生动,最终达到提高语言表达效果的功能。广告的语言文字,由于修辞的独特魅力,呈现千姿百态、千变万化的形式,具有极强的感染力,在消费者心里留下深刻印象(田勃,2009)。广告修辞的目的在于使广告语言能充分传达信息,易于人们理解与接受。

根据语言构成的基本要素——语音、词汇、句法,可将修辞格归为三大类:音韵修辞、语义修辞和句法修辞(申竹英,2009)。常用的修辞手法有比喻、拟人、借代、夸张、对偶、排比、设问、反问、对比、引用等。

2　文献回顾

2.1　私密产品的研究

目前国内学术界与私密产品相关的研究,既有概而言之的隐私类产品研究,如程昱(2014)认为,"与性或隐私有关的产品广告,如卫生巾、避孕套等广告,是一种容易引发争议的产品类别"。也有对某一特定产品类别,如计生用品、女性用品的单独研究,后者居多。

2.1.1 计生用品营销

计生用品主要是安全套,它可以帮助避孕,有效预防性病和艾滋病,在我国有很大的市场,但其传播受法律法规、社会习俗和道德的限制。由于艾滋病传播的严峻形势以及控制生育的影响,2004 年,国家卫生部、计生委、药监局、工商总局、广电总局、质检总局等六大部委联合下发《关于预防艾滋病推广使用安全套(避孕套)的实施意见》,该《意见》鼓励放开一直处于"禁区"的安全套广告宣传。意见提出,工商总局负责制定推广使用安全套公益广告的支持性政策和管理规定。2014 年,国家工商行政管理总局废止了施行二十五年的"安全套广告禁令",开放刊播商业性的安全套广告。

中外学者在使用安全套和预防艾滋的问题上有着不同的看法。《中国性科学》连载了理查德·潘哲(2000)的《安全套之国:盲目的信仰,败坏的科学》一文,作者认为用禁欲教育代替避孕教育实际上是更好的疾病预防方式。国内学者朱琪(1997)也在《预防艾滋病靠洁身自爱不靠避孕套》一文中指出,提倡性道德是比提倡安全套预防艾滋病更有效的方式。实践中,瑞典国际开发署与 WHO 合作实施对中国防治艾滋病项目,则包含娱乐场所性工作者安全套使用的推广与规范。

针对国内计生产品广告长期以来禁止传播的状况,杨文琳(2005)在《计生用品何时能"广而告之"》一文中表示:"随着中国人民生活质量的提高和社会的发展,满足广大育龄女性的个性化需求和多样化的避孕选择已经迫在眉睫。"计生用品的传播在国内不仅应该是合理的,更应该是合法的。也有学者对计生用品在国内的传播手段提供新的方向。龚轶白(2001)认为,安全套的推广非常适合使用社会营销的方法和策略,因为"安全套的使用需要变革社会观念,让大家从深层的观念、理智、行为和方法上改变对安全套的认识,使人们正确认识和使用它"。

2.1.2 女性用品营销

学术界对女性用品的营销进行了研究。史培莲(2013)在《认知角度下女性用品广告的隐喻分析》一文中归纳了隐喻在女性用品广告中的类型及功能,类型有本体式、喻体式和本体喻体同现式,功能则包括新颖功能、经济功能、意义创造功能、文化传播功能等。也有学者归纳出女性用品广告文案的套语分析，包括对女性美貌和青春的描述、强调一切可能的性诱惑力、弱势诉求用语，以及反角色描述等（薛翠微、林玥，2004）。

一些学者已经意识到，国内的女性产品在营销中存在性别歧视等弊端，需要改进。孙鹏、孙丰国（2004）在《卫生巾广告的现实与理想》中认为，卫生巾广告同质化严重，效果不佳，应选择多样的媒体和不同的代言人（如女足运动员）进行改善。《女性用品广告文案的套语分析》一文中则提到，许多广告套语有性别歧视的特征，它们不断地引导、促使男权意识的恶性膨胀（薛翠微、林玥，2004）。

同时，也有一些针对当今中国女性用品市场现状的研究。章俊（2004）在《女人的尴尬，尴尬的广告》中，提出女性用品具有很强的隐私性，卫生巾的广告经常使她们感到尴尬，但作者未提出解决方案。在《女性隐私产品营销怎么做》一文中，作者采访业内人士后认为，在女性护理及治疗方面，我国有巨大的市场潜力，营销推广上则遭遇十面埋伏，要依靠隐私营销、品牌营销、创新影响等手段来解决（杨朴宇等，2006）。

还有一些私密产品，如性保健品的广告，鄢和敏（1994）以个案分析的方法，指出某些宣传壮阳药品的广告恶心、做作，令人难堪，认为"制作人员应该真正地了解民族，了解历史，才能从心理上贴近大众，创造出高质量、高品质的广告"。还有的研究认为，广告语要针对目标受众的心理："女性用品广告主要目标群体是女性，因此女性用品的广告语必须要能打动女性的心。广告商需要针对她们的心理，有目的地编写广告语。"（史培莲，2013）

2.2 广告修辞的研究

纵观国内学者对广告语言修辞的研究，大致有以下几个方面：一是广告语言的修辞选择，二是广告语言的辞格运用，三是广告修辞与语境，四是广告的认知修辞和模糊修辞。

广告语言的新奇独特在于词语的锤炼和句式的选择，不同的选择会造成不同的表达效果。申雅辉（2006）从广告语言本身具有个性、创意独特、思想性、简明醒目、形象生动的特点出发，认为"广告的出奇制胜在于词语的选择和句式的锤炼"，强调修辞之于广告的重要性。张晓静（2001）《广告语言的修辞艺术》一文讨论了广告语言中的词语和句式选择，认为广告语言应该声韵和谐，朗朗上口，因此，广告词的选择要求叠音自然、韵脚和谐；对词语的锤炼要符合广告语言通俗易懂的特点，可以将基本词创新运用、方言词贴切选用、古典诗词巧妙引用;对于句式,广告多用短句、非主谓句和疑问句。可以说,广告语对修辞的选择是基于其自身的特点,目的在于准确地传递商品信息并达到通俗顺口、婉转优美、传情达意、富有个性的效果。

近十年来的研究集中在辞格的运用上。徐芳(2007)在《广告的语言特征与修辞艺术》中列举了广告语言最常用的十种辞格;王丹荣、高丽(2008)、刘翠莲(2008)分别提出镶嵌和隐喻的修辞手法,对广告语中出现的新辞格进行了分析;任永辉(2006)则阐释了两种现代广告语言的修辞方式——析名、易色。

目前,对广告修辞与语境的研究成果还不多,主要有周建明(1998)的《广告修辞的语言环境及其利用》和白巧燕(2007)的《谈广告修辞中的语境意识》等。前者认为,广告因其广泛性、灵活性,使得广告修辞的语言环境具有特殊性,广告修辞必须适应和利用语境;后者则举例说明广告修辞中语境合理创造的重要性。

当代广告语的修辞研究引进模糊修辞学,许多学者运用实例分析模糊修辞在广告语言中的应用。如段宏、李世良(2008)探讨广告语言中模糊修辞产生的基础、心理需求等内在机制,认为模糊修辞的基础是联想,依赖于广告受众求简的心理需求和受众的情感活动;曹钦明、赖淑明(2005)对广告语言中模糊修辞所发挥的多方面的、积极的语用功能进行论述,认为模糊修辞能够使表达简洁,增大语言负载的信息量,提高表义的准确性和表达的灵活性,增强语言的劝服功能,能够表达委婉,还能使广告有审美性。

鉴于私密产品特有的"不公开"和"不公共"属性,笔者通过内容分析法归纳出目前这类产品所主要使用的广告修辞,特别分析了如何将"不可言说"的变为"可言说"的修辞手法。

3　研究过程

3.1　研究方法

本文采用内容分析法和文本分析法:内容分析主要统计私密产品广告中的修辞类别及修辞与产品类别的相关性,文本分析重点讨论避讳及婉曲修辞的用法。

私密产品广告的特殊性增大了其收集难度,笔者主要收集三类私密产品广告,分别为:女性用品广告、计生用品及情趣用品广告、保健品与性保健品广告。品牌来源于中国品牌网(http://www.chinapp.com)所列举出的中国知名卫生巾、安全套等产品品牌的排名,优先收集在中国和国际较有影响力、销售量比较大的驰名品牌。广告样本主要来自各品牌的官方网站、官方微博营销内容、电商的网络虚拟店铺广告、视频网站中的视频广告等。时间跨度为五年,即 2009—2014 年的广告为主。

笔者共制作了三个编码表。表 3-1 是品牌及广告的基本概况:

表 3-1　私密产品广告概况编码

编码项目	编码含义	记录
广告主	广告品牌	如实记录
产品类别	产品所属行业	1、女性用品;2、计生用品;3、性保健品;4、其他
广告类型	广告的媒介形式	1、平面广告;2、视频广告;3、广播广告;4、其他

表 3-2 是广告修辞类别,笔者借鉴了初广志(2005)和王国权(2004)的归纳,列举出广告文案中常用的修辞有比喻、比拟、对偶、排比、夸张、双关、设问与反问、反复、对比等。编码含义则参考陈道望《修辞学发凡》,具体编码如表 3-2 所示。在记录时,允许重复记录,即一则广告有多种修辞:

表 3-2　私密产品广告修辞编码

编码项目	编码含义	例子
1、比喻、比拟	指根据联想,抓住本质不同事物之间的相似点,用一事物来描写所要表现的另一事物的修辞方式。一般可分为明喻、暗喻、借喻三种 比拟是把一个事物当作另外一个事物来描述、说明	1、"如春风般散去潮闷水汽,带来持久透气"——洁婷卫生巾 2、"女人,就像猫一样敏感"——高洁丝卫生巾
2、借代	指所说事物之间没有相似性,但是中间有不可分离的关系,所以用关系事物的名称,来代替所说的事物	1、"苏菲口袋魔法"——苏菲卫生巾 2、"003 系列"——冈本安全套
3、夸张	说话上张皇夸大过于客观的事实处	"0.01 毫米的橡胶决定着你的生死"——某安全套广告
4、对偶	说话时凡是用字数相等,句法相同的两句,成双作对排列相同的修辞	"轻轻的,来了;淡淡的,走了"——宜丽虹卫生巾

续表

编码项目	编码含义	例子
5、排比	同范围、同性质的事项用组织相似的句法逐一表出	"更轻,更薄,更柔"——恒安集团卫生巾广告
6、设问与反问	胸中早有定见,话中故意设问的,称为设问 反问指无疑而问。不要求回答,也不做回答,也不需要回答	1、"为什么在你周围有一些人会分享如此会心的笑容?因为他们认为拥有完美的性爱时,爱更加浓情蜜意"——杜蕾斯安全套 2、"睡不好怎么办?哪里漏贴哪里,有了七度空间蘑菇贴,再也不怕漏掉宝贵睡眠时间啦!"——七度空间卫生巾
7、引用	文中加插先前的成语或故事部分	"冰与火之歌"——冈本安全套
8、双关	使用了一个语词同时关顾着两种不同事物的修辞方式	1、"大姨妈"——ABC卫生巾 2、"芯有方向,体验自在"——安尔乐卫生巾 3、"关爱女人从巾开始"——樱子卫生巾
9、其他	反复、映衬等不常见的辞格	"自在女人心,雅芳卫生巾"——雅芳卫生巾广告

表 3-3 着重分析广告修辞中婉曲与避讳的应用。从文献资料可知,这两种修辞手法主要处理的就是"不便言说之事"。

表 3-3 避讳和婉曲修辞编码

编码项目	编码含义	例子	记录
避讳和婉曲	避讳指别语替代。不便直说触讳犯忌之事,而改用别的词语替代 婉曲指委婉曲折,用含蓄暗示的话来指代本意。分为婉言和曲语。前者是委婉模糊说法,后者是烘托暗示说法	1、"那些天"、"那几天"——卫生巾广告 2、"月圆之夜,爱你爱他"——某性保健品广告	1、有;2、无

婉转,也称婉曲,指说话时不直白本意,只用委婉含蓄的话来烘托暗示。

陈道望(1979)认为该辞格有两种表现手法：第一种为不说本事，单将余事来烘托本事；第二种为说到本事的时候，只用隐约闪烁的话来示意。

避讳是指说话时遇到有犯忌触讳的事物时，不便直说该事该物，却用旁的话回避掩盖或者装饰美化的辞格。避讳格有共有的，也有独有的。章新传(1993)认为，避讳有五种形式，分别为避同、避凶、避俗、避实、避冒犯。避讳语有许多种用法，如比喻表义、借代表义、双关表义、借代表义。

在学术界，有人认为这这两者是合并的，也有人认为是分立的。王希杰《汉语修辞学》(1983)中写到"婉曲是一种传统的修辞格，是各种语言中都有的一种修辞格"，"指的是对于不雅或者有刺激性的事物，不直截了当的说出来，而闪烁其辞，拐弯抹角，迂回曲折，用与本体相关或相类的话来代替"。显然认为两者是合并的。也有学者研究婉曲与避讳用法之间的联系与区别。吴士良(2004)认为，"避讳"和"婉曲"两个辞格包含的内容现有的说明既有全异部分，即"避讳"和"别语代替"与"婉曲"的"曲语"(烘托暗示本意)，也有基本互通的共性部分，即"委婉模糊说法"与"婉言"。笔者认为，可以将广告语中被替换的本体归结为"犯忌"与"不犯忌"两种。本体如属于"犯忌"的，如性话题(避俗)、死亡(避凶)话题等，多属于避讳用法；本体"不犯忌"的，多属于婉曲用法。

私密产品广告语中，既有犯忌的本体，也有不犯忌的本体，所以避讳与婉曲的修辞手法在私密产品广告中都有涉及。例如"你有情况啦"(ABC卫生巾)，不说女生例假时衣服弄脏了，而说"有情况"，属于婉曲格。再例如"月圆之夜，爱你爱他"(某性保健品广告)，不说性事，而说"月圆之日"，是因为"性"属于犯忌事项，所以属于避讳格。基于私密产品广告的特殊性，尤其与"性"话题的紧密相关性，可以预见避讳用法大大多于普通广告语。

3.2 研究结果

从本次研究所搜集到的数据来看，计生用品广告是最多的(51.2%)，其次是女性用品(38.4%)和性保健(10.3%)。广告类型中，计生用品多用视频广告，女性用品和性保健多用平面广告。广告数量最多的女性用品品牌，依次是苏菲、七度空间和ABC，计生用品是杜蕾斯、杰士邦和冈本，性保健品则是肛泰、汇仁和普乐安。

虽然这些资料囿于收集途径有限，但仍能看出一些规律，如品牌越知名，销量越大的，其广告数量也越多。计生用品和女性用品由于公众知晓度较高，且得到政府和管理部门支持，广告限制稍少，可能影响其成为广告数量最多的产品类别。

3.2.1 私密产品广告的修辞手法分布

笔者将各个产品类别使用最多的修辞前三名分别列举出来,如表 3-4 所示:

表 3-4　私密产品广告修辞排名

排名	女性用品(61)	计生用品(74)	性保健品(13)	总体(148)
第一	双关(32.8%)	双关(31.1%)	引用(23.1%)	双关(30.4%)
第二	比喻与比拟(18%)	比喻与比拟(23%)	比喻与比拟、借代、双关、借代(15.4%)	比喻与比拟(20.3%)
第三	排比(9.8%)	借代(9.5%)	夸张、排比(7.7%)	夸张(8.1%)

可以看出,比喻与比拟、双关这两类修辞手法在私密产品广告的每个类别中都是非常常见的。性保健品则在引用这个修辞上使用最为频繁。

(1)比喻与比拟。比喻指根据联想,抓住本质不同事物之间的相似点,用一事物来描写所要表现的另一事物的修辞方式。比喻、比拟两种辞格十分接近,在广告中经常难以区分或同时存在。比喻一般可分为明喻、暗喻、借喻三种。通过比喻,可以把深奥的道理说得浅显易懂,将抽象的事物变得形象生动,从而便于理解,给人留下鲜明深刻的印象,它是一般广告最为常见的修辞格。在私密产品广告中,笔者发现,比喻、比拟的主要功能:一是为了美化本体,使其更能引发想象力,例如将男性比喻成野兽,女性比喻成公主、猫和水;二是为了遮掩隐私容易引发的尴尬感,让本体既容易被理解,又能变得优雅公开,如描述女性的例假和卫生巾用品的句子。主要表现形式如下表:

表 3-5　私密产品广告语的比喻、比拟修辞

本体	喻体	例子
月经	大姨妈	1、"跟大姨妈一样令人烦躁"——七度空间卫生巾
卫生巾	男朋友 守护者 好朋友	1、"据说世界上只有两样东西能给女生带来安全感:一是男朋友,二是卫生巾。蜜丝们更依赖哪一样呢?"——安尔乐卫生巾 2、"做女性私密健康的呵护者"——超感觉卫生巾 3、"女性的好朋友"——乐而雅卫生巾 4、"你的好朋友来啦?"——屈臣氏卫生巾

续表

本体	喻体	例子
女人	小公主 猫 水	1、七度空间公主系列 2、"女人像猫一样敏感"——高洁丝卫生巾 3、"女人是水做的"——冈本润滑剂
男人	野兽	1、"谁都可以成为野兽"——某性保健品

本体"月经"被比喻为"大姨妈",这是约定俗成的用法,它暗示了不便直接说出的私事,但又有进一步的象征意义,因为姨妈是亲近而又令人反感的亲属,女性对待例假的态度与其相似。用这一喻体来和消费者沟通,期望更能获得其共鸣,"跟大姨妈一样令人烦躁"正是表达了可以互通的情绪。

本体"卫生巾"被比喻为好朋友、守护者、男朋友等,这显示了广告主希望传达给消费者的正面信息。没有任何褒贬义的一件物品被赋予人性,广告希望女性受众将"朋友"等词汇的美好联想迁移到产品中去。

女性被比喻为公主和猫,这是针对女性消费者而言,旨在传达出女性娇宠和敏感的形象,让女性购买者有更好的自我认同,从而接受产品。被比喻成水,则是特别针对男性受众,唤起男性对女性和性爱的美好期待。

男性的比喻只有"野兽",使用于性保健品中,这显然是沿用了非常普遍的象征符号,将野兽一词所暗含的阳刚、勇猛等性魅力意义传递给受众,增强其自我认同和期望。

(2)双关。双关指在特定的语言环境中,利用语言的音义关系,表面上说的是一种意义,实际上指另一种意义的,具有双重意义的修辞方式。双关一般分为谐音双关和语义双关两种。

谐音双关是利用同音或近音的条件所造成的双关。广告语主要通过词语的谐音关系,以声诱人,语音优美和谐,给人以清新自然,悦耳醒目的感觉。例如"月来月美"(月而美卫生巾)、"大行'脐'道"(肛泰贴)等。

语义双关即利用词语的多义所构成的双关。广告的语义双关是让人通过对产品的联想来把握词语的真实意义,既能给予新奇感,促成幽默的效果,又能加深对商品的印象。比如"'芯'有方向,体验自在"(安尔乐卫生巾)、"冰凉快感,'性'致勃勃"(杜蕾斯凉感装避孕套)等。

双关在修辞格里被认为是一种十分常见且效果明显的方式,广告使用它的频率也非常高。一表一里、一明一暗、有主有次、语涉双关的方式,使得广告语言含蓄委婉,幽默风趣。它能有效地唤起消费者快速注意,制造幽默效果,有的双关还能帮助解释产品特点。

本次研究中,双关的修辞主要体现在以下案例中(表 3-6):

表 3-6　私密产品广告语的双关修辞

双关类别	归纳	例子
语音双关	1、"月"通"越"	1、"月来月美"——月而美卫生巾 2、"女人月当月快乐"——护舒宝卫生巾 3、"月舒爽,月自在"——护舒宝卫生巾
语义双关	1、"性"通"兴" 2、"芯"通"心"	1、"冰凉快感,'性'致勃勃"——杜蕾斯安全套 2、"'芯'有方向,体验自在"——安尔乐卫生巾 3、不同的"芯",不一样的心情——安尔乐卫生巾

笔者发现,在语音双关上,女性用品,尤其是卫生巾产品较多使用"月"和"越"的双关,"越来越"的句式通俗易懂,"月"字又代表每月一来的例假,本义和双关意语音完全一致,且能深化语义。

在语义相关中,两种最为常见的用法,一是"性"字的双关,与其他同音字互通,能降低直言其事的尴尬,并能增加一层深化意;二是"芯"字的双关,主要和"心"双关,多用于卫生巾广告中。因为"芯"是不少此类广告突出的产品优势,和"心"双关后,产品的情感体验变丰富了,消费者的心理需求被满足,理性诉求和感性诉求兼具,是更有效的措辞。

3.2.2　私密产品广告修辞中避讳和婉曲的分布

私密产品广告语使用避讳与婉曲的比例如表 3-7 所示:

表 3-7　避讳与婉曲在私密产品广告各产品类别中的分布

	女性用品	计生用品	性保健品	总计
数量	26	30	5	61
百分比	33.3	28.8	23.8	30

可以看出,婉曲和避讳这两种修辞在私密产品广告中的使用十分频繁,比

一般的广告修辞更为常见。这应该是受私密产品的特性所限,婉转隐晦的措辞可以使不便宣之于口的事情得体适宜地表达出来。

本次研究发现常用的婉曲和避讳手法如下表所示:

表 3-8 私密产品广告语婉曲和避讳修辞

本事	替代语	例子
经期	1、"那几天"、"那些天"、"特别的日子" 2、"女人的内在" 3、"量多、量少的日子" 4、"情况"	1、"那几天,绵柔也能不黏腻"——护舒宝卫生巾 "闷闷闷,特别的日子特别闷"——洁婷卫生巾 2、"高洁丝,呵护女性的内在"——高洁丝卫生巾 3、"量少的日子,I don't worry"——七度空间卫生巾 4、"你有情况啦"——ABC卫生巾
卫生巾	1、"蝴蝶"、"蘑菇" 2、"阳光" 3、"保护"	1、"七度空间蘑菇贴,哪里漏贴哪里"——七度空间卫生巾 2、"洁婷阳光,呵护健康"——洁婷卫生巾 3、"给女人最好的保护"——第六感卫生巾
性事	1、"爱"、"性" 2、"快乐的游戏" 3、"月圆之夜"、"水乳交融"	1、"随行杜蕾斯,随时准备爱"——杜蕾斯安全套 2、"我有一个小秘密我从来也不提,就是喜欢和你做快乐的游戏"——杜蕾斯安全套 3、"月圆之夜,爱你爱他"——某性保健品广告

避讳和婉曲主要修饰的本事是隐秘私事,如经期、卫生巾和性爱,这些被传统文化视为"不能登大雅之堂"、难以启齿之事。通过变通、婉转的方式来表达,减少刺激性,降低受众的排斥心理,有的还能增强意蕴,赋予美好联想。

对于经期的修饰,主要是借用生活俗语,例如"那几天"、"量多的日子"、"情况"等。这些表达已是生活用语中的婉言,消费者普遍一听即懂,所以借用于广告语中,理所当然。但就其意义层级而言,只有指示意,没有象征意,即没有暗示除经期之外的意思。

对卫生巾的修饰,主要使用的是借代表义和比喻表义。用卫生巾的造型来代指卫生巾,属于借代表义,如"蝴蝶"、"蘑菇贴"等。这样的表达借卫生巾的局部,不那么普遍的说法让产品整体脱颖而出,更易被受众记忆。而且"蝴蝶"和"蘑菇"的联想意义比卫生巾要好得多。将卫生巾比做阳光或其他美好事物的修辞,属于比喻表义。这也是为了不直呼卫生巾,而用日常所见的美好事物进行比拟,使受众容易接受。

对于性爱的修饰,双关表义,比喻表义,借代表义等都有使用。无论哪一种,其修辞都力求做到既让人一眼明了,故使用的喻象、本意、指代语均是耳熟能详的常用语,又能引发受众丰富而美好的联想想象,从而深化本义。

4 讨论

从统计结果中得知,私密产品广告语的修辞既使用了一般广告广为沿用的修辞种类,如双关、比喻等,又有自己独特的修辞手法,如避讳和婉曲。这些修辞言辞的方式受到哪些因素影响,笔者拟从语境理论的角度予以分析。广告主在应用这些修辞时又该注意哪些事项? 笔者将接着进行讨论。

4.1 私密产品广告修辞的语境分析

语境,是指制约语言表达和理解的各种因素的总和,它包含语言因素、非语言因素、上下文、时空、情景、对象、话语前提等因素(余娜,2011)。广告语境则是指广告传播中能对受众接受广告信息直接产生影响的各种因素。有学者认为,广告语境主要包含五个方面:广告的受众环境、地域环境、时间环境、媒体环境和文案环境(卢长怀,2003)。

4.1.1 私密产品广告语境中的时序因素

时序环境包括时间的更迭、季节的转换以及以经济、政治、文化等状况为依据划分出来的时代,又可分为时代因素、季节因素、节日因素等。在广告传播中,对季节因素比较敏感的是私密产品安全套。七夕节、情人节等与爱情生活、婚姻生活有关的节日中,安全套广告一改平时总是遮遮掩掩的特点,使用大胆的广告用语和营销策略。比如 2014 年情人节前夕,"杜蕾斯"与巧克力品牌"费列罗"产品捆绑出售,寓意送给爱人的礼物和送给爱人"保护"一同销售,取得良好效果。

4.1.2 私密产品广告语境中的地域因素

不同地域的人们在饮食、气候、习惯等方面有着千差万别,这影响广告修辞的选择,例如一则日本品牌的卫生巾广告,描述台风将至、暴雨倾盆的场景,人们为即将到来的暴雨而惶惶不安,就在此时,突然一片巨大的卫生巾吸走了暴雨。这则广告借助倾盆大雨的语境,突出了卫生巾的吸水功能。之所以选择暴雨,肯定是由于日本本身为台风多发国家,如果换一个干旱的地区,这样的修辞就无法获得共鸣。

与地域相关的还有民族因素。以杜蕾斯有型装安全套(Perfect Fit)为例,其广告语为"有型更易戴":"独特创新,专为亚洲人设计的'APEC'设计,使得杜蕾斯有型装安全套更易戴,即使是第一次,也不会手忙脚乱。"显然,杜蕾斯的广告修辞针对亚洲人群的特点,诉求其产品差异,面临的受众民族性不同,直接导致广告语的主题不同。不仅广告语瞄准的是目标消费者,"专为"等语词还迎合了消费者的乡土观念,使其产生产品定制的尊贵感以及亲切感,这经常成为本土化广告的一大创意亮点。

环境因素不仅表现在不同国家和环境之间的差别,也表现在同个国家的城市与乡村之间。比如 ABC 卫生巾"活出健康美"的系列广告突出"自信"的诉求,而"自信的女性"通常是生活于大城市的职场女性,这则广告语的修辞不仅传递了产品形象,还锁定了目标受众。

4.1.3　私密产品广告修辞中的受众因素

广告效果最终要通过广告受众的反应体现出来,如果没有接受者的参与并发挥作用,广告也就没有意义,更谈不上语境对广告语修辞的影响。这一点在私密产品广告语中体现得尤为明显,因为私密产品中不少产品类别都有专属的受众群,以性别因素为最甚。

心理学家通过研究发现,性别的差异直接导致了性别语言的差异,即男、女性不同的心理特征在一定程度上促成了性别语言的产生与继续存在(宗守云,2005)。在语言的选择上,就一般的两性而言,女性喜欢使用表达强烈情感的形容词,喜欢使用颜色词,善用委婉语,不喜欢左右话题,等等。性别心理差异不仅影响着性别语言本身,还影响着语言的接收。性别不同,其编码和解码的状态也会有所不同。

私密产品广告语的性别差异特点表现得较为突出。如太太口服液的广告语,除了"以内养外"以外,还提出"细腻、红润、有光泽"的观点,通过三个描述皮肤状态的形容词从侧面传达了女性所追求的理想状态。这三个词均是颜色词和形容词,能较为细致、具体地传递出美感,符合女性更擅长感性思维的特征。与之相反,在男性私密用品中,广告语显得更加直接,更注重传递产品功能。如"泰尔"牌男性保健品的网站广告语为"这感觉棒极了",意思明确,表述简练,语气决断,显示出阳刚男性气质,和女性私密产品广告语有着鲜明差异。

还有,"女人,就像猫一样敏感"(高洁丝卫生巾)的广告语,无论意象还是语言结构都偏向柔弱化,语气也较为委婉,这是明显针对女性受众的用词。

也有学者认为,中性广告对男性是有一定效果的,但男性不会使用哪怕被模糊归类为女性化的产品,而女性则很容易接受所谓的男性化产品(Barthel,1988)。这就预示着,面向男性消费者的私密产品广告语不能出现女性化的修辞,以防止受众的抵触情绪,而女性受众则宽容度更高一些。

4.1.4 广告语境与受众的互动关系

广告语境,归根结底来自于社会环境。有学者通过审视和分析,认为感染、暗示、模仿、遵从是社会环境与人相互作用的四种机制(邵培仁,2015)。

由于私密产品的特殊性,这四种机制给私密广告的受众带来更深影响。从感染角度而言,私密广告由于其产品内容涉及隐私,其受众群体通常有"难言之隐"以及"不为外人道也"的感受。在这种情况下,私密广告的广告语通过巧妙方式传达出受众的痛苦情绪,获取其共鸣,受众更容易被感染,进而接受产品。如某些广告语用词"舒爽"、"安心"等,特别针对的就是这类人群的心理状态。

通常情况下,女性比男性、儿童比成人、疲劳或体质差的人比身心健康的人容易接受暗示。不少私密产品,有的面向女性,有的面向身有疾病之人,这些产品的广告语对目标受众的影响力更为显著,面对广告宣传的产品优点和功效,他们往往更容易受到暗示,从而依靠广告修辞选择产品。

所谓模仿,指个体在感知他人的行为后所再现或复制的一种类似行为的趋向。这种互相模仿、重复别人行为的趋向是本能的、自发的和无意的,并且具有传染性。模仿是个体对社会环境的相信和遵从,也是社会环境对个体的操纵和控制。在现实生活中可以看到,使用私密产品的人群由于"羞于启齿"、"怕露怯"等原因,常在网上、生活中寻找他人的经验和案例,以这样的方式降低暴露自己隐私的风险,同时得到归属感和认同感。可以想象,私密产品的受众更倾向于模仿他人的购买习惯,以减少选择和购买私密产品时所面临的尴尬。这个原理应用到广告修辞中,如"全球三十多个国家的女性都在使用高洁丝"这样的广告语就能激发受众模仿购买的欲望。

遵从是指个体不知不觉地受到社会环境真实的或臆想的压力,从而在知觉、行为或观点上所发生的与社会环境中某些因素相一致的变化。在许多情况下,社会环境中集体的意见对某个个体来说,往往比亲眼所见更有分量。私密广告的受众在现实生活中由于自身和社会的双重原因难以拥有讨论、理解的环境,这使得受众更愿意遵从集体的观点,使用大众、专家推荐的私密产品,代言人策略是不少私密产品广告常用的创意。

4.2 私密产品广告修辞的社会规范

4.2.1 广告修辞应遵守道德原则

道德作为一定社会历史条件下调节人与人之间社会关系的社会意识形态和行为规范,无时无刻不影响着人们的各种社会行为。而修辞作为人际交往的一种重要言语行为,在很大程度上统摄于一定的社会道德观念和规范。

广告受众的道德原则是私密产品广告修辞中不能忽略的因素。由于私密产品广告语需要将隐私之事公开谈论,它比一般的广告更要受社会公共伦理道德的制约。中国人本性内敛,道德原则较高。20 世纪 80 年代出台的《关于严禁刊播有关性生活产品广告的规定》(工商广字〔1989〕第 284 号规定)中曾禁止性生活产品的广告,因为其"向社会宣传,有悖于我国的社会习俗和道德观念"。由此可见,私密产品广告在修辞时,应尽量避免敏感词,如与"性爱"相关的词语,防止引起受众的反感。

4.2.2 广告修辞应遵守话语角色适切原则

确定产品的目标消费群体是广告策略的前提,建构广告修辞才能做到有的放矢。广告修辞的话语特征只有符合目标消费群的社会角色特征,才更容易赢得目标消费群的认可。换言之,即广告修辞的信息特点和言语方式特点必须同目标消费群的社会特征相一致。

私密产品广告中也应注意此原则。如杜蕾斯的"20,30,40"广告文案:"在人生不同的阶段会领略到不同的风景,而对于身处不同情感阶段的爱侣们来说,尤为如此。从青涩热血到理性回归,从爱得谨慎到成熟淡然。一路相伴,你和 TA 之间必定都是满满的,无限的爱。接下来,请跟随我一起去体会和感受 20/30/40 爱情中的不同风景。"接着,不同年龄段的受众,在广告中都被针对性地进行对话沟通,这就更贴近消费者心理。

4.2.3 广告修辞应遵守时政原则

1989 年,国家工商行政管理局下发了《关于严禁刊播有关性生活产品广告的规定》(工商广字〔1989〕第 284 号规定):"近来,一些地区出现了有关性生活产品的广告,如'夫妻运动快乐器''真空性生活补助器'等。广告中称这类产品是治疗性功能障碍,辅助性生活的医疗器械。这类产品向社会宣传,有悖于我国的社会习俗和道德观念。因此,无论这类产品是否允许生产,在广告宣传上都应当严格禁止。"2014 年,国家工商行政管理总局废止了施行二十五年的"安全套广告禁令",开放刊播商业性的安全套广告。由此可见,国情政策对私密产品广告的管理日益宽松,但这不意味着私密产品可以随意做广告。目前,除了卫生巾等女性用品,性保健品、安全套用品等较少使用大规模的全国性广告推广策略。以广告活动最为活跃的杜蕾斯为例,其大量营销活动都以官方微博、社区论坛和活动营销的方式来进行,新媒体是其主要沟通渠道。

受时政影响,私密产品广告的修辞手法较之一般广告更为丰富,因为要模糊和规避直言其事的尴尬。而且在建构广告修辞时,不少语词已经形成固定的代用关系,如杜蕾斯的广告语,多将性行为用"爱爱"代替;在描述产品时,多使用模糊的修辞,如"让他越爱越深入"、"让她越做越爱"等。

通过内容分析,结合文本分析,本文对学界尚未充分重视的私密产品广告语进行修辞分析,发现私密产品广告为了规避将私密之事宣之于口的困境,频繁地应用修辞技巧。其中,双关、比喻、比拟、引用、借代、夸张等手法是最为常见的。这些修辞主要目的在于达成避讳与婉曲的修辞效果,降低直言其事所引发的争议和冲突,将语言美化,也深化广告信息的意蕴。私密产品广告修辞受时序、地域和受众影响,其广告语境更为复杂,笔者建议,广告在建构私密产品修辞时,应充分考虑伦理道德、话语角色和国情时政的制约。

可以预见的是,私密产品广告的前景应是非常广阔的,随着社会观念、国情政策以及媒体技术的发展,其创意策略和修辞手法会更加异彩纷呈。

参考文献

[1] 白巧燕. 谈广告修辞中的语境意识[J]. 双语学习,2007(09):184-185.

[2] BARTHEL. Putting on appearances:gender and advertising [M]. Philadelphia:Temple University Press,1988.

[3] 曹钦明,赖淑明. 广告语中模糊修辞的语用功能[J]. 广西社会科学,2005(06):172-174.

[4] 陈望道. 修辞学发凡[M]. 上海:上海教育出版社,1979.

[5] 程煜. 中国争议性广告态度调查研究[D]. 厦门:厦门大学,2014.

[6] 初广志. 广告文案写作[M]. 北京:高等教育出版社,2005.

[7] 段宏,李世良. 广告语中模糊修辞的心理机制[J]. 作家,2008(08):202.

[8] 龚铁白. 另类品牌战场:"杰士邦"安全套品牌非广告推广初探[J]. 现代广告,2001(09):33-34.

[9] 刘翠莲. 浅析广告语言中的修辞手法[J]. 今日科苑,2008(06):205-206.

[10] 卢长怀. 广告语境及其对广告传播的影响[J]. 大连民族学院学报,2003,5(2):53-54.

[11] PANZER R A. 避孕套之国(连载一)[J]. 中国性科学,2000(02):29-43.

[12] 任永辉. 谈广告语言的修辞特点[J]. 现代语文(语言研究版),2006(07):67-68.

[13] 邵培仁. 传播学[M]. 北京:高等教育出版社,2015.

[14] 申竹英. 修辞的分类及其在各种语境中的侧重应用[J]. 科学之友,2009(01):97-99.

[15] 史培莲. 认知角度下女性用品广告的隐喻分析[J]. 科教文汇,2013(17):106-108.

[16] 申雅辉. 浅谈修辞在广告语言中的运用[J]. 广西广播电视大学学报,2006(4):64-67.

[17] 孙鹏,孙丰国. 卫生巾广告的现实与理想[J]. 广告大观,2004(4):78-81.

[18] 田勃. 近十年广告语言修辞研究[J]. 齐齐哈尔师范高等专科学校学报,2009(05):55-57.

[19] 王丹荣,高丽. 广告语言的修辞艺术[J]. 现代语文(语言研究版),2008(12):56-57.

[20] 王国全. 新广告文案写作:创意写作表现[M]. 广州:中山大学出版社,2004.

[21] 王希杰. 汉语修辞学[M]. 北京:北京出版社,1983.

[22] 吴士艮. 同例异格辨:"避讳"与"婉曲"[J]. 修辞学习,2004(02):49-50.

[23] 徐芳. 广告的语言特征与修辞艺术[J]. 现代语文(语言研究版),2007(10):80-82.

[24] 薛翠微,林玥. 女性用品广告文案的套语分析[J]. 应用写作,2004(04):32-33.

[25] 鄢和敏. 且谈隐私商品的广告与广告的民族文化[J]. 中国广告,1994(02):32.

[26] 杨朴宇,俞小军,杨焱,等. 女性隐私产品营销怎么做?[J]. 医药产业资讯,2005(01):74-76.

[27] 杨文琳. 计生用品何时能"广而告之"[J]. 中国处方药,2005(03):69.

[28] 余娜. 浅析修辞语境[J]. 传奇.传记文学选刊(理论研究),2011(02):84-85.

[29] 章俊. 女人的尴尬尴尬的广告[J]. 中国广告,2002(03):52-53.

[30] 章新传. 避讳对汉语词汇的影响[J]. 上饶师专学报,1993(01):68-74.

[31] 张晓静. 广告语言的修辞艺术[J]. 牡丹江教育学院学报,2001(04):8-9.

[32] 周建民. 广告修辞的语言环境及其利用[J]. 江汉学术,1998(04):28-34.

[33] 朱琪. 预防艾滋病靠洁身自爱不靠避孕套[J]. 中国健康月刊,1997(03):25-26.

[34] 宗守云. 修辞学的多视角研究[M]. 北京:中国社会科学出版社,2005.

台湾性诉求广告研究[*]

[摘要]本文旨在概括当代台湾性诉求广告的基本现状,描述性诉求广告的基本表现,探索其与产品、消费、社会等外部因素的关系。以《VOGUE 时尚》与《FHM 男人帮》两份杂志的中文台湾版为例,采用内容分析法对当代台湾性诉求广告的概况及特点进行研究。结果表明:女性在性诉求广告中扮演了一个相当重要的角色;台湾的性诉求表现趋向两极化,图文搭配上也响应这一格局;台湾性诉求广告反映了本土与外来文化的融合与碰撞。

[关键词]台湾;性诉求;平面广告;内容分析

21 世纪是信息爆炸的时代,吸引人们的注意力成为各大广告主的竞争点,或者说,这是一个注意力时代(Davenport & Beck,2002)。毋庸置疑,"性"能有效吸引人们的注意力,广告主也越来越多地使用性诉求的手法。对于广告发展更早、更完善的欧美国家而言,性诉求已是司空见惯,中国大陆也在近几年逐渐开始发展。同属华文文化圈的台湾地区,其性诉求广告业态如何?

从表面形态而言,台湾地区的性诉求广告似比大陆更为常见:早餐店里摆出的八卦杂志、电视中言语动作都十分亲密的广告、街头巷尾时常出现的性感宣传单……它们无处不在,时而隐晦时而大胆,这些都激起笔者的研究兴趣,究竟在台湾,性诉求广告是如何表现的?它们背后的经济、社会因素有哪些?笔者拟对此做全局式的观瞻,探讨其意义。

---

* 本文初稿曾宣读于福建省传播学会 2013 年年会。

1　研究背景

1.1　性诉求和性诉求广告

性诉求指各种传媒利用含有性内容并以说服受众购买相关产品、服务或接受相关信念为目的所进行的诉求。这里所指的"性"的内容是多变的,包括一切可以被解释为性的因素(George & Michael,2004)。

性诉求广告是为了实现这一诉求而采取的创意执行方式,在某些情况下,它也被称为"性感广告"、"情色广告"等。它是通过定型式的裸露(nudity)、性感画面(sexual imagery)、性暗示(innuendo)、双关(double entendre)等手法将性欲应用于众多产品品类的广告(Courtney & Whipple,1986)。

Reichert & Lambiase 列举出五项在广告中可辨认出的性诉求形态:裸露或衣着(nudity/dress),指模特穿着风格与裸露程度;性行为(sexual behavior),指模特带有性意味的行为,以及涉入性互动的两人或多人;外在吸引力(physical attractiveness),模特本身的外在条件,如脸、肤色、发型等;与性相关的指涉(sexual referents),如性暗示与双关语,或者其他加强情欲效果的广告因素,如音乐、灯光等;潜意识性征(sexual embeds),指任何可能在不知不觉间进入潜意识的性征内容。

性诉求广告的类别,有学者从主题角度归纳为四类:性魅力、煽情行为、性自尊、装饰作用(周象贤,2008)(见表1-1):

表 1-1　性诉求广告主题分类

性诉求广告分类	说明
性魅力(sexual attractiveness)	意指广告模特因产品而成为众人注视的焦点
煽情行为(sexual behavior)	激起受众产生与"性"有关的种种联想,因广告产品的使用而促进情爱互动
性自尊(sex-esteem)	一种性自尊的感觉,如感觉自己更为性感、迷人(sexy)
装饰作用(decorative)	模特与广告产品或服务没有明显的联系,性内容的使用纯粹是为了吸引受众眼球

还有学者按内容将其分为四种类型:功能性、想象性、象征性和与商品无关的类型(谢松涛,2003)(见表1-2):

表 1-2 性诉求广告内容分类

性诉求广告分类	解释
功能性性感广告	与性商品、性形象、性心理直接相关的广告
想象性性感广告	运用修辞方式,以谐音、暧昧的词语或画面唤起受众的性幻想,以此达到吸引受众注意所宣传信息的广告
象征性性感广告	尽量避开对"性"的直接宣传而采用与性相关的实物或者情节,传达商品信息或者某种观念的广告
与商品无关的性感广告	设法把"性"和与"性"无关的商品粘合在一起的广告

1.2 文献回顾

关于性诉求广告的研究角度非常多,文献内容也非常丰富。本文以台湾地区的数据库为基础,通过文献搜索发现讨论最基础、最多的当属性诉求广告的表现形式。并且此类角度诸多,有些学者偏重于从发展变化来看,如 T. Reichert(2003)以 20 年为一个跨度,研究了较长时间以来的性诉求变化;赖妍婷(2010)从符号学角度解读图像中的性诉求。

从表现形式延伸下去,便是探讨性诉求广告背后的影响因素,包括经济、社会、文化……T. Reichert(2003)的专著从消费行为与社会学的角度解释广告中的性诉求;Eli Garcia(2004)以时尚广告中的性诉求为例,讨论了国际文化与当地文化的冲突,以及后者对于前者有效性的影响;Jean Kilbourne(2008)则从反向论证了广告对社会生活的影响,为了验证广告控制人们欲望的观点,她列举了 10 多个与性暗示有关的广告套路,逐一与其在生活中所产生的影响一一对应。Joe Marconi(2000)历数当今广告中越来越多的争议性广告,承认这是一个注意力时代,但从另一方面提醒这些广告所承受的道德争议。

说到道德争议,性诉求广告一直背负着广告伦理的压力,它与色情之间经常模糊的界限成为很多学者讨论的问题。不少广告伦理学的著作都讨论了色情与情色广告的差异,指出我国目前对性诉求广告管理甚为严格(陈正辉,2008);作为性诉求广告研究先锋人物的 Tom Reichert(2003)在其著作中从情欲角度描述了性诉求,指出了情色与色情的差异以及明确界定两者的困难。

不论是情色还是色情,性诉求广告本质上都是为了吸引人们的注意力并得到一系列的广告效果,因此其效果也受到很多学者的关注,并从实证的角度对其进行了研究,不少研究使用的是实验法。就华文地区的文献,林泓达(2000)发现女性对有异性模特的性诉求广告更感兴趣,男性对同性的兴趣则较低;吕宜霖(2007)以台湾北部大学生为实验对象测试了性诉求广告的效果,得出性诉求广告比非性诉求广告的确更受到注意的结论。

由于一个多世纪以来女性运动的不断发展,女性议题逐渐被加入性诉求广告的讨论中。性诉求中的女性形象及其地位是近年来备受关注的问题。叶金灿(2005)从跨文化的角度研究此类广告中的表现手法,通过结合台湾本地女性就业率、文化环境等分析女性地位在性诉求广告中的变迁。

目前关于性诉求的研究主要集中在国外,大陆和台湾地区的研究不够多、角度也不够丰富。从三地的比较而言,大陆的论文数量较多,涵盖的面向较广,多从管理制度、社会影响角度进行理论性讨论,但缺乏严谨的学术论著;台湾的文献数量不多,主要以实证方法探索此类广告的效果及其与媒体的关系,能够紧扣台湾当地的社会情况,研究方法较为科学;国外文献数量介于两者之间,研究角度广泛,研究方法也更成熟,重视性诉求与产品、广告的关系,为专门问题的探讨提供了很好的模式。笔者将三地的相关论文角度作了一个对比(见表1-3):

表 1-3　中外性诉求研究论文分类

地区	论文分类	说明	特点
大陆	广告中性诉求的表现	探讨广告元素、展现方式等	分类众多,如内容、主题分类
	性诉求与女性	性诉求的出现与女性地位讨论	观点众多:如女性自由解放、侮辱女性形象、与性别无关联
	性诉求广告的管理	传统观念与官方管理的限制	
	性诉求的深层原因	多角度探索性诉求原因	经济、社会等多重解释模式

续表

地区	论文分类		说明	特点
台湾	广告中性诉求的表现		与大陆相似	如《摩登仙度丽娜——广告女性角色描绘与视觉诉求之跨文化研究》
	性诉求与女性			
	媒体与广告		不同媒体的不同广告取向	与台湾本地政治环境相关,如《中文平面广告媒体中广告诉求之差异性探讨——以联合报和自由报为例》
	广告效果		性诉求广告的受众效果研究	多为实验法,如《装饰人物性别、受试者性别与产品的性别定位对于性诉求广告效果之影响》
国外	广告内部	性诉求效果	不同文化、不同诉求的效果等	如 Edison AS., Does sex really sell? research on sex in advertising: a meta-analysis
		与其他诉求关系	如恐惧性诉求、幽默性诉求等	如 Gayatri SA., Advertising appeals in magazine: a framing study
		与产品关系	特定产品的性诉求使用	
	外部	来自外部的影响	性别意识、当地文化等	
		对外部的影响	性诉求广告对受众生活的影响,如消费习惯等	

（来源：数据库 CNKI，EduChina，SSCI，ProQuest，ScienceDirect，CEPS，台湾博硕士论文加值系统）

目前台湾地区性诉求广告的研究内容还不够丰富,方向主要集中在以实验室研究法分析广告效果,基础性的主题如性诉求广告表现方式的讨论并不多,即概况性的研究不够,本文旨在概括台湾地区性诉求广告的基本现状及特征,继而探索其与产品、消费、社会等外部因素的关系,力求将性诉求广告还原到具体的经济、文化、社会的大环境中。

研究方法选择内容分析法,以数量最为丰富的平面广告为样本。

2 研究过程

2.1 研究方法

2.1.1 抽样

本文选择台湾地区发行量最大的《VOGUE 时尚》与《FHM 男人帮》为样本。《VOGUE》为女性时装美容杂志,广告品牌兼有国际和台湾本土品牌。《FHM 男人帮》是源自英国的男性时尚生活杂志,一向以性感的封面女郎著称,其中文版也结合台湾本土特色。其余的女性或男性杂志大多借鉴这两者,因此样本具有较高的代表性。

本文以普查方式抽取 2010 年 1 月至 2011 年 12 月的所有广告,跨度为两年(副刊除外),最终得到有效样本 1 416 则[①]。

2.1.2 编码

性诉求的编码较为成熟,笔者综合前人文献(Bridgette Desmond,2008),设计了编码表。编码力求对性诉求广告作全面总结,分为品牌(包括品牌来源国)、产品(即产品类别)、表现(包括广告模特性别、广告模特裸露程度、广告模特接触)与文案特征(文案长度、文案属性)四个大类(见表 2-1):

---

① 限于样本的可得性,本文选取的时间到 2011 年底,但据台湾凯络媒体周报提供的 2012 年全年至 2013 年上半年广告量分析,本文所涉及的各类产品广告投放量在 2012— 2013 内基本与 2011 年时比例持平,故本研究所选样本有足够代表性(数据来源:http:// www. magazine. org. tw/ImagesUploaded/news/13629887443710. pdf, http://www. magazine.org.tw/ImagesUploaded/news/13781096655790.pdf[2013-10-05])。

表 2-1　性诉求编码表

编码类目	编码内容	编码说明
广告品牌来源国	1. 欧美品牌	
	2. 日韩品牌	
	3. 本土品牌	
产品类别	1. 衣服	
	2. 鞋	
	3. 服饰配件	包、珠宝、眼镜、手表等服饰配件
	4. 美容美体	化妆品、洗化用品、香水、剃须刀等美化容貌或形体的商品
	5. 性用品	安全套、润滑油等性生活用品
	6. 其他	以上 5 项未包括的商品
广告模特性别	1. 仅男性	
	2. 仅女性	
	3. 男女均有	
	4. 无模特	
	5. 性别不明	因显示局部身体而无法判别人物性别
广告模特裸露程度	1. 日常穿着	
	2. 低度裸露	衣服露出部分胸部(未露点)或腿部(不包括性器官),如短裙、短裤
	3. 衣着暴露	部分衣物遮挡性器官,如比基尼、内衣
	4. 暗示全裸	没有明确全裸但是暗示说明,如用半透明衣物遮挡全身但是依然可看出模特全裸
	5. 全裸	除性器官未显露的全部身体裸露
广告模特接触	1. 未接触	
	2. 简单接触	握手或爱抚等简单接触
	3. 亲密接触	亲吻、拥抱等
	4. 性接触	性行为或暗示性行为

续表

编码类目	编码内容	编码说明
文案长度	1. 仅有标题或口号	
	2. 短文案	文案在 0—50 字
	3. 长文案	文案 50—500 字
文案功能	1. 功能性	介绍产品功能、品质
	2. 象征性	针对消费者身份等心理欲望
	3. 体验性	提供感官体验、认知刺激

2.2 统计结果

2.2.1 性诉求广告的分布概况

(1)性诉求广告的比例。笔者将模特裸露程度、接触程度、文案属性作为衡量性诉求的标准:即模特裸露程度为衣着暴露及以上,接触程度为亲密接触及以上,文案内容带有性暗示,此三者中至少符合其中一项就归为性诉求广告。结果发现两份杂志中的性诉求广告约占总数的 9.60%,共计 272 则,其中《VOGUE》有 224 则,远高于《FHM》的 48 则,女性时尚杂志的性诉求手法远超男性时尚杂志。

(2)品牌来源地。在所有的性诉求广告中,来自欧美国家的品牌要远远多于日韩和台湾本土的品牌,三者的比例分别为 84.6%、4% 和 9.6%。这反映了东西方文化在性文化方面的不同开放程度,也说明性诉求广告在欧美地区发展得更为成熟。

(3)产品类别。性诉求运用最多的商品是服装,其次是服饰配件与美容美体类商品。不同杂志不一样,男性杂志《FHM》中,比例最高的是性用品,其次是美容美体、服装;在女性杂志《VOGUE》中,比例最高的是服装,其次是配件与美容美体(见表 2-2):

表 2-2　性诉求广告的产品类别比例

杂志	服装	鞋	服饰配件	美容美体	性用品	其他
《FHM》	16.7%	2.1%	2.1%	27.1%	37.5%	14.6%
《VOGUE》	34.8%	7.1%	32.1%	22.3%	1.3%	2.2%
总体比例	31.6%	6.3%	26.6%	23.2%	7.7%	4.4%

2.2.2　性诉求广告的表现特点

（1）广告模特性别。整体而言，女性模特出现的比例最高（包括仅出现女性与男女均有两种情形，共占 94.5%），相应的，男性模特只有 20.6%，前者是后者的约 4.5 倍。就不同杂志而言，《VOGUE》中模特的成分较单一，多是单独女性，少有男女共处，单独男性的情形则没有；在《FHM》中，模特成分则较为丰富，男女均有的情况最多，其次才是单独女性模特，也有单独男性模特（见表 2-3）：

表 2-3　性诉求广告的模特性别

	仅出现男性	仅出现女性	男女均有	无模特	性别不明
整体模特性别	0.7%	74.6%	19.9%	3.3%	1.5%
《VOGUE》	/	84.4%	15.6%	/	/
《FHM》	4.2%	29.20%	39.6%	18.8%	8.3%

（2）裸露与接触程度。模特整体的裸露程度较高，全裸及暗示全裸就占了 20.2%，衣着暴露的占了 30.5%；就接触程度而言，性接触与亲密接触占了相当大的比重（20.2%）。可以说，目前的性诉求广告很大程度上仍依赖身体的裸露与动作的亲密甚至性暗示来实现（见图 2-1）：

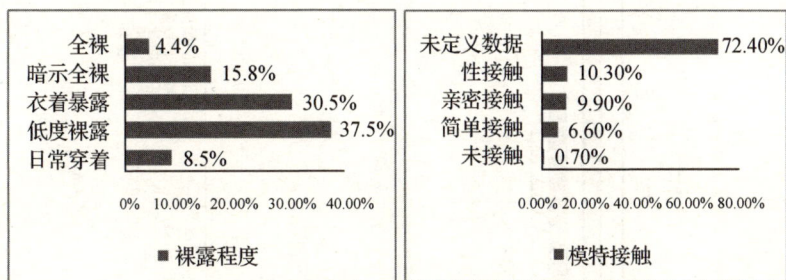

图 2-1　性诉求广告的模特裸露和接触程度

再根据裸露与接触程度的交叉分析，性诉求最多的表现依次是：低度裸露的亲密接触、低度裸露的简单接触、低度裸露的性接触和衣着暴露的性接触（见图 2-2）：

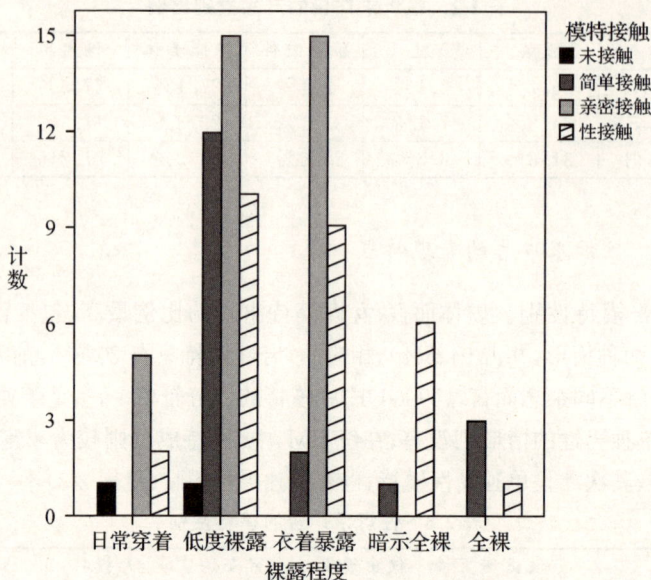

图 2-2 裸露程度与接触程度交叉比较

（3）广告文案篇幅与功能。性诉求广告文案整体偏短，67.3％的广告仅有标题或口号，20％的广告为短文案，长文案仅占 13.20％，可见性诉求广告主要依靠图片吸引、刺激读者，文案仅作提醒或告知之用；相应的，文案属性也以功能性（82％）为主，即说明或介绍品牌、产品，象征性（5.9％）和体验性（12.1％）广告都较少（见图 2-3）：

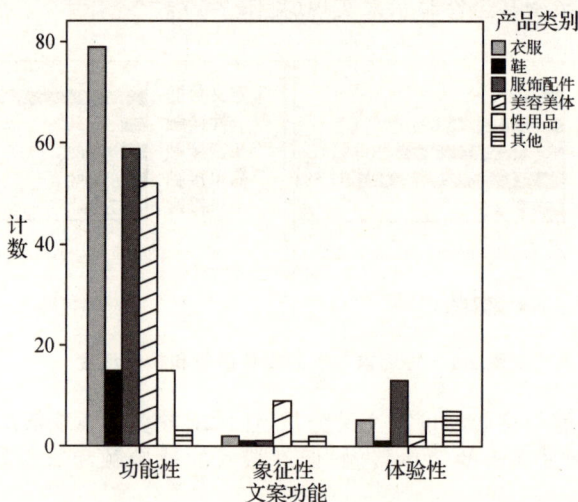

图 2-3 不同产品类别的文案功能

(4)不同产品类别的模特性别。除了性用品,其他产品都偏好使用女性模特,尤其是服装、服饰配件与美容美体这三类;只有美容美体类商品会单独使用男性模特,其余产品类别中,他们都与女模特配合出现;值得注意的是,性用品广告常常不使用模特,而仅呈现产品(见图 2-4):

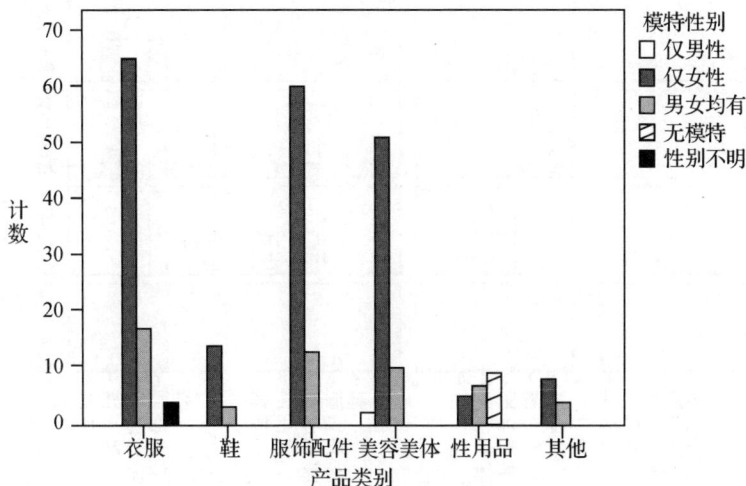

图 2-4　产品类别与模特性别交叉比较

(5)不同产品类别中模特的裸露和接触程度。从以上三变量交叉图可以看出:服装类广告集中表现模特的亲密接触或性接触,模特大都低度裸露或是暴露;鞋类产品广告主要是衣着暴露的模特做亲密接触;服饰配件类广告的模特性接触最多,裸露程度大多较低,但全裸与暗示全裸的模特也非少数;美容美体类广告的模特大部分低度裸露,接触也较简单;性用品广告模特的衣着暴露程度较高,集中在暴露到全裸之间,其接触也以性接触为主(见图 2-5)。

(6)不同产品类别的文案表现。服装、鞋、服饰配件类广告大多仅有标题或口号以告知品牌为何,不作过多说明;美容美体类商品广告也大多零文案,但短文案与长文案数量相对地比其他产品多,在功能性介绍之外,也更注重消费者象征性的需求;性用品广告则大多为长文案,以功能性为主,体验性为辅,着重介绍产品功能,同时也提倡新的感官体验(见图 2-6)。

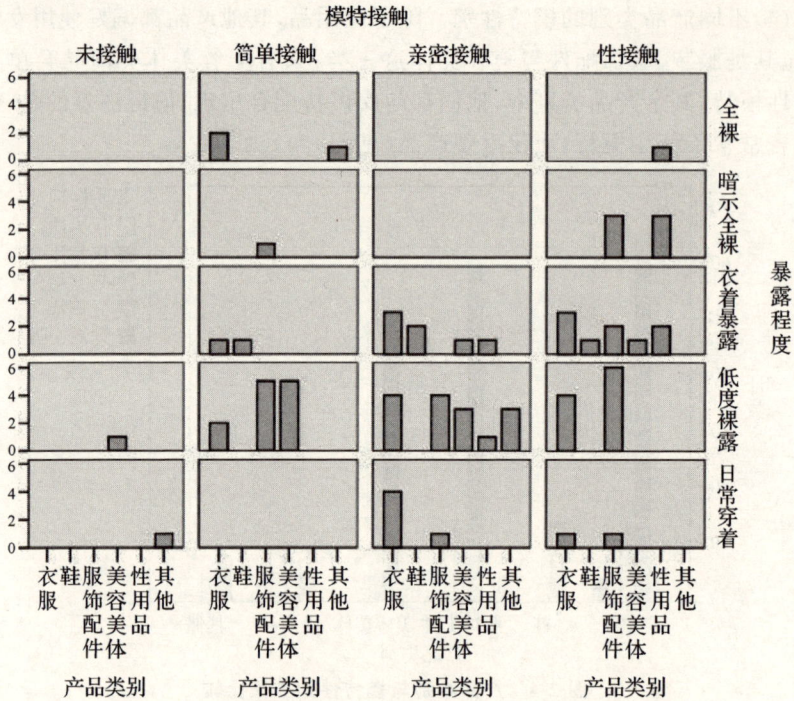

图 2-5 模特接触程度、裸露程度与产品类别的交叉比较

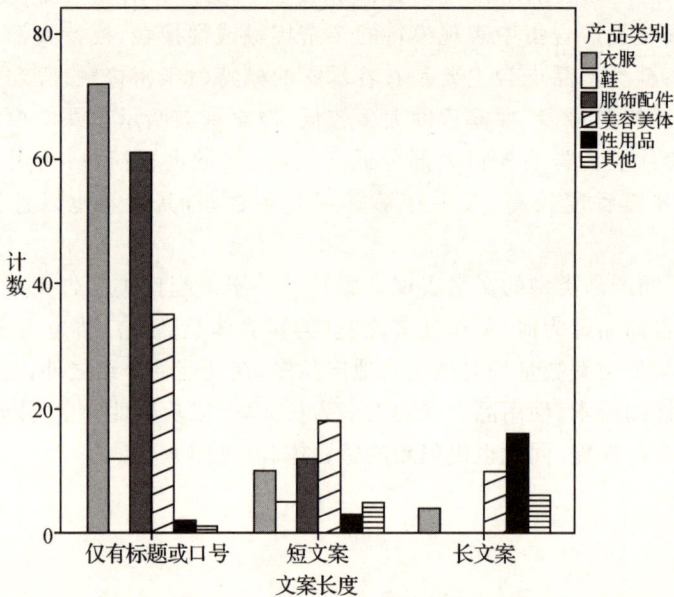

图 2-6 不同产品类别的文案长度

　　(7)不同地区品牌的模特裸露程度。整体而言,欧美品牌的模特要比日韩、台湾本土品牌裸露程度高许多,且有多种裸露形态;台湾本土品牌大多是低度裸露与暴露,偶有全裸,但不论表现形态还是数量都远少于欧美品牌,可见开放程度不如西方(见图 2-7):

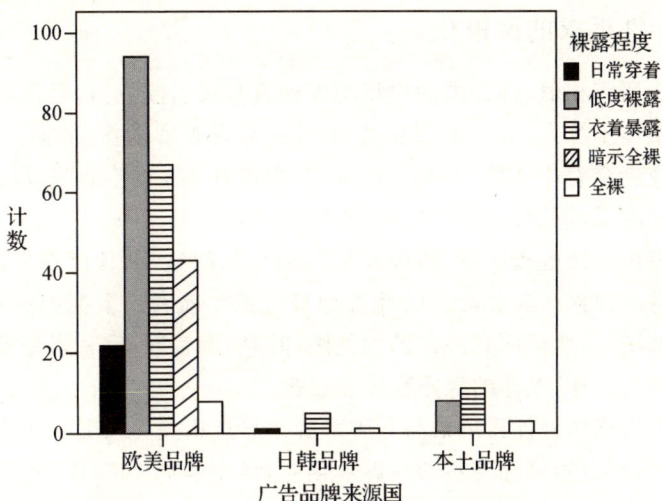

图 2-7　性诉求广告的裸露程度与品牌来源国

3　分析与讨论

3.1　女性杂志性诉求独大

　　从统计结果可知,《VOGUE》与《FHM》两个杂志中,前者的性诉求广告要远高于后者,主要表现为衣着裸露的女性模特更多。笔者以为可能存在如下两个原因:首先是样本数量影响,《VOGUE》杂志的年平均广告量在 1 045 则左右,《FHM》只有 371 则,相较而言,《VOGUE》涵盖的性诉求广告可能更多。

　　其次是杂志定位的影响。女性杂志主要介绍时尚的生活方式,品牌以女性用品为主,故使用数量众多的女性模特,女性模特多以不同程度的裸露和性感来表现自己。笔者以为这反映了两性关系业已形成的固定模式,即女性主要为了取悦男性,这既是"女为悦己者容"的现代阐释,又印证了男女关系中的不平等地位。相当多的研究都已证明,广告中的女性裸露程度远远超过男性,广告为了呼应男性的视角,刻意地使用局部特写、切割身体、俯视视角等手法来放大男性作为"观者"的主导权。女性在这一长期的关系建构中,逐渐接受自己作为"被观看者"的身份,因而认同美丽、时尚的女性必定是裸露女性的设定。

3.2　性诉求的两极化

与前人研究相似,性诉求的模特均以裸露来吸引注意力,但台湾性诉求的裸露程度整体不算太高,普遍以低度裸露和暴露衣着为主,如露出大腿的短裙、短裤,或者穿着比基尼、内衣。不过,其中仍有 1/4 的广告呈现较高程度的全裸和全裸暗示,欲遮还休的半透明衣物多半是欧美品牌。

结合模特的接触程度看,两极分化的趋势更明显,低程度裸露的简单、亲密接触和低度裸露或衣着暴露的性接触最常见。前者最多拥抱或者亲吻,衣着不过分暴露,虽然画面有潜在的性氛围却不明确表现;后者则是模特大胆而明显的性挑逗意味,衣着的裸露程度也很高。

笔者发现这两种裸露风格与品牌来源地息息相关。大部分欧美品牌进入台湾市场时,都沿用已经纯熟的性诉求创意,典型者如 CK,其风格大胆开放;少数欧美品牌则奉行本土化策略,根据东方文化的保守做适当调整,因而出现了较为含蓄的性诉求手法。几乎所有的台湾本土品牌都因为植根于传统文化,只含蓄地点到即止,仅有个别例外。

3.3　性诉求广告的"她"本质

从性别主义角度来看,消费是女性的行为且有女性特征,甚至可以说消费时代的英雄正是女性。相关研究表明,女性既是绝大多数家庭的主要采购者,也对商品的流行与广告的策划有决定性的影响(周象贤,2008)。笔者也发现,台湾的性诉求广告也体现出消费文化本质上是"她"文化。

从模特性别与接触程度来看,本研究中几乎所有产品的广告都以不同裸露程度的女性模特为主,远高于男性模特出镜频率,这迎合了女性对于美丽、时尚的定义;另一方面,虽然性诉求两极化格局明显,但也应看到仅有 1/4 的广告兼具高接触度与高裸露度,其他大多是二者只取其一,可见性诉求的广告整体较为含蓄,并不因迎合男性而过度性感乃至冒犯女性。从文案看来,性诉求广告多是针对女性。以指险套为例,即强调性用品对于满足女性生理需求的功用。可见在"她"文化的背景下对于女性的迎合——或开发以女性为核心消费群的产品,或策划以女性为核心诉求对象的广告。

3.4　性诉求"图不惊人死不休"

当今时代被称为读图时代,眼球经济在性诉求广告中表现得淋漓尽致。近 2/3 的广告只有标题或口号,以图片刺激、吸引注意力,文字仅用来说明产品名称或者品牌,欧美品牌或东方品牌均如此。

不过,笔者更关注的是,约有 13％的性诉求广告采用长文案的方法,其中较为特别者为性用品中的指险套广告。该产品在台湾地区首先申请专利,作为新产品入市,文案需用较长的篇幅来介绍其功能及体验。此类文案通常占广告篇幅的一半左右,内容分为两类:一是自我说明,即产品自身的功能解释与使用说明;二是他者佐证,即通过列举不同顾客的体验反馈来证明产品功效。

3.5　言外之意——文字的性魅力

前人研究性诉求时,多以图像为主要考察点,发现大部分性诉求都依靠裸露的女性或者男性来实现。笔者则发现台湾地区的性诉求广告可以不使用图片,单纯依靠文字来制造想象空间。因为想象的无限和自由,经由文案传递的性意味反而比实在可感的图像更微妙,更有韵外之旨。更有甚者,由于文字的明确性,部分文案描述性元素时,反而更为大胆而露骨。

在某则指险套广告文案中就有"你也想当高潮天后"、"让女人攀上巅峰,享受性爱欢愉"、"指险套,宠爱女人,进出顺畅,舒服激情"等,文字露骨而激情;而另一则相同产品的广告文案中,则以"惊喜·销魂·情人节·手爱·密技·新高潮"等诱惑性词语的列举引人浮想联翩,两者可说是台湾以纯文案表达性诉求的典型。

3.6　本土与外来的碰撞融合

广告是文化的产物,也会折射文化,已有研究发现不同的文化价值影响广告策略、广告创意表现。性文化,在东西方具有差异甚大的影响和形态,在欧美地区发展更成熟的性诉求广告,当它进入台湾地区时,不可避免地会与当地文化产生碰撞,甚至冲突。

本土与外来的碰撞与融合是台湾性诉求文化的典型特点。碰撞处表现为欧美品牌使用的性诉求更多、更开放,台湾本土品牌的性诉求则更少、更含蓄,融合处也比比皆是。这表现为广告策略的融合,如法国品牌 AXE 在中国以外地区会更多地使用暴露、激情的图片,在台湾杂志中这种情况大大减少,甚至改成靠文案来说话。

再有广告创意表现的融合方面,AXE沐浴露坚持在外国市场上的性感风格,画面为四位女性模特为一位裸露的男性洗浴,其广告文案是:"男人洗干净,女人对你更来劲"。这句话使用了中国语言特色,五字句配合七字句,呼应了传统的五言和七言句式,便于传诵,且押韵齐整,朗朗上口。图像中,女模特展示了高科技的机器人着装,但文案却具有幽默、风趣、亲和的调性,是典型的中式句法,两相搭配,饶有趣味。

4　结论

本文采用内容分析法对台湾两份有代表性的杂志进行了性诉求广告研究,分析得出以下结论:

(1)女性在性诉求广告中扮演相当重要的角色。一方面较男性杂志而言,女性杂志会更多地呈现性诉求广告;另一方面,女性对于相关产品的消费以及性诉求广告的表现都有着决定性的作用,反映了消费文化的"她"本质。

(2)台湾的性诉求表现形式趋向两极化,或非常性感或含蓄保守;图文搭配上也响应这一格局,或"图不惊人死不休"或通过文字的想象空间寄托言外之意。

(3)台湾的性诉求广告反映了本土与外来文化的融合与碰撞,在广告策略与创意上均有体现。

后续研究笔者以为对华文圈的各地性诉求广告作平行观照是非常必要的,可以看出性诉求在各地的普及程度。此外,对台湾地区性诉求的分析,可结合文本分析等方法,更深入具体地考察其特点。

参考文献

[1] DESMOND B. Sex in magazine advertising: examining the past 15 years [EB/OL]. [2011-12-02] http://www.unh.edu/sociology/media/pdfs-journal2008/DesmondEDITED.pdf.

[2] 陈正辉. 广告伦理学[M]. 上海:复旦大学出版社,2008.

[3] COURTNEY A E, WHIPPLE T W. Sex stereotyping in advertising [M]. Toronto: D.C. Health and Company,1986: 103-144.

[4] DAVENPORT T H, BECK J C. 注意力经济:提准企业新焦距[M]. 陈秀玲,译. 台北:天下远见,2002.

[5] GARCIA E. The effects of cultural values on international advertising effective-

ness: a study of sex appeals in fashion advertising [D]. EL Paso: Univ of Texas,2004.

[6] BELCH G E, BELCH M A. 广告与促销[M]. 吴真伟,译. 台北:西书出版社,2004.

[7] 赖妍婷. 性诉求广告图像运用之研究[D].台中:台中技术学院,2010.

[8] KILLBOURNE J. 致命的说服力[M]. 陈美岑,译. 台北:猫头鹰出版社,2008.

[9] MARCONI J. 震撼性广告[M].刘慧玉,译. 台北:脸谱文化事业股份有限公司,2000.

[10] 林泓达. 装饰人物性别、受试者性别与产品的性别定位对于性诉求广告效果之影响[D]. 台南:成功大学,2000.

[11] 吕宜霖. 先前性刺激接触经验与性诉求广告引起的注意力及情绪反应研究:以北部地区大学生为实验对象[D]. 新北:辅仁大学,2007.

[12] REICHERT T, CARPENTER C. An update on sex in magazine advertising: 1983 to 2003 [J]. Journalism and mass communication quarterly,2004,81(4): 823-838.

[13] REICHERT T, LAMBIASE J. Sex in advertising: perspectives on the erotic appeal[M]. New Jersey: Lawrence Erlbaum Associates,2003.

[14] 谢松涛. 性致勃勃的背后:浅析广告中的性元素[J]. 广告人,2003(9): 92-95.

[15] 叶金灿.摩登仙度丽娜:广告女性角色描绘与视觉诉求之跨文化研究[J]. 艺术学报,2005,77: 67-91.

[16] 周象贤. 性诉求广告及其传播效果探微[J]. 中国广告,2008(5):107-110.

下编

变迁中的男性特质分析

——以《爸爸去哪儿》明星父亲代言广告为例

[摘要]本文运用内容分析和文本分析法,分析热门真人秀节目《爸爸去哪儿》中十位明星父亲在节目开播后所代言的广告,探讨其男性特质的特点和变化。研究发现,广告中男性主要展现家庭形象,且较以往有深化。男性承担下厨等常由女性操持的家务,独自照顾子女生活,与子女互动丰富多元。广告展现三种新颖的男性特质:分担家务并且能独立照顾好孩子的好爸爸、型男父亲以及温柔体贴的暖男。但广告中的男性特质因为只聚焦子女关系而缺失两性关系,在美化和典型化的同时陷入割裂化,值得反思。

[关键词]男性特质;广告;《爸爸去哪儿》

引言:术语的规范与翻译

本文的研究主题"男性特质"对应于"masculinities"一词,国内学界大部分翻译成"男性气质",相应的,"femininities"一词则翻译成"女性气质"。持不同意见者有:学者方刚在《男性研究与男性运动》一书中主张译名应与心理学上的"气质"相区分,并提出"男性气概"的翻译。学者王政和张颖指出上述译法是在中国历史相关研究缺位的情况下,译者基本无视原文的社会性别研究的来龙去脉,直接选择现代汉语的词汇,简单对应西方社会科学领域的这些英文词汇。两位建议将"masculinities"和"femininities"分别翻译为"男性特质"和"女性特质",因为"特质"强调"masculinities"这个概念的本质,以及它区别于"femininities"(女性特质)的独特性这一属性。笔者赞同这两位学者的观点,使用"男性特质"和"女性特质"等术语,但引用其他文献时,仍保持原作者对相关术语的使用与翻译。

1 研究背景

一直以来,媒介与性别都是传播学和女性主义研究的重要议题。研究者们较早注意到媒介对女性的塑造存在刻板印象,女性主义学者将广告媒介批判指向父权社会体制,这一视野中的男性常被视为父权的"受益者"以及女性的"敌人"。随后,不少研究者关注男性的刻板印象及特质问题,对两性关系的反思由此展开。但总体而言,媒介和男性的研究相对更为薄弱。随着时代发展,许多广告不再局限于表现传统男性刻板印象,男性特质开始趋于多元化。中国的热门真人秀节目《爸爸去哪儿》恰好提供了观照当前男性特质及其变化的合适样本,笔者希望归纳出当前新的男性特质类型及其背后的意识形态意义,同时也为广告品牌代言的策略制定提供借鉴。

《爸爸去哪儿》是湖南卫视从韩国 MBC 电视台引进的亲子旅行生存体验真人秀节目,通过邀请明星父亲及其子女参加节目,激发观众对节目的好奇与期待。自 2013 年 10 月 11 日第一季开播以来,创造了高收视率纪录,也引发巨大的商业效应和社会热议。十位明星父亲随后接拍了多只广告,不仅展示了风格多样的父亲形象,而且代言了过去通常只由女性代言的产品。这与传统的男性角色定位和特质认知有不小的分歧,由此折射出男性特质的变迁。

1.1 理论基础和文献回顾

1.1.1 性别与性别特质

性别,通常分为生理性别(Sex)以及社会性别(Gender)。生理性别以基因和性征为分类标准,是与生俱来的;社会性别理论认为男女两性的差异并非自然形成,而是后天社会中发展而来,有学者称之为"社会中被赋予的文化标签"(刘利群,2004)。

从社会性别视角下考察两性,性别特质就是男性和女性的社会性别特征及类别。它是复合的,包括典型的形象特征和内在的性格与心理特征,以及外显的社会角色分工。

1.1.2 男性特质及其研究

性别特质的研究经历了从本质主义、建构主义到多元化的演变。就本文的男性特质主题而言,本质主义立场指早期两性认知的二元论倾向,认为生理决定性别特质,两性在性本质上存在根本性的不同,从而构成男女特质的差异(刘岩、邱小轻、詹俊峰,2007)。这一理论对两性特质的描述是分立的、对立的,而且女性特质属于次等、依附的形态。

建构主义理论则认为性别特质不是静态的,而是在社会发展中被塑造出来的。这一立场直接衔接了 20 世纪 80 年代的"支配性男性特质"(Hegemonic masculinity)观点,标志着研究进入多元性的阶段,传统的性别两分法终于被超越。

作为当今世界男性特质研究领域影响最大的学者,R.W.康奈尔的《男性气质》(Masculinities)一书系统阐述了多样性的男性特质。她指出,"男性气质不是天生的,而是在实践中建构出来的"(2003),她将男性气质分为支配性(Hegemony)、从属性(Subordination)、共谋性(Complicity)、边缘性(Marginalization)四种类型。学者方刚(2008)评价到,这意味着真正的社会学意义上的男性特质研究开始出现。影响男性特质的因素包括性别、阶级、种族等,因此,男性特质是多元的、不断变迁的。

方刚进一步针对中国传统男性特质的独特性,提出"男性气概十字轴"理论,是对康奈尔理论的本土化应用。在十字轴中,纵轴是关系轴,各种关系,如权利、经济、情感构建着位于两端的男性气概的支配性和从属性。横轴则是个性轴,即个人的行事风格和外表气质,刚和柔是两个端点。越是支配性的男性特质,在外在形象和做派举止上越偏向阳刚,反之则趋于温和。

1.1.3 男性特质的变迁研究

R.W.康奈尔(2003)坦言,在四种男性特质中,"支配性男性气质总是面临挑战和可能的变化"。王政和张颖(2012)也认为,男性特质的占主导地位的模式是被挑战的,这种挑战可能来自妇女对父权制的抵抗,也可来自代表其他男性特质的男人。

近年关注国内男性特质变化的学者发现,广告中的男性形象一直以来体现的是"刚丨支配"性的男性气概。但进入 21 世纪以来,广告中的男性不再是一味的坚强刚硬、肌肉发达;相反,体贴、温柔等形容女性特质的词汇开始成为男性的褒义词。男性气概十字轴中,男性的行事风格和外表气质都有柔化的趋势,但关系轴上依旧维持着传统支配性的男性特质(庄宇,2010)。

电视广告中的新男性形象通常包含三种:男性的新职业形象——美丽专家;男性的新家庭形象——分担家务的丈夫、爱护孩子的爸爸;男性新恋人形象——温柔听话的小男人(王蕊,2013)。作者认为消费社会、消费文化的需要和社会性别的形成与转变是其影响因素。

广告中男性特质整体柔化的现状,表现在三个方面:外形阴柔、性格温柔、社会角色女性化(丁琳,2012)。传统男性形象也并未消失,粗犷、阳刚与阴柔、性感并存于电视广告中,作者认为这是为了最大程度地接近电视广告目标消费群而运用的不同编码策略。

上述成果就性别与媒介的整体研究态势而言,仍是非常不足的,且依据的是数年前的数据,样本较为分散,在研究方法上则较为单一。因此,本文依托《爸爸去哪儿》中十位明星父亲代言广告的典型性样本,集中探讨当前男性气质的特征及变化,并试图通过文本分析法来揭示其建构机制和意识形态意义。

2　研究步骤

2.1　研究问题

外在形象、社会角色和性格/心理特征是男性特质的三个构成要素。在筹备研究阶段,笔者大略阅读并简单调查了所有广告样本,发现十位父亲代言广告中的社会角色多是家庭形象,少有美男子形象和职业形象。

因此,本文首先通过内容分析法分析这些男性在广告中的家庭形象,具体问题如下:(1)明星父亲代言广告的共性及差异;(2)明星父亲在广告中的形象的共性和差异;(3)明星父亲自身家庭形象在不同广告中的共性和差异;(4)品牌在表现男性家庭形象时的共性和差异。

其次,符号学的文本分析重点探讨男性特质的建构机制及其意识形态意义。符号学方法被认为能"弥补量化研究所无法进行的相关联意义的洞察,是一种更加深刻的能够把文本内容与社会结构相结合的方法,而且往往是个案研究采用的路径"(曹晋,2005)。具体问题如下:(1)明星父亲在广告中展示的男性特质,彼此之间有无共性和差异;(2)上述男性特质与传统男性特质的共性和差异;(3)广告如何通过符号创建男性特质,并指示哪些意义?

2.2　样本收集

通过网络搜集和实地考察,收集十位明星父亲在《爸爸去哪儿》后所代言的品牌及广告,开始时间是代言行为发生在出演《爸爸去哪儿》2013 年 10 月 11 日之后,截止至 2015 年 4 月 1 日。

共搜集三种媒介形态广告:纸质出版物(报纸、杂志广告)、电子媒介(电视、网络广告)、户外媒介(户外、交通广告)。只挑选代言广告,不包括明星出席品牌的发布会或活动等代言活动；某些节目播出前就已代言并持续投放的广告，以及虽然在节目播出之后投放，但代言合约已经签订于节目之前的广告，都被剔除，最后总计得到平面类广告 93 幅，视频广告 56 则，共 149 幅/则（如表 2-1 所示）。可以看出，第一季的父亲代言广告（31）数量远超第二季（13），其中伊利 QQ 星共使用了四位父亲代言（林志颖、张亮、王岳伦和曹格），总共代言 41 个不同品牌。

除了陆毅与吴镇宇两位，另外八位明星均有代言儿童类产品，比例最高，其他依次是居家类产品、食物或饮品、成人服饰、身体保养类产品等。

表 2-1 广告样本

季数	明星	品牌	产品	平面广告/幅	视频广告/部
第一季	郭涛	ECCO	男鞋	0	3
		GAP	服装	1	1
		季季乐	童装	3	0
		舒肤佳	洗手液	1	0
		万通	感通片	0	1
		星钻积木	积木	1	3
	林志颖	8210	水	4	0
		好丽友	蛋糕	0	1
		快易典	家教机	1	1
		清风	纸巾	2	2
		途牛	旅游产品	1	3
		伊利 QQ 星	儿童乳饮品	4	5
		亿田	集成灶	2	1
	田亮	拜尔口腔	口腔医疗	3	0
		步步高	点读机	2	2
		蓝谷	智能厨房	2	0
		蒙牛未来星	儿童乳饮品	2	0
		甜天麦	零食	2	1
		长隆集团	旅游产品	4	4

续表

季数	明星	品牌	产品	平面广告/幅	视频广告/部
第一季	王岳伦	生命力	蛋白质粉	1	1
		伊利 QQ 星	儿童乳饮品	2	2
		爱护	洗衣液	2	0
		都宝路	皮具	1	0
	张亮	999 感冒灵	感冒药＋儿童感冒药	1	2
		碧浪	洗衣凝珠	13	2
		肯德基	餐饮	2	2
		欧琳橱柜	厨具	2	1
		太尼派	餐饮	0	1
		万国表	饰品	4	0
		唯品会	网站	3	5
		伊利 QQ 星	儿童乳饮品	2	2
第二季	曹格	奥利奥	饼干	1	1
		伊利 QQ 星	儿童乳饮品	1	2
	黄磊	迪士尼	英语教育	3	0
		浩泽	净水器	4	1
		康师傅	饮品	1	3
		新飞	冰箱	1	1
	陆毅	外滩画报	环保	1	1
		佐丹奴	男装	2	1
		百威英博	防酒驾	1	0
	吴镇宇	华伦天奴	男装	2	0
	杨威	Best Baby	汽车用婴儿童安全座椅	2	0
		淘宝	湖北美食	2	0
		长虹	电视	4	0
	总计	44(去重后 41)	/	93	56

2.3 编码标准

本文共设计四个量表:产品类别量表、男性形象量表、男性家庭形象量表和广告策略量表。

鉴于广告代言的儿童类产品占较大比重,笔者参考并修订了 Sunny Tsai (2010)的量表,增加了成人服饰种类,如表 2-2 所示:

表 2-2 产品类别量表

编码项目	记录	操作性定义
产品种类	身体保养类	健康类产品、保健、清洁身体产品
	汽车类	汽车,汽车配件或相关产品
	儿童类	专为儿童设计的产品,例如纸尿布、婴儿食品、儿童药物、玩具、儿童电子产品、童装
	计算机或电子产品	不包含家电
	经济类或保险类	/
	食物或饮品	/
	居家类	与家务有关的,例如家电、家具、洗衣产品
	零售商店或餐厅	/
	成人服饰	成人服饰包括衣服和鞋子等配件
	其他	/

男性形象的分类,参考贺雪飞(2001)和王蕊(2013)的研究,根据前期阅读,修订了操作性定义,如表 2-3 所示:

表 2-3 广告中男性形象类别量表

编码项目	记录	操作性定义
男性形象	家庭形象	出现在家庭环境中,或展现出父亲/丈夫的形象,或在广告中使用了如"爸爸"、"明星父亲"的头衔
	职业形象	出现在职业环境中,穿上有关职业专用服装,或在广告中使用了"奥运冠军"的头衔
	性格形象	表现出性格或者外型上的魅力形象,例如美男子形象、有风尚的男士形象等
	其他	不属于以上几种

广告中男性家庭角色的测量,笔者参考 Gayle Kaufman(1999)和 Sunny Tsai(2010)两位学者的研究,但允许重复记录,而不是判定一种主要的单一角色,因为男性角色本身是多维度的。具体编码表见表 2-4:

表 2-4　广告中男性家庭形象量表

编码项目	记录	操作性定义
妻子角色设置	有妻子角色	/
	没有妻子角色	广告中没有妻子角色; 使用了女性角色,但不是男性角色的妻子
	不确定	不确定广告中出现的女性角色是否是男性角色的妻子
子女角色设置	有子女角色	/
	没有子女角色	广告中没有子女角色; 使用了小孩角色,但不是男性角色的子女
	不确定	不确定广告中出现的小孩角色是否是男性角色的子女
男性角色身处的情景设置	在家里	在家室内
	在家外围	在房子的门外或者花园里
	在家以外	在家以外的地方
	其他	不能确定具体位置,例如场景是在摄影棚,或场景是虚拟的、无实际意义的
男性角色分担的家务	做饭/准备做饭	/
	洗碗	/
	清洁卫生	扫地、拖地、清洁灶台等
	洗衣	/
	家庭购物	为了家庭而购物,例如在菜市场买菜、商场选购家电
	园艺	/
	维修	/
	其他	不属于以上几种

续表

编码项目	记录	操作性定义
父亲和子女一起做的事	照料子女	照顾生病的子女、喂养子女、给子女洗澡
	教育	给子女念书、给子女提供一些建议或者教子女如何修自行车、给子女讲人生道理
	聊天	/
	吃/喝东西	/
	玩耍	和子女一起玩玩具、做游戏
	消磨时光	例如在子女身边看着子女玩耍,不参与到其中;和子女一起看电视但是并没有和对方说话
	其他	不属于以上几种
父亲和子女的关系	与子女直接互动	一起聊天或玩耍;合力做一件事
	与子女间接互动	父亲在子女身边或附近,但是和子女没有直接互动,例如父亲透过窗户看着女儿在花园里玩耍;父亲在厨房做饭的同时看着孩子在附近玩耍
	为子女的健康和幸福着想	无论子女在不在身边,父亲与子女之间都没有直接或间接的互动,但是父亲会为子女的健康幸福着想,对子女表达关爱,例如参加家长会,为子女报兴趣班;在广告里发表育儿看法
	其他	不属于以上几种
父亲扮演的角色	导师	教育子女,例如辅导子女作业,给子女念书,给子女传播正确的人生观价值观,给子女的职业选择提供意见;监督子女,例如,父亲监督子女做家务
	性别角色模范	例如父亲教育儿子如何成为一个真正的男子汉
	负责养家糊口、家庭的保卫者	男人是家庭主要经济来源;保护家人免受伤害,为家人创造幸福
	呵护子女的角色	表现一些照顾子女,关爱子女的行为,例如生活上对子女的照料,如为孩子做饭等;精神上鼓励、安慰子女;陪伴子女玩耍
	其他	不属于以上几种

广告策略主要测量广告和代言人的关系,如表 2-5 所示:

表 2-5 广告策略量表

类别	变量	记录	操作性定义
演员类别	妻子演员	使用了明星现实生活中的妻子	明星携妻子代言
		使用演员	/
	子女演员	使用了明星现实生活中的子女	明星携子女代言
		使用演员	/
广告与真人秀的关系		1. 使用真人秀元素	广告的主题曲、字幕、旁白、对话等引用《爸爸去哪儿》相关词汇
		2. 不使用真人秀元素	广告中的主题曲、字幕、旁白、对话等未引用任何和《爸爸去哪儿》有关的词语

2.4 信度检测

两名受过训练的大学生编码员先进行 10 个品牌的广告预编码,根据霍斯提(Holsti)信度计算公式,信度达到 90% 以上;随后正式编码的信度达到 90.3%,主观变量编码信度达到 84%,客观性编码信度达到 94.8%。具体数据如表 2-6、表 2-7 所示:

表 2-6 编码者信度表(1)

	产品类别	男性形象	家庭形象	广告策略	总和
应有同意数	44	44	308	132	528
不同意数	5	6	37	3	51
完全同意数	39	38	271	129	477
信度	0.886	0.863	0.87	0.977	0.903

表 2-7　编码者信度表(2)

	客观变量	主观变量
应有同意数	308	220
不同意数	16	35
完全同意数	292	185
信度	0.948	0.84

2.5　文本分析步骤

符号学理论认为,符号由能指与所指构成。所谓"能指",指符号物质性的质料部分,如声音、形象、物品等形式。"所指"是符号内容部分,也就是符号所传达的概念、意义或思想感情(索绪尔,1999)。罗兰·巴尔特(2008)进一步提出符号包涵两个层面的系统,第一个层面的系统由符号的能指和所指组成,构成符号的直接意指,又称符号的外延;在第二层面的系统当中,第一系统作为整体成为第二层系统中的能指,并延伸出新的所指,构成符号的含蓄意指,即符号的内涵。

结合本研究来看,在广告的第一层表意系统中,男性呈现的外在形象特征和性格特征,都是广告符号的能指。这些能指更多意义上指向的是男性的社会角色分工,而这些社会角色分工包含了男性在家庭中的角色分工和在家庭以外的角色分工,这是第一层表意系统中的所指。由此第一层表意系统中,男性特质被建立起来。在第二层表意系统中,所指是指男性特质与产品/品牌结合从而产生广告的意指作用,即明星所代表的某种生活方式、某种价值观念的意识形态意义。

在第一层表意系统中的所指分析中,笔者借鉴了美国心理学家 Bem 于1974 年发表的性别角色量表(Bem sex role inventory,BSRI)以及国内学者对于两性形象的归纳,最终笔者总结为如表 2-8 所示的两性特质描述。这一更为细致的归纳将应用于文本分析中。

表 2-8　两性传统特质归纳

类别	男性特质	女性特质
外在形象特征	总体上,形象阳刚、粗犷、硬朗; 体格方面,身材高大,拥有较发达的肌肉; 容貌方面,五官棱角分明,皮肤呈现自然状态,不会过度修饰; 穿着方面,能体现出男性的阳刚特质	总体上,形象阴柔、细腻、精致; 体格方面,身材姣好,具有曲线弧度; 容貌方面,五官精致小巧; 穿着方面,能体现出女性的柔美气质
社会角色分工	主外:从业、挣钱养家、负责外勤	主内:持家、相夫教子、负责内务
性格和心理特征	自立的、信念坚定的、独立的、运动型的、坚持的、个性强的、有力的、分析能力强的、有领导能力的、富于冒险精神的、果断的、自足的、有男人味的、有立场的、进取的、举止像领导的、我行我素的、有竞争力的、有雄心的	可爱的、害羞的、有感情的、受人赞赏的、忠诚的、有女人味的、易共鸣的、敏感的、善解人意的、富有同情心、乐于抚慰受伤害的情感的、说话轻柔的、热情的、温柔的、容易受骗的、孩子气的、不说脏话的、爱小孩的、温和的

3　内容分析研究结果

3.1　广告中的男性形象

　　33 个品牌广告中的明星父亲以家庭形象出现(只有吴镇宇没有表现)的比例最高(81.8%),性格形象(40.9%)和职业形象(22.7%)次之。

　　以家庭形象示人的父亲中,代言最多的依次是张亮(7 次)、林志颖(6 次)、郭涛(5 次)等。

表 3-1　广告中明星父亲的男性形象

明星	家庭形象	职业形象	性格形象
郭涛	5	3	1
林志颖	6	0	3

续表

明星	家庭形象	职业形象	性格形象
田亮	4	1	2
王岳伦	4	0	2
张亮	7	2	2
曹格	2	0	0
黄磊	4	0	4
陆毅	2	2	2
吴镇宇	0	0	1
杨威	2	2	1
合计	36	10	18

职业形象主要分为两种：一种是明星自身的职业形象，如郭涛在星钻积木广告中展现作为演员的工作状态；另一种是明星在广告中演绎其他职业，如郭涛在万通感通片中饰演普通上班族的角色。性格形象也主要分为两种：一种是成功人士的性格形象，如吴镇宇的华伦天奴广告中，使用"王者归来"的广告语，展现穿着有品味的成熟男士形象；另外一种是花样美男形象，如林志颖代言的 8210 水广告。

3.2 广告中男性的家庭形象

3.2.1 家庭场景

在表现了男性家庭形象的 36 则广告中，场景设置分布均匀，除了"在家外围"使用最少。绝大多数广告中的男性均以父亲形象出现。

表 3-2 广告情景设置

情景种类	有妻子角色		无妻子角色		总计
	有子女角色	无子女角色	有子女角色	无子女角色	
在家里	3	1	12	1	17
在家外围	1	0	2	0	3
在家以外	4	1	7	0	12
其他	2	2	9	4	17

根据 Sunny Tsai(2010)的研究结果,如果广告中没有妻子角色,男性角色与子女角色共处的场景更可能是"在家以外",意味着父亲较少去管理子女的日常起居。但本研究恰好与其相反,当广告中没有妻子、母亲角色时,父亲多半与子女共处"在家里",这正好呼应了下一个结论,男性多承担照顾子女的家务活动。

3.2.2 男性分担的家务

有五位父亲在广告中分担家务,其中张亮从事的家务种类最多(3 种),黄磊次之(2 种)。

Sunny Tsai(2010)发现,在有男性角色的广告中,只有 3.9% 的男性会做家务,包括家庭购物、园艺/维修和做饭/准备做饭。本研究则发现这一比例达到 20%,家务种类也涵盖做饭/准备做饭(18%)、清洁卫生(4.5%)、洗衣(2.2%)和家庭购物(2.2%)。可见,相比一般广告中的男性,这些父亲更倾向表现出分担家务的一面,特别是过往主要由女性操持的家务,如父亲多次单独出现在厨房里,为家人做饭或准备做饭。

表 3-3 男性在广告中分担的家务种类

明星	做饭/准备做饭	清洁卫生	洗衣	家庭购物
郭涛	1	0	0	0
林志颖	1	0	0	0
田亮	1	0	0	0
王岳伦	0	0	0	0
张亮	3	2	1	0
曹格	0	0	0	0
黄磊	2	0	0	1
陆毅	0	0	0	0
吴镇宇	0	0	0	0
杨威	0	0	0	0
合计	8	2	1	1

值得一提的是,以往研究显示,如果广告中没有妻子形象,男性不会做家务;有妻子在家,子女和父亲多半正在享受母亲的服务和照顾(Sunny Tsai, 2010)。本研究发现,即使广告中有子女而没有妻子,父亲依然在做家务,这意

味着父亲不仅分担家务,有时候还是做家务的主力。

表 3-4　男性在广告中分担家务的场景

家务 种类	有妻子角色		无妻子角色		总计
	有子女角色	无子女角色	有子女角色	无子女角色	
做饭/准备做饭	1	1	4	2	8
清洁卫生	1	0	1	0	2
洗衣	0	1	0	0	1
家庭购物	1	0	0	0	1

3.2.3　父亲和子女一起的活动

这里所说的活动,不包括父亲和子女表达感情的亲密动作,如拥抱、亲吻等。如表 3-5 所示,两位父亲张亮和郭涛与子女一起做的事种类最多(6 种),林志颖和郭涛也较多(5 种)。活动类型则以玩耍、聊天、饮食居多。这也与前人研究相左,Sunny Tsai(2010)发现如果广告中男性角色没有妻子陪伴,基本不会和子女一起做事,特别是照料子女,一般由母亲角色承担,即使做,也只是辅助者。她认为男性和女性的做事风格不同,男性更倾向和子女玩耍、聊天。但本研究中的父亲,在母亲角色缺失的情况下,可以独自熟练地照顾孩子,如郭涛一人下厨做炒饭,林志颖独自为儿子洗脚等。

表 3-5　男性在广告中和子女一起的活动

明星	照料子女	教育	聊天	吃/喝	玩耍	消磨时光	其他
郭涛	1	1	1	1	2	0	1
林志颖	3	4	5	2	4	0	0
田亮	0	1	2	1	1	0	0
王岳伦	0	0	0	2	1	0	0
张亮	2	1	2	2	1	1	0
曹格	0	0	0	1	2	1	0
黄磊	2	0	1	2	1	0	0
陆毅	0	0	0	0	0	0	1
吴镇宇	0	0	0	0	0	0	0
杨威	0	0	0	0	0	0	0
合计	8	7	11	11	12	2	2

3.2.4 父亲和子女的关系

有四位父亲(林志颖、田亮、王岳伦和黄磊)与子女的关系在广告中表现地最为全面,既有直接互动,也有间接互动,还能为子女的健康和幸福着想。

表 3-6　父亲在广告中和子女的关系

明星	直接互动	间接互动	为子女的健康和幸福着想	其他
郭涛	4	1	0	0
林志颖	6	2	2	0
田亮	3	1	0	0
王岳伦	2	1	1	0
张亮	4	0	2	1
曹格	2	0	0	0
黄磊	2	3	2	0
陆毅	1	0	1	0
吴镇宇	0	0	0	0
杨威	0	0	0	0
合计	24	8	11	2

在出现子女角色的 27 则广告中,有 24 则(88.9％)广告表现直接互动,为子女的健康和幸福着想的比例达 40.7％,间接活动为 29.6％。这与 Sunny Tsai(2010)的结果部分类似,直接活动都是父亲子女最主要的情感表达方式,但是"为子女的健康和幸福着想"的方式,在本研究中大幅提高,表明无论孩子在不在身边,父亲一直牵挂。

3.2.5 父亲扮演的角色

十位父亲中,除了吴镇宇和杨威,其余父亲都扮演了呵护子女的角色,比例也最高。只有郭涛一人扮演养家糊口的角色。没有父亲以性别角色模范角色示人,即不会教导孩子如何成长为一个真正的男人。

表 3-7　广告中父亲扮演的角色

明星	导师	性别角色模范	养家糊口 家庭的保卫者	呵护子女角色	其他
郭涛	1	0	1	1	3
林志颖	3	0	0	4	0
田亮	2	0	0	1	1
王岳伦	0	0	0	1	1
张亮	0	0	0	4	0
曹格	0	0	0	2	0
黄磊	1	0	0	2	0
陆毅	0	0	0	1	0
吴镇宇	0	0	0	0	0
杨威	0	0	0	0	1
合计	7		1	16	7

在 Sunny Tsai(2010)的研究中,各种角色分布较为均衡,但本文发现父亲呵护子女的角色是最多的,而且在没有妻子角色陪伴的情况下,这一形象更为常见(15:1)。反之,更符合传统男性特质设定的两类角色,养家糊口和保卫家庭者均极少。

表 3-8　父亲扮演角色的场景

角色类型	有妻子角色	无妻子角色	总体
导师	1	6	7
性别角色模范	0	0	0
养家糊口、家庭的保卫者	0	1	1
呵护子女角色	1	15	16
其他	2	5	7

3.3　广告策略

在表现了男性家庭形象的 34 则广告代言中,有 27 则使用子女角色,并且有 23 则选用明星现实生活中的子女,而只有 9 则使用妻子角色。可见,受节目影响,明星"父亲＋萌娃"的搭配成为品牌最常用的角色配置策略。

使用《爸爸去哪儿》元素的广告有 20 则,这 20 则广告都表现男性的家庭形象。可见,品牌在广告代言中如果要表现明星父亲的家庭形象,都会使用《爸爸去哪儿》的元素。

表 3-9　广告策略

策略类型	广告数	比重 1	比重 2
演员策略			
使用妻子角色	9	27%	/
使用了明星现实生活中的妻子	6	42.4%	/
使用演员	3	9%	/
使用子女角色	27	81.8%	/
使用了明星现实生活中的子女	23	69.6%	/
使用了演员	4	12.1%	/
广告与真人秀的关系			
使用了真人秀元素	20	58.8%	46.5%
不使用真人秀元素	24	0	55.8%

比重 1:占使用了家庭形象的广告(不去重)的比重

比重 2:占所有广告(不去重)的比重

3.4　研究结果小结

内容分析的主要发现如下:

(1)明星父亲代言的广告产品以儿童类和居家类产品最多。

(2)明星父亲代言广告展现的男性家庭形象最多。

(3)男性在广告中更愿意表现出分担家务的形象。同时,承担的家务种类包含了传统上由女性主导的家务,如做饭、清洁卫生和洗衣。尤其男性不仅是家务的分担者和受益者,还是家务的主力角色。

(4)男性在广告中的父亲形象,多单独出现。当广告中没有妻子角色时,父亲与子女共处的场景多是"在家里",男性独立照料子女的起居。

(5)男性在广告中充分地与子女亲密、直接地互动,即使不在子女身边,也为子女的健康和幸福着想。

（6）男性在广告中主要扮演呵护子女的角色，养家糊口和家庭的保卫者角色被弱化。尤其当没有妻子陪伴时，更愿意表现呵护子女的形象。

（7）真人秀的元素被充分植入到广告中，"明星父亲＋萌娃"的搭配成为品牌最常用的角色配置策略。

4　文本分析结果

运用符号学分析方法，结合社会学、广告学等相关理论，笔者一一描述了广告代言中 10 位明星男性特质的具体含义，归纳其建构方式并与传统男性特质进行对比：

（1）郭涛。郭涛是职业演员，塑造的多是实力硬汉。广告中郭涛的形象，基本符合传统男性形象特征，但心理和性格特征表现出转变。例如在 ECCO 男鞋的视频广告中，郭涛被刻画成有时尚品味的风尚男士，他认为"搭配，是绅士的基本要求"，这种注重外表的性格，本来不属于男性的传统特质；在星钻积木的广告中，郭涛展现爱护小孩、温和的一面，这也和传统男性性格特征有所不同。

广告还展现了社会角色分工方面的转变。在星钻积木的广告中，郭涛被刻画成工作繁忙、负责养家糊口的父亲。但是工作以外，郭涛会辅导儿子作业，给儿子做最爱吃的蛋炒饭，陪儿子玩各种游戏。因此，在社会角色分工方面，郭涛同时表现出两性的特质，既主外也主内，既从业也持家，既挣钱养家也负责教子，既负责外勤也负责内务，可谓是全能爸爸。不过，夫妻关系在广告中被忽略，两性地位无法判断。

（2）林志颖。林志颖一直以花样美男的形象示人。以往的广告经常重点描绘其精致、干净和俊俏的外形，自真人秀开播后，这一美男子形象依然可见。

林志颖在广告中的性格特征与传统男性也差异较大，无论外表还是语言、神态、动作，柔化的特质贯穿始终，与子女的关系也偏温和。如在清风纸巾广告中，儿子不小心摔倒后，林志颖体贴地对儿子说"别担心，有我在"。即使儿子打翻水瓶，作为父亲的林志颖也不责备儿子。

大部分广告都表现他主内、持家、教子、负责内务的角色分工。如在好丽友的 20 周年广告中，林志颖和他人分享蛋糕，作为父亲他赞赏儿子，教育儿子做人的道理等。同样，夫妻关系也被忽略且承担家务的种类只有做饭，无法看出两性地位是否发生转变。

（3）田亮。田亮的身份是职业运动员，在以往广告中常被冠以奥运冠军的头衔，其英俊的外表和美男形象也很常见。直到真人秀节目后，其父亲身份才开始家喻户晓，并成为目前的主要标签。

广告中田亮的形象和林志颖类似，外在美丽，内在体贴，爱护小孩、性格温和。如在步步高点读机的广告中，田亮关注女儿的学习，耐心教孩子认字。尤其和郭涛、林志颖相似，父亲的个性中包含孩子气的一面，如抢孩子的学习机或玩具等。

田亮的社会角色也是以呵护者居多，亲身示范如何为家人烹制爱心甜点、辅导女儿学习。养家糊口的角色没有出现过，也没有表现夫妻关系的信息。

（4）王岳伦。王岳伦的外表更符合传统男性阳刚的形象特征，然而个性心理均和传统设置不同。他爱孩子，声音轻柔，行为温和，如在 QQ 星广告中，王岳伦讲述了关注孩子成长的观点，并点出广告语"成长只有一次，我要给他（她）最好的。"

但是，王岳伦没有展现出角色的改变。在其代言的 4 则广告中，他均没有操持家务，最多是家务的受益者和辅助者，如在生命力蛋白质粉广告中，冲调蛋白质粉的是其妻子，王岳伦和子女一起享受饮品。尽管他代言了婴儿洗护用品，但只是发表品牌宣言。同样，也没有看到两性关系的描述。

（5）张亮。张亮身份是专业模特，在此之前广告中表现的都是美男形象。节目开播后，这一帅气的型男形象依然盛行。

在广告中，张亮主要扮演呵护子女，照顾子女的角色。在 999 感冒灵、欧琳橱柜、万国表、伊利 QQ 星 4 则广告代言中，作为父亲的他和子女亲密互动，不仅生活上呵护照料，精神上也对子女进行扶持。

张亮代言的广告还涉及了两性关系，如在碧浪的广告中，女主角表示想要"被赐予一个男神"，张亮出现并且主动分担家务，例如做饭、清洁卫生等；在唯品会的广告中，他扮演超级买手，举止文雅，作为女性的闺蜜好友，贴心地为她们献计献策。这种尊重女性，甚至顺从女性的新形象是与传统模式相悖的。

（6）曹格。纵观曹格在广告中的形象，符合传统男性外在形象特征，阳刚气质浓重。但其心理和性格特征更偏向柔和，孩子气、爱小孩、温和，这些在过去的广告中主要是描述女性的关键词。

曹格的广告，在社会角色分工方面没有突出进展，仍然是与子女玩耍，并没有主内、持家，夫妻关系也被忽略。

（7）黄磊。黄磊在《爸爸去哪儿》中提倡的育儿方法得到观众认可，其公众形象被形容成"好爸爸"。这一新男性特质延续到他在广告中的表现，无论外在形象还是内在心理,他都较为充分地展示出爱护孩子,照顾孩子的特长,如在浩泽饮水器广告中,黄磊认为"女儿的健康成长,是父亲的最大心愿。"

在迪士尼英语广告中,黄磊作为父亲主动承担了为子女提供教育辅导的责任。而这一职责在以往广告中,常由女性承担。此外,他还表现出主内、持家的特征。如在新飞冰箱的广告中,黄磊负责把控全家人的饮食健康。

(8)陆毅。陆毅的三个代言中,只有外滩画报的广告中出现了女儿的角色,但广告只简略地表现了他和女儿一起的场景,没有描述照顾子女的细致举动。男性主外、从业的特质依然占主导。但他的广告触及了两性关系,如在百威英博的一则防酒驾公益广告中,陆毅扮演现实中的自己,害怕酒驾的后果,找来妻子为他代驾。有趣的是,妻子模拟求婚的语气,对陆毅提出"嫁给我好吗?"陆毅欣喜地回答"I do."这则广告一定程度上表现了两性关系的转变,女性开始掌握主动权。

(9)吴镇宇。吴镇宇在《爸爸去哪儿》开播后代言的广告只有华伦天伦一个。这则平面广告展现了吴镇宇传统男性的外在形象特征——阳刚、粗犷、硬朗,没有任何颠覆。

(10)杨威。杨威的身份是职业运动员,以前的广告代言都展示自己的奥运冠军形象。真人秀节目后,其健硕、强壮的外在形象仍然在广告中与传统男性认知呼应。但内在气质则偏向温和,且这一特质和外在形象作了很好的结合,如在儿童汽车座椅广告中,杨威被冠以"冠军爸爸"头衔,广告语为"冠军品质,宝贝安心",其强势的职业形象和温柔的父亲形象互相对应,增强了父亲形象的影响力。

5　讨论与启示

5.1　新型多元化男性特质

结合文本分析和内容分析,可以看出广告所展示的男性特质的确和传统认知有一些变化,笔者将这些新的多元化的男性特质分为三类:

(1)男性的新家庭形象——分担家务、能独立照顾好孩子的好爸爸。以往研究已经发现,现代广告中出现新的"家庭妇男"形象,男性不再是享受女性服务的受益者,开始主动参与家庭事务。男性的优秀不仅体现在职场,还表现于家庭中体贴子女、关爱亲人。男性的性格趋于温柔、体贴并且注重交流。总体而言,这十位明星父亲顺应了这种新的"家庭妇男"的潮流。

但是本研究还发现,父亲的家庭形象有更深入的突破。这些父亲主动分担过去男性较少做或者不做的家务,尤其是下厨。在照顾孩子方面,男性可以独当一面,即使没有母亲在身边,父亲照顾孩子也完全没有障碍。与子女的互动变得丰富多元,除了可以成为孩子的玩伴,父亲还能照顾孩子生活起居或者成为孩子学习和成长过程中的导师。父亲很少在孩子面前表现得严肃、有距离感,更多地像母亲般温柔、可亲近人。林林总总,可以说现在的男性完全可以作为"全能父亲"代替母亲的角色。

(2)男性的新性格形象——型男父亲。"美男"在许多研究中被认为是现代广告中一种新型的男性形象,这个群体的男性长相俊美、年轻、肤白唇红,对同性和异性都具有吸引力;他们时尚健康,感性与知性同时具备;注重自身的形象,主张精致的生活。同时也讲究品位,关注时尚。

本研究进一步发现,虽然十位明星父亲年龄都在 30 岁以上,已经不属于花美男群体的年龄特征,但是仍有数位父亲依然展现外在形象魅力,例如田亮、张亮和林志颖等。笔者认为,他们代表新的型男父亲形象。这个群体的男性虽然都已成家立业、养育小孩,已经不再年轻,但依旧延续年轻的生活方式和精神状态,可以说兼顾成熟男性的魅力和花美男的外形。应该承认,这一男性特质符合现在的社会主流期待。

(3)男性的新性格形象——温柔、体贴的暖男。传统印象中属于女性特质的温柔、体贴也出现在男性的新性格形象中,这体现为广告中男性形象的整体柔化,前人研究多有发现。本研究也再次证明该类男性的流行,但主要是从与子女的关系中建构出来,而非两性关系。广告中的各位父亲对待子女都是温柔体贴的姿态,与传统中严肃寡言的形象毫无一致,能和子女保持平等心。

结合方刚的"男性气概十字"理论,笔者认为,这种新型男性特质在男性气概的个性轴上所表现出来的行事风格和外表气质有了柔化的趋势,在关系轴上所表现出来的关系、权力和经济也有从属的趋势。

5.2 广告对社会意识形态建构的推手作用

有学者把整个社会都比喻成媒介现实,意即人们所接触到的社会,其实都是媒介塑造出来的。广告作为折射社会文化潮流的"镜子",不仅反映社会中的意识形态,还能参与建构并改变它(Polly,1990)。在本次研究中,笔者发现广告所塑造的男性特质呈现出美化、典型化的取向。

美化是指广告所塑造的男性特质趋于完美的境界。内容分析和文本分析都发现,广告表现这十位父亲都是全能型的男性,他们兼具传统男性中优良的特质,如身体强壮、主外赚钱、行事果敢、保护弱者等,又融合当今潮流的新期待,如外表英俊、富有情趣、顺从女性、照顾子女等。为了充分表现这一点,广告尤其夸张地表现这些父亲与子女的关系,如不仅能独立照顾子女的生活起居,又能指导孩子教育学习,还能陪伴子女玩乐,甚至规划孩子的人生幸福等。换句话说,传统男性和女性共同承担的育儿职责,如今男性一人即可担当。

典型化是指广告塑造的男性气质是被特写、放大及孤立的。这从内容分析的结论中能明显看出,当不出现女性、妻子等角色时,广告更加突出表现父亲的家庭形象,照顾子女的起居等传统观念上应由妈妈承担的职责开始由男性承担,在没有妻子角色的广告中这一点更为显著。

之所以出现这种情形,笔者以为,广告策略本身是不可回避的因素。这些广告都紧密结合了真人秀元素,将明星父亲与萌娃的搭配组合设计成最有效果的创意策略。真人秀的《爸爸去哪儿》主题即父亲搭档子女,母亲和妻子都是不可见的,延续到广告里是情理之中的事情。

此外,广告的理想化策略也是推动者,它能让广告的主题更为明确,放大主旨,让其变得更有吸引力。试想,观看真人秀和广告的女性观众,谁不希望自己的另一半都能符合这些明星父亲的形象呢?

但典型化也意味着割裂化和虚假化。这些广告很少出现女性,很少表现两性关系,男性的形象主要经由与子女的互动来建构出来。诚然它能让消费者充分地感受到好父亲和好男人的吸引力,但女性的缺位,男性可以全盘取代女性的角色,这未尝不是一种对传统男性特质的过犹不及的纠偏。

尽管广告表现了完全不同于R.W.康奈尔所指出的传统支配性男性气概,但笔者认为,十位父亲仍然从属于共谋性男性特质。现实生活中几乎没有能够纯粹符合某一种类型的男性,广告中的父亲虽然体现出众多颠覆传统的特征,但他们依然可以从中得到好处,即男性从女性的整体依附中获得好处。共谋性男性特质的男性,一方面谋取权力的利益,另一方面又避开男权制推行者所经历的风险,在婚姻、父道以及生活中经常与女性做出妥协。

5.3　后续研究建议

男性特质的变迁研究,需要在历史中比较才能更深入得挖掘出来,本次研究只是一个截断面的考察,未来的研究可以从纵向梳理中深化。

热门真人秀节目后的集中广告代言是一个研究男性特质的典型样本,但也受限于真人秀的设计,其广告内容不能全面反映男性特质,本研究中男性主要呈现家庭形象,即是佐证。未来的研究当在研究对象上予以拓展,从而对当代男性特质的概貌有更全面真实的观瞻。

受众分析是另一重要的研究角度。后续研究可以对受众如何认知、看待这一男性特质的潮流进行更专业的探讨。

参考文献

[1] BEM S L. The measurement of psychological androgyny [J]. Journal of consulting and clinical psychology, 1974:47.

[2] 曹晋. 批判的视野:媒介与社会性别研究评述[J]. 新闻大学,2005(04):3-11.

[3] 丁琳. 略论我国电视广告男性形象的柔化现象[J]. 新闻界,2012(01):65-68.

[4] 方刚. 男性研究与男性运动[M]. 济南:山东人民出版社,2008.

[5] 索绪尔. 普通语言学教程[M]. 高名凯,译. 北京:商务印书馆,1999.

[6] KAUFMAN G. The portrayal of men's family roles in television commercials [J]. Sex roles, 1999, 9:439-458.

[7] 贺雪飞. 男子中心社会的"语境":论广告中男性形象的建构[J]. 广告人,2001(05):72-75.

[8] 刘利群. 社会性别与媒介传播[M]. 北京:中国传媒大学出版社,2004.

[9] 刘岩,邱小轻,詹俊峰. 女性身份研究读本[M]. 武汉:武汉大学出版社,2007.

[10] 罗兰·巴尔特. 符号学原理[M]. 李幼蒸,译. 北京:中国人民大学出版社,2008.

[11] POLLAY R W, GALLAGHER K. Advertising and cultural values: reflections in the distorted mirror [J]. International journal of advertising, 1990, 9: 359-372.

[12] 康奈尔. 男性气质[M]. 刘莉,张文霞,张美川,等译. 北京:北京社会科学文献出版社,2003.

[13] 王蕊. 当代电视广告中新男性形象的符号化展现[J]. 郑州航空工业管理学院学报(社会科学版),2013(06):94-96.

[14] 王政,张颖. 男性研究[M]. 上海:上海三联书店,2012.

[15] TSAI W S. Family man in advertising? a content analysis of male domesticity andfatherhood in Taiwanese commercials [J]. Asian journal of communication, 2010, 2: 423-439.

[16] 庄宇. 广告中的新男性形象与男性特质[J]. 新闻世界,2010(06):84-85.

性别逆向代言广告的创意策略分析[*]

——与同性代言广告对比

[摘要]性别逆向代言是新颖的广告创意策略,本文通过解读式内容分析法,归纳了性别逆向代言广告诉求和表现方面的规律,发现性别逆向代言广告多使用爱情的感性诉求,广告中的男性形象以关爱、尊重女性的"暖男"居多,代言人形象强烈影响广告品牌个性的塑造及表达,与品牌和产品的相关性紧密,但品牌个性会随着性别代言人的不同而发生偏离。性别逆向代言广告的文案形式、修辞更为丰富,色彩更符合广告叙事要求,而不重视呼应品牌识别。进而提出这一创意手法应用需谨慎,应注重代言人和品牌的形象及专业的相关性。

[关键词]性别逆向代言;创意;品牌个性

明星代言人是企业常用的品牌策略和广告创意策略。一般而言,广告主选择与目标消费者性别一致的代言人,即女性代言人推荐女性用品,男性产品则使用男性代言人,这被认为广告效果是最佳的(Freiden,1984)。然而,从 20 世纪 90 年代开始,有一些定位明确的女性用品却选择男性明星来代言,如 1995 年日本化妆品牌嘉娜宝聘请当时的时尚男星木村拓哉代言口红,自此掀起一股热潮,这一现象被称为性别逆向代言。作为新颖的创意方式,逆向代言被业界普遍关注,但学界鲜有研究。有鉴于此,笔者试图比较同一个品牌,当其使用逆向代言创意时,与其同性代言的差异与共性,从而探索其规律和启示。

---

* 本文发表于《现代广告学术季刊》2015 年第 17 期,43-59 页,发表时有删节。

1 研究背景

1.1 "性别逆向代言"概念

性别逆向代言广告指广告中原本女性专属的商品由男性代言,而男性专属的商品由女性代言。这一现象,学界业界还有两种其他概念。第一种是"性倒错"(李剑飞,2009),但笔者认为该说法不够准确。"性倒错"术语来自司法精神病学,是属于性变态的精神状态。第二种称呼是"跨性别广告"或"跨性别代言"(郑爽、李蕾,2012),该说法也不准确,跨性别通常指那些对其出生时被指定的性别感到无法认同的人及现象,而代言人行为不涉及。总而言之,笔者认为"性别逆向代言"能够更准确、直接地定义这种广告现象。

性别逆向代言广告,主要在日本、韩国等地兴起并影响到台湾地区和国内,男性代言女性用品,远超过女性代言男性用品广告。涉及的产品品类包括女士内衣、女性卫生用品、女性化妆护肤品以及饰品等。

1.2 相关研究进展

性别逆向代言的研究总体不多,集中在三个方面。

新现象的关注。有学者指出这种新颖的广告现象并提请重视。如介绍该手法的一般模式,猜测其原因是"男性偶像的魅力与女性心目中梦中情人的影响力是厂商最想借重的原因"(方雅青,2005);还有的描述这种创意在日本、韩国以及台湾地区的成功应用(李剑飞,2009)。

新男性形象的解读。逆向代言中,男性代言传统的女性用品,这一方式更为普遍,有的学者分析这些新的男性形象及其背后的意识形态(徐振杰,2004)。2005 年《亚洲华尔街日报》撰文称,这一现象体现了新性别观,性别形象正在发生巨大转变。

新营销手段的分析。研究者都注意到这一手法的营销目的,尝试提出有效性的原因,可能是"跨性别广告暗示如果用了该产品,会让女性获得更多异性的认同和赞美"(尹丛丛,2014)。还有学者从传播学角度分析其有效的原因在于:新奇感强、易引起受众注意,视觉冲击力强、刺激受众观看兴趣,以及容易引起话题、产生舆论(李于织,2011),并支持该创意不局限于日化行业,国内可以尝试多应用。但也有人指出要慎重使用,不能盲目,"做得好是讨巧,做得不好会导致广告信息不明确"(Heron,2014)。

总的来说,相关研究是不够丰富的,且缺乏较为系统、客观、严谨的考察,因此笔者拟从创意策略所包含的诉求及表现两个层面,对当前的性别逆向代言广告作一全局式的量化分析。

2 研究过程

2.1 研究方法

本文主要使用解读式内容分析法(hermeneutic content analysis)(Wilfried & Christian,1999)。该方法通过精读理解、阐释文本内容的方式试图真实、客观、全面地反映文本内容的本来意义。解读不仅停留在对事实进行简单描述解说的层面,还从整体上来把握文本内容的复杂背景,发掘其真正含义(邱均平、邹菲,2004)。它建立在对文本进行分解并仔细阅读的基础上,但又要合并单项来理解。

具体而言,本文的分析层级包括广告诉求、广告代言人形象和广告表现手法(如表 2-1 所示):

表 2-1 分析类别

广告诉求		理性诉求	直接陈述、引用数据、利用图表、类比及其他
		感性诉求	情爱诉求(亲情、友情、爱情、乡情)、幽默诉求、恐惧诉求、怀旧诉求、性诉求及其他
广告代言人形象	代言人形象类型	对比内容	1. 不同性别的形象,即"性别逆向代言"广告中的男模特和同性代言广告中的女模特各自的形象 2. 同性别的形象,即"性别逆向代言"广告中的女模特和同性代言广告中的女模特的形象
		男性形象	通过文献搜索,并结合前期仔细阅读广告样本,将广告中的男性形象主要分为三类: 1. 成熟俊男:外表成熟、行为稳重的成功人士,有体面的工作,出入办公楼和高档场所,打扮有品位 2. 贴心暖男:细致体贴、能顾家、会做家务的男性,能够很好地体恤别人的情感,对妻子、女友柔情呵护 3. 花样美男:年轻、俊美、时尚健康的男性,注重外表,追求美丽,生活品位精致,注重保养 4. 宅男:长相普通、衣着落伍,社交生活贫乏,社会地位均不高,个性不鲜明的男性

续表

广告代言人形象	代言人形象类型	女性形象	通过文献搜索,并结合前期仔细阅读广告样本,将广告中的女性形象主要分为三类: 1. 青春活力少女:年轻的、青春的女性,妆容简单清爽,充满亲和力 2. 性感魅惑女郎:身材窈窕,相貌性感,衣着暴露,眼神挑逗的女性 3. 成熟知性女性:面貌姣好,装扮优雅,素质较高的时尚女性
	代言人形象和品牌个性		代言人作为使用者形象是影响品牌个性的最直接因素。分析: 1. 使用不同性别代言人所塑造的品牌个性是否不同? 不同点在哪里? 2. 使用不同性别代言人的广告与品牌的联系性强弱? 联系点在哪里? 2.1 明星个人气质与广告风格的一致性 2.2 明星个人形象与产品名称、特点的一致性 2.3 明星个人才艺与广告情节的一致性
广告表现策略	广告文案与修辞	文案	1. 广告文案的类别:画外音解说、人物独白、人物对白、歌曲、字幕等 2. 广告正文是否包含产品成分、特点、功效、价格等理性信息
		修辞	拟人、比喻、夸张、对偶、押韵、排比、反复、双关等
	广告画面与表现	广告色彩	广告片的主体色调,即占比最大的图像颜色
		代言人比重	代言人出镜次数与广告片镜头总数之比
		景别	特写、近景、中景、全景、远景

2.2 样本选择

根据研究目的,本文选择符合如下两个标准的性别逆向代言广告:一是该广告在中国内地或港澳台地区投放,二是该广告品牌既使用过女星代言,也使用过男星代言。收集资料过程中,笔者发现女性产品由男性代言的情形远远多于男性产品被女性代言,且业界、学界在使用"逆向代言"这一概念时,所指主要是女性产品的逆向代言,因此为了保证研究主题明确和样本丰富,本文分析的都是女性产品。结合文献阅读,从优酷、土豆等视频网站上共搜索到广告63 支,其品牌名、代言人和产品类别如表 2-2 所示:

表 2-2　性别逆向代言广告样本概况

品牌	逆向性别代言明星	广告篇名	同性代言明星	广告篇名	产品类别
思薇尔	陈小春(2001)	《公车篇》	河莉秀(2004)	《秀胸罩》	女性内衣
			胡晴雯(2006)	《玩魅文胸》	
			赖琳恩(2009)	《玫瑰篇》《木头人》《捉迷藏》	
			吴亚馨(2011)	《激爆深 V》	
奥黛莉	费翔(2001)	《金色奥黛莉》	洪小铃(2003)	《好胸波辣篇》《开运篇》	女性内衣
	杨一展(2012)	《善变篇》	王尹平(2013)	《舒波篇》	
蕾黛丝	明道、宋纪妍(2011)	《长大篇》《让你依靠篇》	陈乔恩(2010)	《吵架篇》《安全感篇》《留在家篇》	女性内衣
白兰氏	金城武(2003)	《让我照顾你》	小 S(2009)	《我怎么那么漂亮》	女性保健食品
			陈意涵(2013)	《守住青春》	
康乃馨	贺军翔(2007)	《轻柔篇》	S.H.E(2007)	《舞动天使》	卫生巾
自由点	江东城(2013)	《零感百变自由点》	阿 SA(2006)	《自由女神篇1》	卫生巾
			范冰冰(2010)	《自由女神篇2》	
DHC	周杰伦(2004)	《钢琴篇》《送货篇》	金喜善(2004)	《卸妆油》	女性化妆品
			尹恩惠(2006)	《维他命 C 亮采精华》《卸妆油》	
	Rain(2006)	《面膜篇》《卸妆篇》《按摩篇》	郭采洁(2008)	《一起 DHC 吧》《卡姆卡姆》《数羊》《不好意思小姐》	

续表

品牌	逆向性别代言明星	广告篇名	同性代言明星	广告篇名	产品类别
东洋之花	吴建飞（2007）	《心动篇》	何洁（2006）	《无穷水魔力》《果维多面贴膜》	女性化妆品
			Twins（2008）	《水润净白防晒乳》《竹翠水润面膜》	
旁氏	吴尊（2010）	《吸星术篇》	汤唯（2008）	《旁氏无暇透白》	女性化妆品
韩束	鹿晗（2014）	《一叶子新鲜面膜》	郭采洁（2014）	《一叶子新鲜面膜》	女性化妆品
				《墨菊巨补水》	
	鹿晗、郭采洁、林志玲（2015）	《你的秘密呢》		《晒美白》	
植村秀	窦骁（2011）	《庭院篇》《街道篇》《樱花树下篇》	山田优（2010）	《泡沫隔离》	女性化妆品
	李易峰（2015）	《找茶篇》			
碧欧泉	陈学冬（2015）	《暖男日记之萌系暖男》	姚晨（2010）	《睡美人晶莹霜》《活泉水份露》《新活泉水份露》	女性化妆品
	丁一宇（2015）	《暖男日记之霸道暖男》	Leighton Meeste（2013）	《明星绿活泉》	
容园美	陈伟霆（2015）	《面膜专家篇》	江铠同（2014）	《品牌篇》《水多多》	女性化妆品

2.3　研究结果

2.3.1　广告诉求对比

性别逆向代言广告整体上偏爱使用感性诉求，其中又以爱情诉求使用最多,同性代言广告则主要使用理性诉求,运用直接陈述或引用数据的手法告知产品成分、功效、特点和折扣等相关理性信息(见表 2-3):

表 2-3　广告诉求对比

品牌	性别逆向代言广告	同性代言广告
思薇尔	理性诉求:直接陈述	理性诉求和感性诉求均有使用 理性诉求:直接陈述 感性诉求:性诉求
奥黛莉	感性诉求:爱情诉求和性诉求	感性诉求:幽默诉求和爱情诉求
蕾黛丝	感性诉求:幽默诉求和爱情诉求	感性诉求:爱情诉求和性诉求
白兰氏	感性诉求:爱情诉求	感性诉求:幽默诉求和恐惧诉求

续表

品牌	性别逆向代言广告	同性代言广告
康乃馨	感性诉求:爱情诉求	理性诉求:直接陈述和引用数据
自由点	感性诉求:恐惧诉求	理性诉求:直接陈述和引用数据
DHC	感性诉求:爱情诉求	理性诉求:直接陈述
东洋之花	感性诉求:爱情诉求	理性诉求:直接陈述
旁氏	理性诉求:直接陈述	理性诉求:直接陈述
韩束	理性诉求:直接陈述	理性诉求:直接陈述和引用数据
植村秀	感性诉求:爱情诉求	理性诉求:直接陈述
碧欧泉	感性诉求:爱情诉求	理性诉求:直接陈述和引用数据
容园美	理性诉求:直接陈述和引用数据	理性诉求和感性诉求皆有使用 理性诉求:直接陈述手法 感性诉求:情爱诉求中的梦想诉求

以康乃馨卫生巾广告为例,贺军翔代言的《轻柔篇》通过塑造其在女朋友例假期间包揽各种家务,帮买卫生巾的温柔体贴形象来象征产品的轻柔特点。广告中关于产品的理性信息极少,几乎一句带过(如图 2-1)。反观台湾女子组合 S.H.E 拍摄的《舞动天使篇》,广告中三人活力四射、蹦蹦跳跳地陈述康乃馨卫生巾吸水性强、不易漏的产品特点,并使用数据如"720°四面锁水""2 in 1 魔力瞬吸体"等让消费者对产品有更全面的了解(如图 2-2):

图 2-1　男性代言人广告包揽家务手法

图 2-2　女性代言人引用数据手法

　　在化妆品牌 DHC 的广告中,诉求差异的对比更为明显。《钢琴篇》中,男星周杰伦扮演一位钢琴家,女主角则随着他的音乐翩翩起舞。《送货篇》中,周杰伦饰演 DHC 的送货员,女主角因为喜欢上他,所以经常打电话订购 DHC 的化妆品并期待再次见到。在《按摩篇》、《卸妆篇》和《面膜篇》三则广告中,男星 Rain 扮演温柔体贴的男友,耐心细致地为女友卸妆、敷面膜、按摩,充分给予对方宠爱。这两位男星代言的广告均使用感性诉求中的爱情诉求,除了片尾的随文订购电话,广告中完全不含产品信息。而金喜善、尹恩惠、郭采洁这些女星的代言广告均使用理性诉求,简单、直白地向受众传递大量产品理性信息和折扣信息,劝诱消费者速速购买。

　　此外,使用了相同诉求点的不同性别代言广告在具体的诉求方式上也有所差别。

　　容园美的性别逆向代言广告和同性代言广告都使用理性诉求,但男性代言广告既进行陈述又引用数据加以佐证,而女性代言广告只有直接陈述。

　　白兰氏的广告全部诉诸感性诉求,但具体方式各异。《让我照顾你篇》使用爱情诉求,白兰氏四物鸡精成为见证和维系恋人亲密关系的重要道具。《我怎么会那么漂亮篇》则使用幽默诉求,而《守住青春第一道防线篇》运用恐惧诉求,从反面渲染阳光、脏空气、经常打电话等都会让人衰老的风险。

　　同样使用感性诉求,不同性别代言广告中包含的产品信息量也不同。性别逆向代言广告几乎不含产品理性信息,同性代言广告则有适量产品介绍。在奥黛丽内衣的广告片《金色奥黛莉》中,自始至终描绘的都是男星费翔的端庄、优雅形象,没有任何产品介绍,而女星代言的广告虽然也使用感性诉求,但广告中仍有产品的剪裁、设计特点等信息。

2.3.2 广告代言人形象对比

(1)代言人形象类型

笔者比较了两类代言人形象:第一种是不同性别代言人的形象,即性别逆向代言广告中的男明星和同性代言广告中的女明星两者各自的形象,结果如表 2-4 所示;第二种则是同性别的形象,即性别逆向代言广告中的女模特和同性代言广告中的女明星的形象,如表 2-5 所示:

表 2-4 不同性别的形象对比

品牌	性别逆向代言广告 (男明星)	同性代言广告 (女明星)
思薇尔	宅男	性感魅惑女郎
奥黛莉	成熟俊男	成熟知性女性 性感魅惑女郎
蕾黛丝	成熟俊男 贴心暖男	性感魅惑女郎
白兰氏	贴心暖男	青春活力少女
康乃馨	贴心暖男	青春活力少女
自由点	花样美男	青春活力少女 成熟知性女性
DHC	贴心暖男	青春活力少女 性感魅惑女郎 成熟知性女性
东洋之花	贴心暖男	青春活力少女
旁氏	花样美男	成熟知性女性
韩束	花样美男	成熟知性女性
植村秀	贴心暖男 花样美男	成熟知性女性
碧欧泉	贴心暖男	成熟知性女性
容园美	成熟俊男	青春活力少女

表 2-5　同性别的形象对比

	性别逆向代言广告（女模特）	同性代言广告（女明星）
思薇尔	青春活力少女	性感魅惑女郎
奥黛莉	成熟知性女性 性感魅惑女郎	成熟知性女性 性感魅惑女郎
蕾黛丝	性感魅惑女郎	性感魅惑女郎
白兰氏	成熟知性女性	青春活力少女
康乃馨	成熟知性女性	青春活力少女
自由点	青春活力少女	青春活力少女 成熟知性女性
DHC	青春活力少女 成熟知性女性	青春活力少女 性感魅惑女郎 成熟知性女性
东洋之花	青春活力少女	青春活力少女
旁氏	青春活力少女	成熟知性女性
韩束	无	成熟知性女性
植村秀	青春活力少女	成熟知性女性
碧欧泉	青春活力少女	成熟知性女性
容园美	成熟知性女性	青春活力少女

　　逆向代言广告中的男性形象以"贴心暖男"居多，应用最广，覆盖各个品类。不同于传统男性形象坚毅、勇敢、充满阳刚之气的特点，"贴心暖男"是一种柔化的新男性形象。他们的外表并不强壮，但内心温柔细腻，体贴女性，在两性关系中不强势，愿意尊重女性，甚至接受弱势地位。在《萌系暖男篇》中，影星陈学冬扮演了一位不折不扣的暖男，会做饭，会打扫，在女主角出门上班前还细心送上保暖手套（如图 2-3，图 2-4）。

　　性别逆向代言广告的两性形象较为完整，一般既有男性形象也有女性形象，男性通常是呵护者、欣赏者的角色，女模特作为被呵护者出现，多为青春活力少女；而同性代言广告中大多都只有单独的女性形象，男性形象缺失，有 13 个品牌均属这种情况，女模特独自介绍推荐产品。而且这些女明星通常都是

图 2-3　陈学冬为女主角煮饭　　图 2-4　陈学冬为出门上班的女主角送上手套

性感魅惑女郎和成熟知性女性形象。

(2)代言人形象与品牌个性一致性。经过反复而仔细的阅读分析,笔者概括出品牌的逆向代言和同性代言广告各自的品牌个性关键词,并将其与代言人形象对比,考察两者是否一致,结论如表 2-6 所示:

表 2-6　代言人形象与品牌个性比较

	性别逆向代言广告		同性代言广告	
	品牌个性	联系点	品牌个性	联系点
思薇尔	幽默、有趣	一致:陈小春的谐星气质与广告的幽默风格	性感、妩媚	一致
奥黛莉	优雅、神秘	一致:费翔的端庄优雅与广告的大气风格	有趣、自信	不一致:代言人形象较为性感
蕾黛丝	有趣、安全感	一致:明道有趣、可靠的形象与产品名称"靠过来"胸罩	性感、安全感	一致:陈乔恩的性感形象与品牌个性
白兰氏	值得信赖	一致:金城武诚恳内敛的个人形象与品牌个性	青春活力	一致:陈意涵和小 S 的青春靓丽形象与产品功效和广告风格
康乃馨	温柔体贴	不一致:代言人形象偏花心美男	活力、动感	一致:S.H.E 的组合形象与产品名称、特点
自由点	青春活力	一致:汪东城的舞蹈才艺与广告情节	青春活力	一致:阿 SA 不一致:范冰冰

续表

	性别逆向代言广告		同性代言广告	
	品牌个性	联系点	品牌个性	联系点
DHC	自然、呵护	一致:周杰伦的钢琴才艺与广告情节 不一致:Rain 的形象偏性感型男	青春、有趣、性感	一致
东洋之花	温柔	一致:吴建飞的花美男形象与广告风格	自信、青春	一致:Twins 的组合形象与广告风格;何洁的唱歌才艺与广告情节
旁氏	清新、活力	一致:吴尊的花美男形象与产品特点	科技、专业	一致:汤唯的专业演员身份与广告情节、品牌个性
韩束	青春、正能量	一致:鹿晗的花美男形象与产品名称、特点	科技、有主张、自信	一致:郭采洁、林志玲的自信气质与品牌个性
植村秀	浪漫、温柔、青春、活力	一致:窦骁的温柔形象与品牌个性;李易峰的帅气、搞怪形象与品牌个性	大胆、前卫、专业	一致:山田优的形象气质与品牌个性
碧欧泉	温暖、贴心	一致:陈学冬的暖男形象与品牌名称、特点	自然、科技、高端	一致:姚晨的成熟知性气质与品牌个性
容园美	科技、专业	不一致:陈伟霆的形象较为青春活力	青春、可爱	一致:江铠同的青春活力形象与品牌个性

可以看出,当品牌使用不同性别的代言人时,品牌个性也会随之改变,并非始终如一。代言人的形象会强有力地影响整体的品牌个性,如蕾黛丝使用男星代言人时,品牌个性偏向趣味性,而使用女性代言人时,则偏向性感,两者差距较大;又如思薇尔内衣,男星代言人陈小春的幽默谐趣形象和广告的幽默诉求呼应,品牌个性与女星代言人的性感妩媚形象,大相径庭。相比之下,女性代言人广告的品牌个性会更为贴近品牌的一贯主张。如思薇尔的性感妩

媚,旁氏的科技、专业,韩束的科技、自信,植村秀的大胆、前卫、专业,碧欧泉的自然、科技、高档等,这些品牌主张在广告中表现得比较持续、突出。

总体而言,无论品牌使用同性还是异性代言,均有意识地让品牌个性与代言人形象呼应,未出现代言人形象和广告整体表现背道而驰的情形。这一点在性别逆向代言广告中体现得尤为明显,甚至带来广告为男星量身打造的感觉,广告本身也成为男明星形象的宣传片。如《金色奥黛莉》一片邀请知名导演执导,费翔在其中从各个角度充分展示自己的外表和演技,塑造其优雅、时尚的气质。

此外,性别逆向代言广告也更为重视联系的紧密性,也就是在创意细节、情节设计等方面充分地拉近代言人形象与品牌个性;如碧欧泉的男性代言广告将产品命名为"暖活泉",这与男星陈学冬扮演的暖男形象深度吻合,进一步加深受众的记忆。女性代言广告的明星形象与品牌个性的联系则较为平平。

2.3.3　广告表现策略对比

(1)广告文案与修辞。广告文案及修辞在不同性别代言人的广告中有如下区别(见表2-7):

表 2-7　广告文案与修辞对比

	性别逆向代言广告		同性代言广告	
	文案形式	修辞	文案形式	修辞
思薇尔	文案类别:人物独白、字幕 正文:产品特点信息	俚语	文案类型:画外音、字幕 正文:产品特点信息	拟人
奥黛莉	文案类别:人物对白、画外音、字幕 正文:《金色奥黛莉》无;《善变篇》含产品特点和产品折扣信息	押韵	文案类型:人物独白、对白、字幕 正文:包含产品剪裁、设计特点等信息	双关 夸张
蕾黛丝	文案类型:人物对白、画外音 正文:不含产品理性信息	双关	文案类型:人物对白、画外音、字幕 正文:含产品特点信息	拟人
白兰氏	文案类型:人物对白 正文:不含产品理性信息	无	文案类型:人物独白 正文:含产品成分的功效信息	无

续表

性别逆向代言广告			同性代言广告	
	文案形式	修辞	文案形式	修辞
康乃馨	文案类型：人物独白、画外音 正文：含少量产品特点信息	无	文案类型：人物独白、字幕 正文：含较多产品特点信息	无
自由点	文案类型：人物独白、字幕 正文：含少量产品特点信息	双关	文案类型：人物独白、字幕 正文：含较多产品特点信息	双关
DHC	文案类型：画外音、字幕 正文：不含产品理性信息	拟人	文案类型：人物独白、画外音、字幕 正文：含较多产品特点、效果、折扣信息	无
东洋之花	文案类型：画外音 正文：含少量产品理性信息	无	文案类型：人物独白、画外音 正文：含较多产品功效信息	无
旁氏	文案类型：人物独白、画外音 正文：含少量产品理性信息	夸张	文案类型：画外音、字幕 正文：含较多产品功效信息	无
韩束	文案类型：人物独白 正文：含产品成分信息	无	文案类型：人物独白 正文：含产品成分、功效信息	无
植村秀	文案类型：人物独白、歌曲、字幕 正文：含少量产品理性信息	比喻	文案类型：画外音 正文：含产品特点、功效信息	比喻
碧欧泉	文案类型：人物对白、画外音、字幕 正文：几乎不含产品理性信息	拟人	文案类型：人物独白、画外音、字幕 正文：含较多产品成分、功效信息	无
容园美	文案类型：画外音、字幕 正文：含产品理性信息	无	文案类型：人物独白、画外音 正文：《品牌篇》不含产品理性信息；《水多多篇》包含产品功效信息	对偶

男性代言广告的文案类型较为丰富,有人物独白、对白、画外音解说、字幕、歌曲。女性代言广告的文案相对单一,以人物独白居多。多样化的文案类型可以充分发挥语言文字的作用,如 2015 年 3 月,植村秀邀请明星李易峰作为其主打产品绿茶新肌洁颜油的代言人拍摄《大家来找茶》的广告,采用音乐MV 的形式,歌词改编自唐代诗人卢仝的《谢孟谏议寄新茶》,形式新颖,风格贴切,在官方微博上大受好评。

从广告正文来看,男性代言广告的广告正文大多不含产品理性信息,或者含有少量的产品特点、成分等信息,这与其主要使用感性诉求的策略是相符的。而女性代言广告的正文一般含有较多产品成分、特点、功效、折扣等理性信息。

在文案修辞方面,男性代言广告使用修辞的数量和形式都比女性代言广告略多一些。比喻、拟人和夸张是两者都常用的修辞,与一般的广告修辞相似。男性代言广告还使用了俚语,这与其代言人的选择是分不开的,如思薇尔的广告《公车篇》中,喜剧明星陈小春使用台湾地区俚语"Q 喔"来生动地表现产品服帖、有弹性的特点。

(2)广告画面与表现。广告色彩的搭配注重主次配合,本文考察的支配性的主色调,即背景色彩和场景色彩。代言人比重通过评估代言人出镜次数与广告镜头总数之比所得,分为一半以下、一半、过半、全部这四种情况。景别则考察代言人形象的大小比重。结果如表 2-8 所示:

表 2-8　广告画面与表现对比

	性别逆向代言广告			同性代言广告		
	主色调	代言人比重	特写画面	主色调	代言人比重	特写画面
思薇尔	浅蓝、浅绿、红色	过半	无男星脸部特写,女模特裸露程度低,胸部特写少	黑色、粉色、蓝色、紫色	过半	胸部特写多,女星裸露程度高
奥黛莉	黑色、金色	一半以下	《金色奥黛莉》男星眼神特写多,女模特裸露程度低,无胸部特写;《善变篇》有少量胸部特写	灰色、橘红色、黑色、金色	过半	胸部特写多,女星裸露程度高

续表

	性别逆向代言广告			同性代言广告		
	主色调	代言人比重	特写画面	主色调	代言人比重	特写画面
蕾黛丝	黑色、白色	全部	男星脸部特写少,女模特胸部特写少,裸露程度低	紫兰色	过半	胸部特写多,女星裸露程度高
白兰氏	大地色	一半	有较多的男星脸部特写	白色、粉色	过半	女星中、近景较多,脸部特写少
康乃馨	灰色、粉色	过半	男星中、近景较多,有脸部特写	白色	过半	无女星特写,以人物中景居多
自由点	黄色、绿色	过半	无男星脸部特写,中、近景居多	白色、蓝色、黄色	过半	以近景居多,有女星臀部特写
DHC	白色、浅灰	过半	无男星脸部特写	白色、粉色、裸色	过半	有较多女星脸部特写
东洋之花	蓝色	过半	多人物中近景,无男星脸部特写,有女模特脸部特写	蓝色、黄色、白色	过半	有较多女星脸部特写
旁氏	白色	过半	无男星特写,以全景出镜	白色、黑色、金色	过半	有较多女星脸部特写
韩束	白色	过半	有男星脸部特写	紫红色、白色、黑色	过半	全景居多,有较多女星脸部特写
植村秀	粉色、绿色	过半	人物多全景、中景,有男星眼部特写	黑色	过半	人物多近景,有较多女星脸部特写
碧欧泉	大地色	一半以下	人物无特写	蓝色、绿色	一半以下	有较多女星脸部特写
容园美	银色、蓝色	一半	男星以全景出镜,无特写	白色、淡蓝色、绿色	过半	有较多女星脸部特写

性别逆向代言广告的色彩和品牌识别的关系较弱,与广告创意关系较强,同性代言广告则恰好相反。逆向代言的广告,其色彩和"讲故事"场景相符,如白兰氏和碧欧泉均以大地色为主,如棕色、米白、卡其色,主要用于反映故事的场景。同性代言广告,其色彩都较为真实地再现了产品或产品包装的色彩。思薇尔的同性代言广告色彩完全与产品色彩一致,白兰氏、康乃馨、自由点、韩束、碧欧泉等的同性代言广告色彩与产品包装、品牌标志的色彩相似。也就是说,同性代言广告使用的色彩,对品牌识别的作用更大。比较特殊的例子是植村秀的广告,它的两支性别逆向代言广告都兼顾品牌识别和广告创意的要求,色彩既是产品包装色,也是场景主色调。樱花季泡沫隔离底妆液限量版系列广告使用高明度粉红色,绿茶新肌洁颜油则使用绿色。

就代言人的出镜比重而言,女性代言广告比男性代言广告要高一些。女性代言人既是产品推荐者,也是产品使用者,身兼数职的她们拍摄频率显然更多。

对比两类广告的特写镜头,男性代言人的特写较少,女性代言人特写较多,包括脸部、胸部等。许多广告特写脸部目的在于最大化展现产品的特色和使用效果,提高说服力。同时,胸部和脸部的特写是性诉求策略的直接表现,吸引消费者注意,赢取好感;男性代言人的景别都以中景、近景居多,中景被认为是叙事功能最强的景别,可以兼顾人物之间、人物与周围环境之间的关系;近景着重表现人物面部表情,传达人物的内心世界,是刻画人物性格最有力的景别,这与性别逆向代言广告叙事性强、感性诉求为主、刻画男性内在性格形象的特点相符合。

从横向对比,同一品牌使用不同性别代言人的广告景别和画面内容重点也有区别。由女性代言的内衣广告,女星裸露较多,胸部大、特写多,性感诉求明确。在男性代言的广告中,女模特裸露较少,没有太多胸部特写。

3 结论与启示

通过系统阅读和理解 63 支广告视频,本文发现性别逆向代言广告在诉求和表现两方面,都与同性代言广告存在差异,证明两者的创意策略有偏重。

(1)性别逆向代言广告的诉求偏爱感性诉求,具体诉求点为爱情,同性代言广告则主要使用理性诉求。即使后者也应用感性诉求,它所包含的产品信息也较逆向代言广告多。

(2)现有性别逆向代言广告中的男性形象以贴心暖男最多,与其搭配的女性形象则是青春少女,男性扮演体贴、尊重的角色。但在同性代言广告中,知性和性感两类女性最多。相应地,广告中女性的脸部和胸部特写等性诉求要素,在同性代言广告中居多。

(3)性别逆向代言人的个人形象会强势影响品牌个性的塑造及表达。品牌个性会随着性别代言人的不同而发生偏离。同性代言广告的品牌个性则更具有一贯性。相应地,性别逆向代言人的形象与代言品牌和产品的联系更紧密。

(4)性别逆向代言广告的文案形式、修辞更为丰富,色彩与广告叙事关系强,与品牌识别关系弱,同性代言广告的色彩与品牌识别要素一致。

可以看出,性别逆向代言广告创意的核心是代言人与品牌及产品的关系,笔者认为这正是逆向代言广告能吸引受众注意,引发好感,切实发挥效果的主要影响因素。

代言人和产品的相关性分为形象相关性和专业相关性,形象相关性是指品牌形象和代言人形象越匹配,说服效果越好(Kirmani & Shiv,1998)。优秀的性别逆向代言广告,深度结合了品牌形象和代言人形象,通过故事性强的叙事手法来塑造一致性,丰富的文案、渲染情节的色彩均和它配合。反之,两种性别的代言人形象不同,品牌个性和主张就会模糊,产生歧义。

如碧欧泉是隶属于欧莱雅集团的高端护肤品牌,产品独特卖点是高科技的天然矿泉活细胞因子。它的这一形象在同性代言广告中体现得较为淋漓尽致,代言人姚晨扮演自信、优雅、知性的都市女性。性别逆向代言广告中,暖男形象成为主角,虽然此形象塑造得较为成功,甚至连产品名称也嵌入"暖"字,细节设计到位,但整体传达出的广告调性是温馨的,与之配合的女模特也不再是独立女性,转而为职场新人。这些都与碧欧泉一贯的品牌主张不符,代言人形象损害了消费者的品牌认知。

专业相关性,则是指代言人的职业身份和产品所属行业的一致性,Boyd & Shank(2004)证明,运动员代言的运动产品广告比非运动员代言的效果要好,代言人如果具有相关知识经验,在消费者看来是专家,就能增加他们产品的信任(Till,2008)。这就能解释为什么逆向代言广告多采用感性诉求,而女性代言广告多用理性诉求。因为女性可以面向目标受众充分传达产品的特点,而男性却无法亲身使用体验产品,他们只能扮演女性的关爱者来间接感染受众。假如广告直接让男性介绍产品使用经验,就会引起反感和争议。例如2013年投放的汪东城代言卫生巾广告,男影星带领青春美少女跳热舞,亲自说出广告文案:"那几天,不自由,就像机器人。女人就要自由点!自由点七日无感卫生巾,薄到 0.1,薄得好自由!"

该广告马上引发网络热议,大多数评价均为负面,消费者认为男影星无法亲身体验产品,无法辨别产品的真实效果,没有发言权。还有的消费者认为,生理周期向来是女性私密话题,男性直接谈论,女性觉得隐私被侵犯。这两类意见正好说明了该广告既没有注意产品和专业的相关性,也没有塑造出品牌形象和代言人形象的一致性。

对于广告主而言,使用性别逆向代言的确应更为谨慎。代言人的选择需考虑和品牌形象的一致性,还要考虑和同性代言广告所塑造出品牌形象一致性。使用两性的代言人策略,比普通同性代言更对企业的品牌定位和塑造策略提出挑战,因为代言人选择最终是企业品牌策略的一部分。创意上,简单的陈述和叫卖手法不适合性别逆向代言。创意独特,叙事精巧,情节完整,表现精良的要求更高,否则会严重损害广告效果。

性别逆向代言广告尚属新颖的,尚未在业界形成稳定操作模式的创意手法,本文率先通过内容分析来总结其策略的特殊性,并尝试提出原因和建议。后续研究有两个建议:一是目前的性别逆向代言主要是指女性产品,而男性产品由女性代言的情形极少,这一差异与企业的品牌规划策略是否有相关性,是否与社会主流价值观有关,值得深思;二是性别逆向代言的效果的细化分析。

参考文献

[1] BOYD T C, SHANK M D. Athletes as product endorsers: the effect of gender and product relatedness [J]. Sport marketing quarterly, 2004, 13(2): 82-93.

[2] 方雅青. 男偶像挑逗女粉丝的爱,男性代言深入女人心[J]. 国际广告, 2005, 12: 32-35.

[3] FREIDEN J B. Advertising spokesperson effects: an examination of endorser type and gender on two audiences [J]. Journal of advertising research, 1984, 24(5): 33.

[4] HERON. 男星代言女性产品广告能否玩得转[EB/OL]. [2015-05-06]. http://www.meihua.info/a/38514.

[5] AMMA K, BABA S. Effects of source congruity on brand attitudes and believes: the moderating role of issue-relevant elaboration [J]. Journal of consumer psychology, 1998, 7(1): 25-27.

[6] 李剑飞. 玩转广告:创意的游戏精神[M]. 北京:首都师范大学出版社, 2009.

[7] 李于织. "性别逆向代言"广告的功用与启示[D]. 沈阳:辽宁大学, 2011.

[8] 邱均平,邹菲. 关于内容分析法的研究[J]. 中国图书馆学报, 2004(2): 12-17.

[9] TILL B D, STANLEY S M, RANDI P. Classical conditioning and celebrity endorsers: an examination of belongingness and resistance to extinction [J]. Psychology & marketing, 2008, 25(2):179-196.

[10] BOS W, TARNAI C. Content analysis in empirical social research [J]. International journal of educational research, 1999, 31(08): 659-671.

[11] 徐振杰. 女性商品, 男性代言电视广告中的"新"男性形象与再现意涵[J]. 传播与管理研究, 2010, 3(2):133-159.

[12] 尹丛丛. 偶像们的跨性代言[J]. 齐鲁周刊, 2014(36):48-49.

[13] 郑爽, 李蕾. 跨性别广告另辟蹊径异性消费者买账吗？[N]. 第一财经日报, 2012-11-02, (6).

性别逆向代言化妆品广告中的
男性形象解读

[摘要]性别逆向代言广告诞生于 1995 年,以女性化妆品广告最为突出。本文对 50 支性别逆向代言化妆品广告中的男性形象进行归类和解读,探讨其符号消费意义。有四类男性形象常见于性别逆向代言化妆品广告中,分别是"花美男"、"有型男"、"文艺男"和"明星男"。通过解读典型广告文本,本文认为虽然男性形象符号的能指和所指都各有不同,但经过符号学第一层表意系统和第二层表意系统的层层揭示,可以发现"性别逆向代言"化妆品广告隐藏的第三层面意识形态是一致的,即"男性主导的社会现实"。在意识形态中,女性使用化妆品主要是为了得到男性的关注和欣赏。

[关键词]性别逆向代言;男性形象;符号学

性别逆向代言广告自 1995 年诞生于日本,流播至台湾地区,再在韩国发芽,如今又将枝叶伸展到中国大陆。在这十几年的成长历程中,性别逆向代言广告大多同时赢得"眼球"和"利益"。性别逆向代言广告被运用于多种产品品类,但是相较于女性代言男性专用产品,男性代言女性专用产品的现象更普遍。直观感受是性别逆向代言广告中的男性形象与一般广告存在明显区别,其中又以女性化妆品广告中的男性形象最为典型。到底哪些男性形象是这一类型广告的主角? 如何从消费文化层面进行解读? 这构成了本文的研究缘起。

1 研究背景

"性别逆向代言"的提法,通常指在广告中原本男士专属的商品由女性代言,女士专属的商品由男性来代言(李于织,2011)。对其开展的研究,应从属于媒介与性别的领域。

性别逆向代言这种新的广告形式从开始出现到现在也就十几年,对中国大陆来说,更是新奇,研究者对性别逆向代言广告的研究大多停留在现象描述以及市场影响的猜测。

业界最早关注这种新颖的广告代言现象。如方雅青(2005)描述了男性代言女性用品的逆向广告操作手法,她指出"男性艺人为女性用品进行代言的风气于焉形成。男性偶像的魅力与女性心目中梦中情人的影响力是厂商最想借重的原因。"李剑飞(2009)将风靡于日本、韩国及中国台湾的性别逆向代言广告视为新的创意游戏,称之为"性倒错"。

业界也预测广告中的"新性别观"对亚洲营销市场的影响。如2005年《亚洲华尔街日报》分析女性地位的逐渐上升,收入的连连升高使得营销人士不得不重视这群新时代女性群体,试着用"温柔美丽"的男性形象来博得女性受众的喜爱和好感。

对于广告中与众不同的男性,有学者注意并发起初步分析,如徐振杰(2010)试图挖掘"新"男性形象背后的意识形态。

但总体而言,学界还无法充分地对此广告现象开展细致研究,也无法通过较为科学客观的方法来总结出性别形象的特色和规律,本文试图做出尝试。

2　研究过程

2.1　理论框架和研究方法

性别形象指"以生物特征为根据,在一定时期内为特定社会文化人群认可并具有性别识别功能的个体存在方式,它是社会规范与个性表达的动态博弈,反映了社会的张力"(王昕,2012)。

性别形象多元化是发展趋势,传统社会性别形象正在改变甚至消失,社会个体拥有更多可能;多元化同时还促使由选择空间扩张导致的个人选择意识的增加。在传统时代,我们不能选择与性别相关的角色、身份,只能按照文化与制度的安排去做。但在消费时代,传统的安排被打破,人们的主体性随着可选择的品种与选择的可能性增加被培养出来。

在性别逆向代言广告中,笔者使用性别形象的框架来理解这一现象,先通过归类,提炼出最为典型的形象模式,再试图从消费、性别、媒介三者的关系来分析。

符号学方法是分析广告的主要工具,符号学理论将所有语言都视为符号,是能指与所指的统一。能指指物理层面可以感受到的声音和形象,是符号的物质形式;所指则指由这种声音和形象在人的心里引发的概念,是符号的内容。符号的能指和所指之间关系是任意的,可以人为建构(陈阳,2007)。这就为广告随意建构人物形象的能指与所指的关系提供了理论依据,也为男性形象作为符号出现提供了理论基础。

法国学者罗兰·巴尔特(2009)进一步强化了符号的文化语境,认为符号的意义在文化中被建构。他将符号的研究对象拓展到图像领域,认为语言和图像都是符号,提出"视觉修辞"的概念。这为本文分析广告中的男性形象的符号意义提供了理论依据。

根据符号学理论,广告中的男性形象至少具有两个表意层次的符号。在第一个表意层次上,广告中男性形象的点、线、面等物质形式作为能指,其所指是这些物质形式组成的特定的男性形象,这一层次的能指与所指结合起来,成为第二表意层次上的能指,指向特定的所指,即该男性形象代表的生活方式、某种价值观念等隐含义或神话。

具体分析时,本文的目的不在于描述符号本身,而在于发现每个符号的能指和所指之间的关系。因此分析步骤是:先尽可能多地列举文本中出现的重要符号,然后指出重要符号的能指和所指分别是什么,最后指出这些重要符号体现哪些隐含义或神话,甚至意识形态。

广告文本主要来源于百度视频,收集到日本、韩国、中国台湾及中国大陆已播出的男性代言女性化妆品电视广告共 50 支。通过反复观看收集到的视频资料,将广告中的男性形象进行分类,运用符号学方法对各类男性形象所包含的符号学意义进行分析和总结。

2.2 研究结果

50 支广告中的男性形象相互有相似之处,可归纳为四种类型:在独立空间中与女主角亲密互动的、面容俊美的青年男子形象;穿着职业套装或深色服饰的、身材高大、面容成熟的中年男子形象;在开放空间中的、穿着浅色休闲服饰的、面容清爽的年轻男子形象;在没有故事情节的广告中以本人身份代言的男明星形象。

根据这四个相似之处,笔者将广告中的男性形象界定为"性感诱惑的花美男"(8 支)、"成熟魅力的有型男"(6 支)、"清新自然的文艺男"(30 支)及"本色出演的明星男"(6 支)四类。

以下将结合广告文本,分别讨论四种男性形象的符号意义:

2.2.1 性感诱惑的花美男

"花美男"大多是具有良好外形的年轻男子,表现为:匀称的身材、俊美的面容、光滑的皮肤、浓密秀美的头发、挺拔的鼻子、迷人的眼神。不同于社会大众普遍认同的阳刚男子气概——粗犷的外表、充满力量、声音低沉、表情坚毅,"花美男"的气质是带着诱惑的性感:他们温柔地在女性耳边低语,轻轻地抚摸女性的长发,与女性亲密地互动……

"性别逆向代言"广告的第一例出现在 1995 年的日本,以俊美容貌著称的日本男星木村拓哉为日本 Kanebo 化妆品公司旗下口红拍摄的代言广告。从画面里昏黄的光线和男女主角亲密互动的广告内容来看,木村拓哉代言的系列广告主要是"性感诱惑"路线。

广告分为《尝试篇》与《假寐篇》两个版本,两个版本的广告中都出现的重要符号的能指是:一个在昏黄的光线笼罩的房间里和女主角有亲密互动的英俊男子;一个有着一头中长带卷的秀发,有着连女子都比不上的精致五官的"花美男"。受众根据能指和所指之间的相似性,将广告中表现"花美男"形象的物质表现形式——木村拓哉的相貌、动作、身材、神情——结合起来,就成为容貌俊秀的"花美男"形象。这是符号的第一层表意系统,即所指。第一层表意系统是容易理解的,因为它是图像符号,我们可以用所看即所得的方式来解读。符号的隐含义则是潜在的,这里"花美男"的隐含义是:关注流行娱乐(如热播电影电视剧、流行音乐等)并紧跟潮流的年轻女孩普遍追捧的对象。

在《尝试篇》里出现的重要符号的能指有:木村拓哉自己给自己涂上 Kanebo 口红,眼神直勾勾地盯着镜头,仿佛在诱惑在他对面的那个人。而后还抿嘴唇,表情既性感又挑逗,之后他还细心地为女友涂上口红。符号的所指是"花美男"有着性感诱惑的外表以及对待女性时温柔体贴的魅力。由第一层表意系统得到符号的隐含义是:Kanebo 口红的吸引力连"花美男"都无法抗拒,甚至要亲身体验才满足;使用 Kanebo 口红的女性能吸引"花美男"关注自己,得到"花美男"更多的呵护和关爱(如图 2-1、图 2-2)。

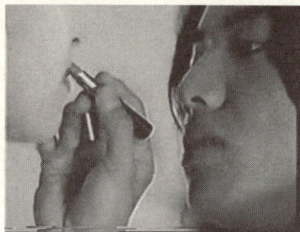

图 2-1　木村拓哉给自己涂上 Kanebo 口红　图 2-2　木村拓哉为"女友"涂上 Kanebo 口红

在《假寐篇》里出现的重要符号的能指有：女友在侧身假寐的木村拓哉身旁涂口红，只看得清女友的动作，仍看不清她的全部面容，上身裸露的木村拓哉慵懒翻身的动作十分性感；女友涂完口红之后，又拿口红偷偷地往正在假寐中的木村拓哉的嘴唇上涂，木村拓哉睁开睡眼，抓住女友拿着口红的手，似乎想要惩罚调皮的女友。以上能指指向的所指是：使用 Kanebo 口红的女性及"花美男"与"女友"之间的亲密互动。更进一层，广告通过明示义传达的隐含义是：看不清面容的女友更容易让广告受众自我代入，把自己想象成"花美男"身旁的那个人，使用 Kanebo 口红的女性能够得到自己爱慕的"花美男"的青睐；女性使用 Kanebo 口红能够激发与恋人间的亲密互动，给生活增添更多情趣（如图 2-3、图 2-4）。

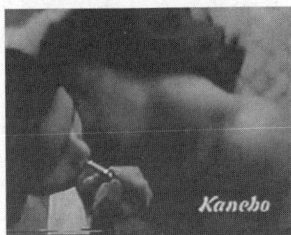

图 2-3　"女友"在侧身假寐的
木村拓哉身旁涂口红

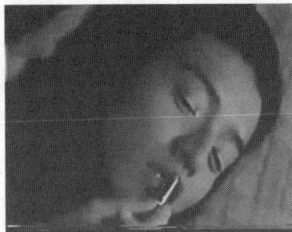

图 2-4　木村拓哉抓住给他涂口红
的"女友"的手

从以上分析可以看出，Kanebo 口红广告中的男性形象符号构建的是：追求潮流的时尚年轻女性所倾慕的"花美男"，会被使用 Kanebo 口红的女性所吸引并与她建立亲密的关系。木村拓哉扮演的主人公的背景是模糊的，他本人是演员，也是歌手，其公众形象就是"花美男"。在广告中，木村拓哉本人仅仅是符号的能指，其塑造的广告形象才是符号所指。大多数广告受众，特别是其"粉丝"，往往把木村拓哉本人和广告形象混淆在一起，原因是广告编码者故意利用肖像符号的这种特点，达到广告的宣传目的。因此木村拓哉已经和自己扮演的角色合二为一，成为符号，代表着性感、诱惑、体贴、美男子等 Kanebo 口红的目标消费者所喜爱的品质。换句话说，Kanebo 口红广告中的男性形象符号构建的神话即：只有使用 Kanebo 口红的女性，才能赢得木村拓哉这样的"花美男"的青睐。

这则广告引领了"花美男"代言女性化妆品这种创意手法和表现方式的潮流。在之后出现的性别逆向代言广告中，相当一部分沿袭这种"性感诱惑"的画面感，以及"'花美男'被某种女性化妆品吸引，进而接近使用该化妆品的女性角色/自己使用/为女性角色涂抹该化妆品"的广告情节。如 2004 年 9 月，韩国"花美男"明星元彬为韩国女性化妆品 Missha（谜尚）唇膏代言，广告中元彬与扮演女朋友角色的女演员亲密互动、性感撩人；再如 2012 年 2 月，日本男子偶像二人组合"泷与翼"受邀担任在年轻女性中富有人气的日本化妆品品牌 24h cosme 的 CM 形象代言人，拍摄系列广告《疑问篇》与《演唱篇》。在《疑问篇》里，"泷与翼"的成员泷泽秀明与今井翼分别与两位扮演他们女友的女演员拍摄了有亲密互动的广告，两人的"花美男"外形成为广告的最大亮点。

2.2.2　成熟魅力的有型男

"有型男"在这里指的是外表成熟、行为稳重的中年男子，表现为：面容棱角分明、身材高大健壮、嗓音磁性、眼神深邃、穿着职业套装或深色修身的休闲装、举止彬彬有礼。与大众媒体塑造的"成功人士"形象类似：他们有体面的工作，出入办公楼和高档场所，打扮有品位，有高雅的爱好。

2006 年韩国男演员张东健代言韩国化妆品品牌 Missha（谜尚）。张东健在为 Missha（谜尚）拍摄的广告中蓄着小胡子，不加修饰的发型，一身休闲西装，衬托出他高大的身材，周身散发着略带沧桑的成熟男人魅力。张东健本身在其影视作品中一直以散发成熟男人魅力的形象广受追捧，广告将张东健已经在大众心目中建立的成熟男人的形象与广告角色结合，构成"成熟魅力的有型男"的能指。所指是人生经历比较丰富的中年男人，其隐含义则是已经进入社会的职场女性所欣赏的，有丰富人生经历的成熟男性。

广告中并未出现其他角色，只是张东健独自在酒吧、茶馆、各种休闲场所中寻觅着神秘的"M"字母，其所指是 Missha（谜尚）化妆品品牌具有神秘的魅力，从而指向——使用 Missha（谜尚）品牌化妆品的女性会增添让张东健这样沧桑的中年男人苦苦寻觅的神秘魅力——之隐含义（如图 2-5、图 2-6）。

图 2-5、图 2-6　张东健在酒吧和茶馆寻觅神秘的"M"

总的来说，Missha（谜尚）化妆品广告希望通过张东健的"成熟男人"形象构成"成熟魅力的有型男"的符号，从而在其目标受众——已经进入社会的职场女性心中构建"使用 Missha(谜尚)品牌化妆品能增添让张东健这样的成熟型男苦苦寻觅的神秘魅力"的神话。

再比如,2012 年台湾地区男星何润东为日本彩妆品牌 MAXRED(玛思红)的"cc 翘睫毛膏"拍摄的代言广告。广告中出现的重要符号的能指有:何润东剃过胡须,下巴铁青,身着深色贴身上衣,健硕的好身材一览无遗,给人成熟可靠的感觉,而何润东在画板前操作画笔的画面,更是给他的成熟可靠增添了一层知性的光芒;画中的女子风姿绰约,在何润东为其刷上"cc 翘睫毛膏"后,画中人被赋予生命,女子从画中走出,与何润东深情对视。何润东扮演的男主人公所指的是事业有所成就,生活健康,有内涵有文化的成功人士,隐含义是已经进入社会的职场女性希望交往,甚至结婚的理想对象;画中女子因何润东为其刷睫毛膏而被赋予生命的所指是:使用"cc 翘睫毛膏"能让女人增添魅力,进而揭示符号的隐含义——即使用"cc 翘睫毛膏"的女性更有机会接触到理想的交往对象——成熟知性的成功人士(如图 2-7、图 2-8)。

图 2-7　何润东坐在画板前　　图 2-8　画中女子在何润东为其涂上
　　　　　　　　　　　　　　　　　　　　　睫毛膏后被赋予生命

哪个成熟女性不希望找到这样一个理想的男性伴侣? 为此消费者趋之若鹜,购买自己理想男性形象代言的化妆品。但事实上化妆品并不能使每个人找到理想伴侣,更有可能的是,那些拥有理想伴侣的女性恰好在使用化妆品。也就是说,广告并非是在陈述事实,而是通过一个"成熟魅力的有型男"的形象来制造现代神话,其最终目的是催生消费欲望。

以上两例均为在"性别逆向代言"化妆品广告中运用"成熟魅力的有型男"的男性形象的典型案例,但这种类型的男性形象在性别逆向代言化妆品广告中运用相对较少。同类的案例还有 2007 年玄彬为韩国女性化妆品品牌 Somang(所望)拍摄的代言广告《审问篇》和《造型师篇》,以及 2008 年 6 月台湾男星周渝民为 Lancôme(兰蔻)品牌玫瑰晨露光唇膏拍摄的代言广告等。

2.2.3　清新自然的文艺男

"文艺男"是近几年流行的关键词,他们具有文质彬彬的气质,拥有干净温暖的笑容,常常穿着白色休闲衬衫,亲近大自然,有一两个"文艺范儿"的爱好,如弹吉他、绘画、园艺等。"文艺男"常常出现在会发生纯情浪漫情节的地方,如海边、星空下、春花遍野的郊外等。

笔者选择 THE FACE SHOP(菲诗小铺)作为性别逆向代言化妆品广告中男性形象"清新自然的文艺男"类型的典型代表,原因有二:

一是 THE FACE SHOP(菲诗小铺)自 2005 年首次邀请韩国男明星权相宇担任代言人后,于 2008 年邀请韩国男明星裴勇俊,2010 年邀请韩国男明星金贤重,2012 年邀请韩国新晋男子组合 EXO-K 担任其代言人。可见性别逆向代言已成为 THE FACE SHOP(菲诗小铺)广告的主要特色之一,并且在 2005 年至 2013 年的八年时间里,性别逆向代言的广告形式已经为 THE FACE SHOP(菲诗小铺)和广大受众所认可。二是不论 THE FACE SHOP(菲诗小铺)代言人如何变动,其广告风格都是自然清新,广告中的男性形象都属于"清新自然的文艺男"类型,这与其崇尚自然主义的核心理念也是相当契合的。

以 2005 年春权相宇为 THE FACE SHOP(菲诗小铺)的"White Tree(白树)"系列拍摄的代言广告为例。广告没有女主角,能指是权相宇,独自一人或闭眼享受阳光,或仰头在白树的枝里叶间寻找,一颦一笑都流露着温柔。最后的镜头是权相宇头戴白树缀着红色果实的枝条编成的花冠,缓缓转头,眼神直直看向镜头外的受众,再慢慢挑起嘴角,好像在说"跟我来吧,和我一起享受白树的滋养吧。"所指是崇尚健康自然的生活方式的年轻男子。能指和所指构成第一层表意系统,指向的隐含义是 THE FACE SHOP(菲诗小铺)推崇"自然主义",主张化妆品"纯天然,无污染",强调 THE FACE SHOP(菲诗小铺)化妆品对使用者皮肤没有伤害的品牌理念。

图 2-9　权相宇闭眼享受阳光

图 2-10　权相宇头戴花冠

权相宇在代言期间拍摄的除《White Tree(白树)篇》外的《海浪篇》、《洋甘菊篇》、《金盏花篇》和裴勇俊在 2009 年为 THE FACE SHOP (菲诗小铺)代言时,拍摄的《竹子保湿篇》、《法兰西玫瑰篇》以及《吉他篇》都属于这种表现形式——拥有英俊容貌、俊美身材的男子,在美好清新的自然环境中自在地展示他的"文艺范儿",他弹吉他、观察花朵并做绘图笔记,坐在草地上享受阳光……他带着亲切的笑容,用温柔的声音述说着大自然的美好,配合着产品在自然环境中出现的画面,引导受众将产品与自然联系起来,产生积极的品牌联想(如图 2-9、图 2-10)。

图 2-11 裴勇俊弹吉他　　　　图 2-12 权相宇观察花朵并做绘图笔记

权相宇和裴勇俊在广告中构建了"清新自然的文艺男"的符号能指,所指是向往城市外大自然的美好清新风景,希望回归简单自在的生活,带有文艺情结的女性欣赏的男性形象。从而向广告受众传达神话,即 THE FACE SHOP (菲诗小铺)这种"源自天然"的化妆品,能够让使用它的女性即使身在城市也能拥有自然的美好清新,以及有着同样生活态度的男性伴侣(如图 2-11、图 2-12)。

这种"清新自然的文艺男"自得其乐的表现形式,在崇尚自然清新的女性化妆品品牌的广告中非常常见。如 2011 年 10 月崔始源为韩国彩妆品牌梦妆的"秋冬花颜凝时"系列拍摄的代言广告,广告在充满温和光线的花房中拍摄,色调清新自然,拥有干净面容和文艺气质的崔始源手持代言产品对着镜头说出广告语,语调轻柔;再如同年元彬为 LG BEYOND 化妆品拍摄的代言广告,元彬一身素色,在树林中缓步行走,直到找到身着白色衣裙面容清爽的女主角。

2.2.4 本色出演的明星男

"明星男"指在广告中扮演自己的男明星,他们在广告中使用本名,造型与舞台上或影视作品中的造型相似,个人特色也与明星所属领域相关。比如周杰伦在 DHC 广告中弹奏钢琴的情节就与他"音乐才子"的称号相对应。

以 OLAY(玉兰油)2012 年 11 月 12 日在中国大陆开展的"玉兰油花肌悦——晨花女孩俱乐部"活动的广告为例。OLAY(玉兰油)邀请知名台湾地区男歌手林宥嘉与内地男主持人李响担任"玉兰油花肌悦——晨花女孩俱乐部"的活动代言人,在中国大陆各高校选拔品牌的女性代言人"晨花女孩"。从定义上来说,这个案例确实属于男性代言女性化妆品的性别逆向代言广告,但它的表现形式与之前提到的广告都不一样:林宥嘉与李响只是以"倡导者"和"明星"的现实本色身份参与广告,向"玉兰油花肌悦"系列的主要受众——女大学生们提倡一种健康的生活方式,即"早一点,做晨花女孩",并凭借明星的个人魅力吸引更多女大学生参与到活动中来。

这个广告以追踪活动进展为主要内容形成一个系列,在最开始的导入广告中,林宥嘉和李响对着镜头发问并回答"大学应该怎么过",引出他们对心中的"晨花女孩"的描述,穿插女生努力实现梦想的故事,说明活动的主旨、进行方式,最后林宥嘉和李响共同对屏幕另一端的目标受众发出邀请。在广告中,两位代言人的能指是拥有众多粉丝的明星形象,所指则是对社会公众有着积极影响的、正面的榜样形象。上文中其他三种类型的广告间接利用明星的影响力,男明星在广告中扮演的是忽略了个人信息和社会背景的角色,而玉兰油活动广告直接利用林宥嘉和李响的明星身份。所以第二层表意系统的隐含义是:粉丝响应活动的积极程度可以显示明星的人气和号召力,甚至向广告受众传达偶像能为粉丝提供实现梦想机会的神话(如图 2-13、图 2-17)。

图 2-13、图 2-14　林宥嘉与李响发问并回答"大学应该怎么过"

图 2-15　李响描述心中"晨花女孩"的形象

图 2-16　女生努力实现梦想的故事之一

图 2-17　林宥嘉和李响共同发出邀请

从广告来看,似乎社会已经为每个消费者提供了施展才华、打造成功的平台,你只要奋斗,没有什么可以阻挡你,一切的社会矛盾、冲突、不公正等,全部销声匿迹。广告中男性形象的符号意义被提升到了一种传播社会文化和消费观念,影响消费者行为方式的高度。

再比如"好男儿"吴建飞 2007 年为中国大陆化妆品品牌"东洋之花"拍摄的代言广告。吴建飞在广告中扮演作为明星的自己,讲述了他在表演完后来到后台,为一直在舞台后面等待他的女友送上礼物——东洋之花的护肤品——的故事。广告的所指是:在舞台上光鲜亮丽的明星,在后台会褪下光环成为贴心男友。由第一层表意系统得出符号的隐含义是:"粉丝"使用明星偶像为女友选择的化妆品,追随偶像的品位,也能自我代入地认为是偶像为自己挑选的,从而在心理上与偶像建立超越粉丝的关系(如图 2-18、图 2-19)。

图 2-18　吴建飞结束表演回到后台

图 2-19　吴建飞为等候已久的
女友送上化妆品

总体看来,用符号学解读性别逆向代言化妆品广告中的男性形象,不论是"花美男"、"有型男"、"文艺男"还是"明星男",广告通过这些男性形象希望传达的神话都是:只要使用广告中的化妆品,就更有机会拉近自己与目标男性(理想伴侣/偶像明星)的距离。虽然性别逆向代言从表面上看,是女性消费者在消费为广告代言的男性,但在经过符号学第一层表意系统和第二层表意系统的层层揭示,"男性主导的社会现实"的第三层面的意识形态也显露出来:在性别逆向代言化妆品广告隐藏的意识形态中,女性要得到自己欣赏的男性对象的青睐,就要通过使用广告中的化妆品的途径。换句话说,女性使用化妆品只是为了得到男性的关注和欣赏。

3　讨论

有关符号的另一个重要概念是"符号消费",由法国思想家让·鲍德里亚于 1970 年出版的《消费社会》中提出。鲍德里亚基于符号的能指与所指不受规则制约的任意关系的理论,提出商品使用价值与其所代表的精神概念之间也没有必然联系的观点。他认为,商品早已变成象征性的符号,只有成为符号的商品才能被消费。在如今的消费社会中,人们不再一味追求商品的功能性,而把目光转向商品的象征意义,人们消费的不是商品的使用价值而是符号价值。正如鲍德里亚(2000)所说:"人们从来不消费物的本身(使用价值)——人们总是把物(从广义的角度)用来当作能够突出你的符号,或让你加入视为理想的团体,或参考一个地位更高的团体来摆脱本团体。"从这个角度而言,广告中的男性形象无一例外的都是被消费的偶像,而受众也进行着象征性消费。

3.1　被消费的偶像

性别逆向代言化妆品广告中塑造的花美男、有型男、文艺男和明星男,都以各自独特的个性和气质赢得大众喜爱,他们在广告中的生活方式、职业特征、服饰打扮等已经成为许多女性欣赏的男性所应具备的条件。而且在性别逆向代言化妆品广告中塑造男性形象的,都是有一定名声和影响力的男明星,所以在广告传播的过程中,他们也变成被消费的对象,一种新的消费方式的符号。男性形象的文化内涵与其所代言产品的价值内涵共同指向广告的品牌意义,构成一个时刻被消费着的符号系统。

以台湾地区偶像男演员贺军翔为其代言化妆品品牌 Natural Beauty(自然美)所拍摄的《天使篇》为例。贺军翔在广告里扮演爱慕女主角白皙肌肤的天使,没人看得见他。贺军翔跟着女主角搭出租车、乘电梯、上班,一路上吃了很多苦头,最后在女主角躺在自然美 SPA 生活馆的椅子上做美容时,"天使"贺军翔终于有机会悄悄在女主角耳边告白:"好想咬一口哦!"

贺军翔在之前的影视作品中多以酷帅造型示人,但广告中贺军翔背着巨大的白色翅膀,一脸委屈,鼻子贴着创可贴的样子,展现了他不如意的一面,而不像他以偶像明星身份示人时的光鲜亮丽、意气风发。但正是贺军翔的"示弱",反而让受众觉得他更可亲可爱(见图 3-1、图 3-2)。

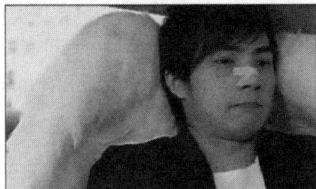

图 3-1　贺军翔鼻子贴着创可贴　　　图 3-2　贺军翔在女主角耳边告白

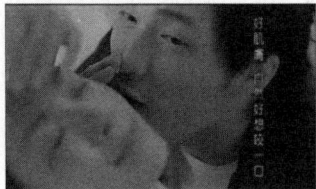

在广告的塑造下,贺军翔的形象便定格为"追求者"的符号,成为部分女性受众向往的标志,他成为被消费的符号而存在。大部分购买 Natural Beauty(自然美)化妆品的消费者并不见得是因为其效果更好,而是因为偶像贺军翔是品牌的代言人。与其说广告在推销自己的化妆品,不如说大众在广告中消费偶像贺军翔的形象。

广告的成功需要消费者认同贺军翔本人的形象和广告所塑造的贺军翔形象的内涵,二者构成一个特定的形象符号。大众通过选择 Natural Beauty(自然美)化妆品,实现了对偶像符号的消费意义:使用 Natural Beauty(自然美)的化妆品,能让自己更美,从而赢得更多男性,甚至偶像贺军翔的爱慕和追求。

可以这样去理解男明星在广告意指过程中的作用:男明星与广告中的产品原本是两个互不关联的符号,但在广告符号系统的意指作用之下,两者之间发生了意义的转移关系。出现在广告当中的男明星,并不是单纯的自然人,而是作为承载了丰富意义和价值内涵的形象符号出现。在广告这个复杂的符号体系当中,男明星成了广告符号的能指,而广告希望传达的品牌理念、产品的价值意义和文化内涵成了广告符号的所指。使用某男明星推荐使用的产品,能够体验明星的生活方式、价值观,能够满足心理上接近偶像的愿望。即使不能购买产品,象征性地消费一下男明星形象也是一种精神满足。

如今在大众传媒和现实社会中,广告更多地是在建立品牌形象,弱化了商品本身的使用价值。事实上,不同品牌的同类商品的品质和功能相差无几,消费者在消费时,看重的不再是商品本身的功能,而是购买和使用该商品能够获得怎样的身份认同,以及广告能否带来品味上的提升和心理上的满足。

3.2 广告制造消费欲望

广告的目的就是要把普通的东西变得不普通,把可要可不要的东西变成必需品,从而勾起我们的消费欲望。正如学者王宁所说:"广告的又一个目的在于使消费者感觉到某种匮乏和不足,同时又告诉消费者解决这种匮乏感的办法:那就是去购买广告中的商品。广告向你暗示:拥有了这种商品,你就拥有了某种文化意义和人生价值,因为这种商品就是这种意义和价值的化身;错失了这种商品,你就将面对一个生活的遗憾。"

因此一个女大学生可能会分不清,自己是因为自身需要,还是为了有机会与偶像接触,或者是相信"晨花女孩"的活动能改变她的生活习惯,让她能鼓起勇气为梦想努力才购买玉兰油化妆品。广告就是通过人物形象传达商品的文化意义,使商品也符号化了。正是通过商品符号意义的创造,同时也创造了消费者的消费欲望和习惯。

当人们面对无法实现真正的消费行为的商品时,只能通过消费广告中的形象来满足消费欲望。即不购买实物,只是消费广告中的人物形象,这就是象征性消费,实际上就是消费欲望的替代性满足。在当下的中国市场上,商品的极大丰富是相对的,人们的实际购买力也是相对的。事实上,商场的货架上有一相当部分商品并不属于必需品,面对这些商品时,消费者的购买力相对较低,所以这些商品很多时候要依靠广告来"教育"消费者,通过广告传达某种价值观和生活方式,引起消费者的消费欲望。于是当消费者具备购买力时,就很有可能产生消费行为,而当消费者不具备购买力时,他们也能通过品味广告中的人物形象来实现替代性的消费满足。因此,普通大众虽然没有实际消费,但却通过广告实现了商品的符号意义。广告中的人物形象被生动演绎,让消费者产生"亲身经历"的感觉,于是象征性消费体验与实际消费体验交融,使消费者通过解读广告人物形象的符号意义,进入到广告编造的神话之中。

从符号学的角度看,广告把某个商品的能指与并不具有必然联系的意义所指嫁接到一起。这样,受广告形象影响的消费者所消费的就不仅仅是产品的使用价值,还有人为焊接上去的符号价值或象征意义。由于广告在能指与所指、产品与意义之间的这种任意联结,它常常具有欺骗的性质。所以才有学者批判"广告具有消费文化的一切特点,它是幸福生活的空幻许诺,是社会矛盾与个人生存困境的虚幻解决,它通过迎合消费者模式化的文化心理,满足消费者的深层欲望,从而发挥其意识形态功能"(陶东风,2006)。因此,广告中的男性形象不再仅仅是广告商推销商品的中介,也是我们确认自己身份的凭证,更是传达社会消费意识形态的工具。

参考文献

[1] 陈阳. 大众传播学研究方法导论[M]. 北京:中国人民大学出版社,2007.

[2] 方雅青. 男偶像挑逗女粉丝的爱:男性代言深入女人心[J]. 国际广告,2005(12):32-35.

[3] 索绪尔. 普通语言学教程[M]. 高名凯,译. 北京:商务印书馆,1980.

[4] 李于织. "性别逆向代言"的功用与启示[D]. 沈阳:辽宁大学,2011.

[5] 李剑飞. 玩转广告:创意的游戏精神[M]. 北京:首都师范大学出版社,2009.

[6] 巴特. 神话修辞术:批评与真实[M]. 上海:上海人民出版社,2009.

[7] 鲍德里亚. 消费社会[M].南京:南京大学出版社,2001.

[8] 鲍德里亚. 在使用价值之外[M]. 罗钢,王中忱,译. 北京:中国社会科学出版社,2000.

[9] 陶东风. 广告、谎言与意识形态[J]. 广告研究,2006(5):77-91.

[10] 王昕. "性别形象"的后现代解释:基于消费时代的来临[D]. 北京:中国人民大学,2012.

[11] 徐振杰. 女性商品,男性代言电视广告中的"新"男性形象与再现意涵[D]. 台北:辅仁大学,2010.

男性和女性护肤品的广告语比较研究

[摘要]随着护肤品市场日益细分,男性护肤品广告逐渐增多。本文通过内容分析法,研究男性和女性护肤品广告的诉求及修辞手法,从中探讨两性的消费心理以及语体特征。发现理性诉求中,男性注重清洁和便捷,而女性注重皮肤质地和抗衰。感性诉求中,男性强调因形象良好而带来的社会成就感及性魅力,而女性更强调外貌本身的美感以及由此带来的心理愉悦。两性广告都偏爱使用夸张、拟人、对偶等常用修辞,但男性护肤品广告尤其喜爱使用双关、拟人制造幽默和动感,而女性护肤品广告更常用夸张,营造梦幻。针对男性的广告标题普遍较短,符合男性语体特征。

[关键词]护肤品;男性;女性;广告语

随着广告学、营销学、心理学等学科发展及在实际中的运用,商家和广告人早就意识到市场需要细分,广告传播也需选择特定的目标受众,才能有的放矢地展开攻势。广告文案,即通常所说的广告语,承担了重要的说服职责,从它身上,可以看出商家对受众的心理洞察程度,也能体现针对不同人群的沟通策略。

护肤品市场,一直以来几乎都由女性占领,唯有女人才淡妆浓抹,若是男性也涂涂抹抹,则可能被视为异类。如今随着社会发展,男性逐渐开始注重皮肤的保养并成为一种趋势。

在二十世纪六、七十年代,国外已有很多品牌生产男士专用护肤品,如碧欧泉 Biotherm、曼秀雷敦 Mentholatum、妮维雅 NIVEA、宝仕 BOSSE、雅男士 Aramis 等。自 1992 年我国第一个男性护肤品品牌"高夫 GF"建立以来,国内越来越多的男士专用护肤品品牌相继诞生,如大宝、丁家宜等。

《礼记》有云,"男女有别",这句话既说明男性女性对护肤的要求不同,产品设计的功能不同,也说明广告说服应该洞察男性女性不同的消费心理,从而选择更有效果的广告语。

有鉴于此,笔者收集近年来各大护肤品品牌的广告,通过内容分析法来归纳面向不同市场的护肤品广告,在选择广告表达策略、广告语形式等方面的共性和差异,为广告文案撰写提供参考,也能从中窥视出两性心理的奥妙之处。

1 研究背景

护肤品是"滋润、营养、保护或美化皮肤的化妆用品"(郭全生,2012),可根据不同的标准进行分类,其中就有根据消费者的性别分为男性护肤品和女性护肤品。

我国护肤品市场的发展历程可分为四个阶段:第一阶段是 20 世纪 70 年代至 1982 年,彼时上海产地品牌垄断国内市场,以上海家化为代表;从 1982 年到 1996 年,为第二阶段,以跨国公司抢滩中国,国际品牌进驻国内市场为标志。土洋品牌泾渭分明,欧莱雅、玉兰油、强生、资生堂等国际品牌瞄准高收入的年轻女性,产品定价较高。广东的小护士、丁家宜等快速占有市场,平民化的品牌大宝也是成功的一员。此外,安利、雅芳等外国品牌把直销模式引入中国。这一时期,跨国品牌和本土品牌少有正面交锋,各自占据着高端、中低端市场;第三阶段则是 1996 到 2002 年,本土品牌开始专业细分市场,谋求突围。2002 年护肤品的市场规模已为 1982 年的 200 多倍,定位于大众消费品的国内品牌从功能市场、细分市场、专业市场上寻找卖点;2002 年至今则是第四阶段,跨国品牌纷纷向中低端延伸,如雅芳的低价子品牌"UP2U";本土品牌则向中高端跨越,如成功进入高端市场的上海家化佰草集,竞争更为激烈(谷俊,2013)。

截至 2010 年,我国护肤品品牌共有 1 300 多种,护肤品销售额占到化妆品市场总量的约 1/3,高档进口品牌的主要消费者为大中城市的高薪和高收入消费群,以中青年女性为多,品牌主要来自欧、美、日等。国内知名的民族品牌则主要面向第二消费群,以中等收入的中老年人居多。第三消费群体以农村市场为主,品牌以国产低价者居多(谷俊,2010)。

当前,联合利华、欧莱雅、宝洁、强生和资生堂等几家国际巨头形成寡头竞争之势。低端市场则为 3 000 多家本土中小企业瓜分,其中取得较好成绩的有大卖场渠道的相宜本草、百雀羚,专营店渠道的珀莱雅、丸美、美肤宝、自然堂,百货渠道的佰草集等品牌。市场处于多品牌竞争状态,中档产品的市场份额有较大幅度上升。广受人们欢迎的品牌主要有雅诗兰黛、欧莱雅、兰蔻、香奈儿、资生堂、玫琳凯、雅芳及迪奥等。护肤类产品销售中,玉兰油、高丝、欧珀莱、羽西、采诗、强生、资生堂及丁家宜等分别在洗面奶、面膜、面霜市场崭露头角(日用化学品科学,2014)。

男士护肤品品牌中,最早成立的有高夫、碧柔、妮维雅,后有巴黎欧莱雅,随后越来越多的品牌瞄准男士护肤这一广阔市场,推出多款男士系列护肤品。高端护肤品市场里,迪奥、资生堂、兰蔻、娇韵诗和碧欧泉等几乎所有的一线品牌都陆续开发男士产品(陈东,2008)。以碧欧泉、兰蔻、倩碧和资生堂等为首的男士产品把持着高端市场。在大众护肤品市场里,以妮维雅、巴黎欧莱雅为代表的男士产品牢牢占据中档市场。吉列、卡尼尔、丁家宜、花王碧柔和曼秀雷敦等一批国内男士产品品牌基本上在中档及以下层面较量(邱宁,2011)。

2 研究回顾

在营销学领域,男性和女性对护肤产品的不同消费心理较早就被关注。

2.1 男性的消费行为心理

目前中国的男性护肤品消费以功能性消费为主,即消费动机主要是护理功能的(程水英,2009)。功能驱动是为了完善自我,自身的护理功能需求是消费的核心驱动力。从男性皮肤的生理特点出发,男性护肤品的配方主要针对粉刺和油性等问题性肌肤,功能层面以清洁、润泽、修复为主。同时,工作、生活压力、环境等因素都会直接或间接地破坏男性皮肤的健康,毛孔被油污堵塞形成的暗疮或粉刺是男性皮肤的护理要点(刘宏伟,2011)。产品的质量和实用性是影响男性购买的重要因素,男性消费者购买行为具有目的性,对产品的选择较为理性(蒋开屏,2006),男性护肤品的功能诉求正符合了这些特点。

在功能驱动之上,情感驱动也是男性消费心理的一种,这是为了完美自我,男性消费者对护肤品的需求上升到情感层面,主要表现为消费带来心理的满足。通过护肤,成就完美的自我,构建"由内而外"的男人魅力(程水英,2009)。男性越来越注重修饰外表的原因,主要来自人际交往压力,职场中的竞争、男性比例在服务领域的日益增多等,都对男性外貌有更高的要求(刘宏伟,2011)。男性消费者更偏好品牌,且有特殊的消费倾向。青年男性追求时尚和潮流个性、渴望成就、变化无常、冲动性较强,壮年、中年男性消费稳定、追求品质、计划性强,会用更高档的商品显示自己的成就和社会地位(蒋开屏,2006),男性护肤品的情感诉求主要针对这些特点。

就男性护肤品的广告文案而言,有学者研究男性对于护肤品的接受度、对于广告语的接受度、传统的男性形象、新时代男性特征、男性能力的凸显等五个方面(曾莉芬,2008),以此来指导广告语创作。大部分男性都意识到在现代工作中"一张干净的脸"的重要性,由此男性护肤品广告文案可以多用"领导的赏识"、"第一印象"、"情绪缓解"、"关键时刻"等关键词,契合男性的心理需求。男性消费者最喜欢的广告语有"健康肌肤,自信男人"和"喜欢运动,喜欢活力"。此外,与传统和保守的广告相比,男性更喜欢幽默广告。调查还发现几千年以来传统的男性形象在当代社会仍然是根深蒂固的,作为物质财富的创造者,男性承受更多的责任和压力,男人的面子和尊严等传统意识仍然处于主导地位,"成功"是获取男性们信任的一个重要诉求点。新时代男性特征,则以"责任感"为首,依次有"才华和能力"、"智慧"、"稳重"、"有内涵"、"有一定经济基础"、"坚持自我,有主见"。这就意味着广告在描述典型消费者形象时,可以塑造具有类似特征的代言人。男性最希望拥有的能力,前五名分别是"人格魅力"、"人际交往能力"、"专业能力"、"影响力"和"思想力",在社交中所呈现出来的魅力和影响力是最能打动男人的,广告诉求也可相应地从此入手。

2.2 女性的消费行为心理

男女的思维方式、心理需求等被认为是有差异的,因此他们对护肤品的关注点不同,购买行为也有所差异。在护肤产品属性上,女性最关注产品的品质价格、包装和携带的方便性;在护肤品消费结果上,女性最重视使用产品后给他们带来的自我感受,如使用完护肤品后,感觉到变化翻天覆地,更美白、更有吸引力、更自信,更能产生社会认同感;在护肤品价值观方面,女性追求的是享受生活和受到别人尊重,还包括地位成就感以及和睦人际关系等价值观。这三个层面的消费特点其实相互联系、密不可分,形成清晰的方法—目的链。借助产品包装获得社会认同,满足受尊重的根本目的,因此企业可以通过改变护肤品的包装,让消费者方便携带,以便女性们随时补妆,从而受到他人的羡慕和尊重(陈浪,2013)。

2.3 护肤品广告文案的研究

2.3.1 诉求分析

大多数护肤品广告语多使用抽象的模糊词,比一般产品广告更偏爱感性诉求,即利用美好的词汇、美丽的画面,创造合适的、积极的情感体验,使消费者对商品形成较好的感觉和联想,产生"移情"效应,激发人们的购买行为。

大多数美白护肤品广告会大量提到"润"、"白"、"美"这三类概念较为模糊的词。不同种类护肤品广告语的比较可知,人们较为熟悉的、中低端商品会用含蓄的方式表达用途和特点,给人们留下的感性印象越深刻,人们的购买冲动越强烈;而高档产品则采取理性诉求策略,将产品如何解决皮肤问题解释得更为清楚(卢清颖,2014)。

2.3.2 语体分析

护肤品广告在语音、词汇、语法、修辞四个方面各具特色。好的广告语应富有美感,在韵律上达到声情并茂的效果;护肤品广告的词汇多使用具有褒义色彩的形容词来美化和粉饰产品效果。此外,较多使用比较级或最高级也是显著特征;语法上,简单句、省略句、祈使句的使用频率相当高,简短的文字可传达品牌的核心理念及产品优势,省略句同样醒目、简洁明了地抓住核心,而祈使句在心理上鼓动人心、引起共鸣,催化了消费者的购物行为;修辞上,夸张、对偶、拟人是护肤品广告最常用的三种手法,它能对产品功效进行渲染,拉近与消费者的心理距离(孙奕,2014)。

还有学者通过直接—间接语用策略分析护肤品广告,发现其语用策略主要是间接性或者模糊性的,即多用形象、婉转的表述方法,所选词汇美好、积极、不精确(卢清颖,2014)。

护肤品广告的语体特征与女性语体特征有相似之处,主要有三点:一是使用强化词,如"独特"的体验、"非凡"的呵护、"最尊贵"的品质;二是使用颜色词,如淡蓝色凝露质地,水绿调芳香,自然色、象牙白等;三是女性修饰词,如柔滑、水嫩、娇嫩、璀璨等(刘慧,2008)。这三种语体特征通常更能吸引女性消费者的注意并获得她们的喜爱,进而打动她们,引起购买欲。

2.4 男性和女性护肤品广告的对比研究

从护肤品的品名词语来看,女星护肤品的质料词语运用的类别丰富,数量为男性的9倍,男性护肤品广告未出现维生素、花卉、糖及其他化学成分等类别,说明比起男性,女性护肤品更倾向于产品质料的宣传(郭全生,2012)。从广告语体及物性分析,女性护肤品广告的诉求表现十分重视对消费者购买和消费行为有重要影响的内在因素,尤其是对美的追求(梁洁,2010)。女性是消费主体,她们在购物时更倾向于感性消费,广告中的描述词汇多为褒义性形容词,多与美丽相关(孙奕,2014)。

男性护肤品广告诉求更加理性,更注重客观的叙述,注重对产品本身性质的描述,广告笔墨集中在产品对肌肤和肌肤问题的作用上,多用"男士"作为人称代词。而女性护肤品广告更为感性,兼顾叙述和描述,更加生动,心理过程更主观,重视消费者体验,通过互动建立联系,使语篇具有亲切感、人情味,广告笔墨集中于对女性皮肤的描写上,突出产品效果,打动人心,广告参与者中较常出现第二人称代词"你"(冯苗苗,2008;2009)。

总体而言,国内对于护肤品广告的研究已有一定的积累,男女的消费心理分析得较为透彻。但具体到男女护肤品广告文案的差异上,前人大多是未进行性别分类的整体研究,或者只笼统地体会到差异,而未做具体的统计分析,量化手段较少,或者就某一特定问题开展研究。因此,笔者希望通过更为客观的方法,综合而全面地,从内容到形式分析文案各个要素,展示出当前两性护肤品广告的异同。

3 研究过程

3.1 研究方法

为了能描述和归纳出现象中的规律,内容分析是较为合适的。本研究选择的广告样本来自《瑞丽服饰美容》和《男人装》的中国版《FHM》,前者是发行量位于全国第一的时尚杂志,后者是中国第一本也是发行量第一的全国性男性杂志,具有代表性。考虑到男性护肤品总量不如女性护肤品,因此也将发行量位列前列的其他男性杂志作为补充。

女性护肤品广告,从《瑞丽美容服饰》2013 全年平面护肤品广告中,各个月份随机挑选 30 则;男性护肤品广告,从《男人装》中收集 2010 至 2012 年三年的全年护肤品广告,数量不足 20 个,补充从《时尚健康》《流行 COOL 报》《型男志》《GQ 智族》和《GQ 潇洒》等杂志中随机挑选的三年内广告,共凑足 30 则,均排除重复。

在编码标准上,共设计了四个量表,理性诉求量表、感性诉求量表、修辞手法量表、句式长短量表,包括了广告文案的内容分析和语体分析。前人研究尚未对诉求进行详细的分析,而修辞是广告语特色的重要内容。由于一则广告可包含多个诉求点和修辞手法,所以编码时均全部记录。

理性诉求即功能诉求,广告语的诉求主要体现在标题和正文上。已有研究发现,男性和女性护肤品的功能有清洁、保湿润肤、抗炎抗敏、控油清痘、美

白祛斑、抗皱(何黎,2011),修复、健康润泽等(程水英,2009),结合其他文献
(郭全生,2012;王磊静,2009),并通过前期预览广告,总结出十六种功能,分别
是:清洁控油、补水保湿、润泽、防晒、美白、均衡肤色、抗衰老、抗炎抗敏、祛斑、
祛痘、抗疲劳、修护、修颜、便捷、功效全面、速效。

由两个编码员进行编码,三个量表信度均符合要求。

表 3-1　护肤品广告理性诉求量表

理性诉求	释义	例子
清洁控油	含有表面活性剂等清洁成分,具有清洁、软化角质的作用;含有能充分清洁皮肤表面过多皮脂的表面活性剂、抑制皮脂分泌的成分	1. 挑战皮肤零油光! 2. 男人的夏日利器 轻松解决油腻　清爽面对夏日
补水保湿	指增加皮肤细胞内水分,使皮肤滋润有弹性;保湿指防止皮肤内水分流失,维持皮肤水润	1. 激活细胞正能量　为肌肤保湿充电! 2. 水润活力　保湿王牌
润泽	在普通保湿剂的基础上,添加一些皮肤屏障修复成分,达到恢复皮肤屏障的作用,使皮肤变得光润亮泽	1. 重量级滋润　轻量级质感! 2. 365 天,滋润无休 3. 让水润肌肤无惧环境侵扰!
防御	包括防晒、防护和防卫等,能够抵挡或吸收紫外线、阻挡粉尘侵扰等,达到保护皮肤的作用,防止皮肤损伤、晒黑	1. 重建保湿屏障　提升肌肤防御力 2. 防晒更修护　一瓶蔽日光
美白	清除、淡化皮肤黑色素沉着,抑制黑色素生成,由内而外改善皮肤肤色,使之变白	1. 渴望没有斑没有黄的净澈裸肌? 深度美白　深澈到底 2. 告别美白针 3. 立体净透,终极美白
均衡肤色	改善皮肤颜色不均匀的情况	促进循环　均匀肤色
抗衰老	减少皱纹,延缓皮肤老化,增加肌肤弹性,重返年轻等	1. 弹走细纹　注入年轻弹力因子 2. 不老之道　还幼之尊

续表

理性诉求	释义	例子
抗炎抗敏	产品具有抗敏、抗炎作用的活性成分,质地温和,可缓解皮肤刺激反应	1. 男士"零敏"净须必备1+1 2. 温柔防护敏感肌肤
祛斑	主要含有干扰或抑制黑素合成、转运等活性成分,以抑制或减轻色素沉着	1. 层层吞食黑色素 2. 净白淡斑不反复
祛痘	具有消除痤疮皮损功效	去油、抗痘,赢得彻底!
抗疲劳	减轻疲倦、疲劳的症状,改善倦容,使人感到精神充沛	1. 男人专属的活力武器! 2. 秋日抗倦容 活力支招!
修护	包括修复和养护。修复受损的皮肤,如晒伤、红肿、发炎等,和(或)皮肤保养	独特薰衣草光感微粒,修正暗黄和红血丝
修颜	通过带颜色的颗粒、乳液遮盖皮肤斑痕、黑眼圈等瑕疵,修正肤色	1. 全天持久 清爽不脱妆 2. 至透至薄 沁裸"呼吸妆"
便捷	产品携带方便、使用方法步骤简单,使用过程简单	只要五分钟简单打理 保湿只需2 STEP
功效全面	一种护肤品具有多重功效,能一次性解决多种皮肤问题	1. 防晒+保养一次完成! 2. 8重功效1瓶搞定
速效	产品起效快,效果显著	1. 你需要一种快速密集的修复方法! 2. 天然薄荷,瞬间唤醒肌肤

感性诉求即情感诉求,也可称为心理诉求,编码主要来自 William F. Arens(2010)的分类,并结合护肤品特点加以选择和修改,最终确定八种:愉悦感、自我满足/形象魅力、时尚感、性吸引力、社会成就感/人格魅力、安全感、健康感、舒适感(见表3-2):

表 3-2　护肤品广告感性诉求量表

感性诉求	释义	例子
愉悦感	指产品能够让人从内心感到快乐,心情变得愉悦,满足自我的精神需求	1. 每天感受一新! 2. 年轻"气"盛,就是现在!
自我满足感/形象魅力	指产品令使用者外貌、肤质出众而给其带来的骄傲,即对个人外貌的满足自信,强调形象魅力	1. 不老之道　还幼之尊 2. 懂保养,才是型男!
时尚感	指产品因款式新颖、技术先进而让消费者自觉品味时尚、紧跟潮流、引领流行等	1. 巨星级美白方案　兰蔻震撼呈现 2. 掌握新男人肌准
性吸引力	指产品能让使用者对异性更有吸引力,包括浪漫情感和性吸引	1. 洗澡洗成万人迷! 2. "现在,靠得再近也不怕!"
社会成就感/人格魅力	指产品能够让消费者提高解决问题的能力、改变在他人眼中的地位、实现自我价值,强调迎接挑战的成就感及他人尊重并视之为典范榜样的尊贵感。	1. 一切,从容面对! 2. 面不改色,焕白出色。 3. 时刻保持充沛活力,没有倦容,直面重重挑战!
安全感	指产品因原料、技术、产地等方面出众,品质安全有保障,效果可靠,让消费者感到安全性,包括安全感的强调和直接的安全性	1. 皮肤科医生 VS 美容编辑美白问答面对面 2. 法国活泉·安心安全
健康感	指产品能够赋予或改善使用者的身心健康,包括气色、神情、能量、活力等	1. 再忙,也要时刻神采飞扬。 2. 揭开肌肤生生不息的能量奥秘
舒适感	指让人感觉清爽、舒服、放松,对身心没有负担	1. 至透至薄　沁裸"呼吸妆" 2. 冰炭合一,爽! 3. 清爽防护不黏腻

　　修辞手法的统计,从广告标题判断,共分为八类,即比喻、夸张、拟人、设问、谐音、双关、对偶、反问。这主要参考了一些学者对广告常用修辞的归纳(孙奕,2014;王国全,2004;初广志,2005),如表 3-3 所示:

表 3-3　护肤品广告修辞手法量表

修辞手法	释义	例子
比喻	一种常见的修辞,即利用广告宣传内容与另一事物之间的某种相似性,用该事物象征宣传内容	精油深活水　养出水晶肌
夸张	指广告语通过一些言过其实的说法,迅速提升商品吸引力,引起消费者强烈的情感想象与共鸣	1."世界第八大奇迹" 2. 法国褐藻美肤传奇
拟人	把事物人格化,从而更形象地表达情感,让读者感到亲近生动	激活细胞正能量　为肌肤保湿充电!
设问	提出问题,引起读者注意,启发思考。	渴望没有斑没有黄的净激裸机?深度美白　深激到底
谐音	即用同音字或近音字代替本字,使广告语具有别样的韵味	掌握新男人肌准
双关	指在特定语境中,借助语音或语意的联系,有意使语句同时关联两种意思(事物)	1. 男人　速战速洁 2. 年轻"气"盛,就是现在!
对偶	也称对仗,即把结构相同或基本相同、字数相等、意义上密切相联的两个短语或句子,对称地排列	精准定位抗老,由内重塑年轻
反问	加强语气,引起共鸣,与广告受众形成一种互动关系	何不让水润由肌底焕亮?

　　句式长短统计广告标题,将字数小于等于十个字的标题记录为短句,大于十个字的标题命为长句(初广志,2005)。

3.2 研究结果

3.2.1 护肤品广告的理性诉求分布

表 3-4 统计了男性和女性护肤品广告各自使用理性诉求的分布及比重：

表 3-4　理性诉求的分布

理性诉求	男性护肤品广告	理性诉求	女性护肤品广告
清洁控油	23	润泽	21
抗疲劳	17	抗衰老	20
补水保湿	16	补水保湿	13
功效全面	12	防御	12
润泽	11	美白	9
抗衰老	9	修护	9
便捷	9	速效	9
速效	6	修颜	7
防御	5	功效全面	7
修护	5	均衡肤色	6
抗炎抗敏	3	抗炎抗敏	5
美白	2	祛斑	5
均衡肤色	1	清洁控油	3
祛痘	1	抗疲劳	3
—	—	便捷	1

表 3-5 则是将男性和女性广告中共用的诉求及只针对男性或女性的诉求揭示出来：

表 3-5　理性诉求的异同

诉求仅对男性	诉求仅对女性	共有诉求		
祛痘	祛斑　修颜	清洁控油　补水保湿　润泽　防御　美白　均衡肤色 抗衰老　抗炎抗敏　抗疲劳　修护　便捷　功效全面 速效		

表 3-6 进一步将两种广告共用的理性诉求中,各个诉求点的比重归纳如下:

表 3-6　理性共有诉求的比重

男性多于女性 (按比例从大到小排序)	女性多于男性 (按比例从大到小排序)	男女差别小 (比例小于 2)
便捷　9/1＝9.00 清洁控油　23/3＝7.67 抗疲劳　17/3＝5.67	均衡肤色　6/1＝6.00 美白　9/2＝4.50 防御　12/5＝2.40 抗衰老　20/9＝2.22	润泽　21/11＝1.91 修护　9/5＝1.80 功效全面　12/7＝1.71 抗炎抗敏　5/3＝1.67 速效　9/6＝1.50 补水保湿　16/13＝1.23

可以看出,男性护肤品广告最常用的三种理性诉求是清洁控油、抗疲劳和补水保湿,女性护肤品广告则以润泽、抗衰老和补水保湿为最多。面向男性诉求的独有功能是祛痘,面向女性所独有的诉求是祛斑和修颜。在共用的诉求里面,男性护肤品广告更重便捷、清洁控油和抗疲劳,女性护肤品广告则较强调均衡肤色、美白、防御以及抗衰老。

3.2.2　护肤品广告的感性诉求分布

如上文所示,感性诉求分布依照各个诉求点的频次、诉求异同以及共用诉求的比重三个方面,归纳成表 3-7、表 3-8 和表 3-9:

表 3-7　感性诉求的分布

感性诉求	男性护肤品广告	感性诉求	女性护肤品广告
时尚感	14	健康感	26
舒适感	13	安全感	24
健康感	12	时尚感	22
自我满足感/ 形象魅力	11	自我满足感/ 形象魅力	9
社会成就感/ 人格魅力	9	舒适感	9
安全感	7	愉悦感	7
性吸引力	3	—	—
愉悦感	2		

表 3-8　感性诉求的异同

诉求仅对男性	诉求仅对女性	共有诉求
性吸引力 社会成就感/人格魅力	—	愉悦感　自我满足感/形象魅力　时尚感 安全感　健康感　舒适感

表 3-9　感性共有诉求的比重

男性多于女性 (按比例从大到小排序)	女性多于男性 (按比例从大到小排序)	男女差别小 (比例小于2)
—	愉悦感　7/2＝3.50 安全感　24/7＝3.43 健康感　26/12＝2.17	时尚感　22/14＝1.57 舒适感　13/9＝1.44 自我满足感/形象魅力　11/9＝1.22

从中可以发现,使用感性诉求的男性护肤品广告,强调时尚感、舒适感和健康感,女性广告则强调健康感、安全感以及时尚感。性吸引力和社会成就感/人格魅力,这是面向男性所特有的诉求,女性护肤品广告在愉悦感、安全感、健康感三个方面占绝对优势。

3.2.3　修辞语体分析

表 3-10 至表 3-12 分别是男性和女性护肤品广告修辞手法的分布、异同以及共有修辞的比重三个方面的分析结果:

表 3-10　护肤品广告修辞和句式的分布

		男性护肤品广告		女性护肤品广告
修辞手法	拟人	10	夸张	17
	对偶	10	对偶	15
	夸张	5	拟人	10
	比喻	4	比喻	6
	双关	4	设问	4
	谐音	3	谐音	1
	—	—	反问	1
句式长短	≤10 字	26	≤10 字	15
	>10 字	4	>10 字	15

表 3-11　修辞手法的异同点

修辞仅对男性	修辞仅对女性	共有修辞
双关	设问　反问	比喻　夸张　拟人　谐音　对偶

表 3-12　共有修辞的比重

男性多于女性 （按比例从大到小排序）	女性多于男性 （按比例从大到小排序）	男女差别小 （比例小于2）
谐音　3/1＝3.00	夸张　17/5＝3.40	比喻　6/4＝1.50 拟人　10/10＝1.00 对偶　15/10＝1.50

夸张、拟人、对偶是男性和女性广告最常用的三种修辞,且两性差别不大。但双关是男性护肤品广告所独有的修辞,设问和反问则是女性广告独有的修辞。在共有修辞里,谐音与夸张分别是男性和女性各自的偏爱。

4　讨论及启示

通过内容分析的结果,可以看出尽管本研究的样本数量还不丰富,已然能显现出两性广告的诉求及表现差异。

作为后起之秀,男性护肤品的产品种类相比女性,仍然较少,以洁面乳、润肤乳、爽肤水、沐浴露、须后水、防晒霜为主,女性护肤品的种类则繁复得多,不仅囊括男性护肤品的种类,还有面膜、眼霜、精华素、隔离霜、BB霜、CC霜等。这一差异或许能说明女性对于护肤的需求更多,也更强调功能的细分。相应的,广告满足目标受众的诉求也有较大差异。

4.1　两性重实用主义,但男性护肤重清洁和便捷,女性护肤重质地和抗衰老

虽然男女都很看重护肤品实实在在的功效,但显然两种人群的关注点并不一致。由于生理特点的差异,男性肌肤更易出油出汗,较为粗糙,因此清洁控油成为男性最重要的诉求,这是容易明白的缘由。抗疲劳则反映了男性使用护肤品的另一重要缘由——保证工作和社交的对外形象,这从侧面反映男性依然被社会认可为家庭经济来源的主要承担者,为了兼顾事业与家庭,很多

男性承受着巨大压力,工作、环境及社会交往等让他们身心疲惫,具有抗疲劳效果的护肤品能暂时地让他们保持活力和工作状态。这种实用主义的倾向也反映在另一个诉求"便捷"上,护肤依然被看作是正事之外的余事,不能占用太多时间。

女性消费者似乎对衰老有更大的恐惧,不仅抗衰老本身成为最靠前的广告诉求,肌肤的润泽和质感诉求,最终也是为了让女性显得青春美丽。在时间管理上,女性也比男性更注重护肤的重要性,便捷几乎不会进入女性的视野,修颜这种特殊的功能则需要花较多的时间来改善皮肤。

总体而言,女性明显对容貌的美丽更为关切,这与传统的"女为悦己者容"思想是一脉相承的,男性则将外表视为保障工作社交的一项工具。

4.2 男性重社会性情感满足,女性追求身心美丽和愉悦

健康、时尚、舒适这三种诉求,无论男女都很注重。对男性而言,"全球型男之选"体现的是引领流行的时尚感,"掌握新男人肌准"体现的是时尚品位高。在舒适感中,产品多是因为清洁皮肤后带来的神清气爽感受,例如"冰炭合一,爽!"健康感中,体现的多是活力、能量、精神等,特别是抗疲劳功能的效果,例如"炽能醒肤"、"扫尽暗沉疲惫,时刻神采奕奕"。

对女性而言,时尚感体现的是对最新潮流的追求与同步,"我的 Q 弹 BB 霜全面升级了!你的BB霜升级了吗?"明确告诉消费者应该购买的是最新版本。舒适感主要来自粉底和防晒这两种产品的功效,清爽不油腻是女性的要求,如"至透至薄"、"沁裸'呼吸妆'"、"清爽防护不黏腻"。健康感中,女性并不强调抗疲劳,而是脸色红润、焕发光彩,这与理性诉求中的润泽、抗衰老、补水保湿是相对应的。肤质变好的结果就是令人年轻有朝气、神采飞扬,"滋润肌肤焕发明亮健康容颜"直接地呈现了功能达成后带来的心理感受,"揭开肌肤生生不息的能量奥秘"则用"生生不息"描绘了健康肌肤的特点。

社会成就感/人格魅力和性吸引力是男性所特有的心理诉求。"有100%实力,不要只让人看到30%!只要五分钟简单打理,即能展现自信魅力",以及"一切,从容面对"等广告语,鲜明地体现男性征服世界,掌控全局的理想。与之相配合,广告语简短、直接,透露出坚毅果决、铿锵有力的气质。这一点在性吸引力的诉求中体现得尤为明显,"有了凌仕让人幻想的味道助阵,连性感的足球宝贝也被我轻松吸引!"坦率而诚实的告白在女性护肤品广告中没有出现过。前人指出,护肤品广告的用语有鲜明的女性语体特征,但这一点并不完全适用于男性护肤品广告。

在女性心理满足中,安全感和愉悦感是占比较重的两项。安心、安全感的心理既源自产品质量、功能,如"皮肤科医师 VS 美容编辑　美白问答面对面"引用专业人士的解说来体现产品具备如其保证的效果,也基于女性自身的皮肤特性,如"质地温和,敏感肌肤也可安心使用。"此外,女性对产品的功能和质量如此重视,可以看出她们对"面子工程"的关注,形象的重要性不言而喻。换句话说,女性相比男性更重视容貌本身的美感,这和第二个心理——愉悦感直接呼应。男性护肤品广告中没有出现愉悦感的诉求,与其相近的是舒适感,但显然舒适感更多地来自于身体感受,而愉悦感则上升到精神的享受。"时刻保持自信乐观的生活态度,年轻光彩才能由内而外尽情绽放,一整天都洋溢水漾活力!"这句广告语中的"由内而外"表明皮肤、形象的外在美感和内心的满足、快乐是融为一体的。相应的,女性护肤品广告充斥着描写外貌自身魅力的语言,如"双唇间凝驻时光,顾盼生辉,焕彩夺目"、"自信展现你的净白裸肌!"

女性爱美,是否男性就完全忽视这一点? 也不尽然,在广告中,也出现了"懂保养,才是型男!"、"男人的帅,源于质感"的标题,这说明男性追求有型、帅气的外表魅力是正当不过的。只是这种诉求仍是少数,大多数广告努力劝服男性收拾好形象是为了迎接社会挑战。

4.3　男性广告修辞多用拟人,充满动感;女性广告多用夸张,营造梦幻

男性和女性护肤品广告使用的修辞手法种类丰富,且与一般广告的手法相似,没有出现非常独特、少见的修辞。在男性护肤品广告中,使用最多的修辞为拟人,主要将护肤品的功能达成借用动词"弹走、击退、唤醒、激活"等来修饰。一方面,拟人能将静态事物动态化,更为生动传神,如"弹走细纹"、"充沛炽能,击退倦容!"另一方面,这些动态词都蕴含了力量感,充满阳刚气质,能赋予整体的语言以动感,它呼应了男性气质的常见特征,如力量、能力、冲击力等。女性护肤品广告偏爱使用夸张,这是将产品效果理想化,让女性对产品抱有更大的期待,如"世界第八大奇迹　法国褐藻美肤传奇"将产品性能提升到奇迹的地位,"年轻在基因里　一触即发"则将产品的效果夸大,让人觉得一经使用便能见效。夸张之所以有效,当然离不开女性思维方式的推波助澜。女性被认为擅长感性思维,不计较事实,而为抒情畅志,"说话上所以有这种夸张辞,大抵由于说者当时,重在主观情意的畅发,不重在客观事实的记录"(陈望道,2014)。而且夸张后的形象是理想化的美,这正好符合女性审美情趣高、容易受美妙的梦幻吸引的特点。但是,夸张和失实虚假在毫厘之间,或许对女性

而言,即使知道产品并非如其广告所说的那么优秀,但还是愿意怀抱期待和希望。

男性护肤品广告还较多使用谐音和双关两种修辞。这两种手法都能提高效果,"使语言富有变化美","能增加话语的美感和情趣"(王希杰,2004),例如"新男人肌准"、"速战速洁"、"年轻气盛"。女性护肤品广告还较多使用设问和反问,如设问"再忙,也能时刻神采飞扬。要问我秘诀?""干燥冬日,怎么补水都不够?",再如反问"何不让水润由肌底焕亮?"等,能引起读者好奇心,诱导其继续阅读正文。相比之下,双关和谐音的效果多取幽默,而设问和反问的效果多为引导,增强卷入度。这可能与已有研究发现男性更喜欢幽默广告有关(Marc & Charles,1992),而女性护肤品广告的产品信息多,疑问句能吸引消费者继续阅读下去。

从句式长短而言,男性护肤品广告的标题明显比女性广告要短,这是符合一般男性语体特征的,偏爱简洁明了、不拖沓的言辞。

虽然本次研究的样本数量还不是足够丰富,但仍然能看出广告在面向不同性别的消费者进行说服时,所采用的策略是不同的。说服需对应消费者心理,从中我们可以看出男性和女性对同一产品类别的需求、态度均有差异,而广告的说服技巧也是有的放矢地针对不同人群。通过这次研究,广告创意人和文案写作人均更应谨慎对待沟通技巧。

未来的研究,笔者认为可以使用其他方法,如调查、访谈等更进一步地揭示广告的说服技巧是否达成效果,是否真正契合消费者心理。而对文案的形式研究,如修辞的深入分析,特定修辞手法的应用等问题,还可继续挖掘。

参考文献

[1] 陈东. 护肤品市场面面观[J]. 中国化妆品(行业),2008(6):66-67.

[2] 陈浪. 基于方法目的链模型的女性护肤品消费行为分析[J]. 商业文化,2013:61-62.

[3] 陈望道. 修辞学发凡[M]. 上海:复旦大学出版社,2014.

[4] 程水英. 从功能驱动到情感满足:男性护肤品消费心理洞察[J]. 广告大观综合版,2009:72-73.

[5] 初广志. 广告文案写作[M]. 北京:高等教育出版社,2005.

[6] 冯苗苗. 从及物分析看护肤品广告文体特征的性别差异[J]. 科技信息,2008(33):189-205.

[7] 冯苗苗. 从人际功能看护肤品广告文体特征的性别差异[J]. 作家杂志,2009(04):234.

[8] 谷俊. 中国护肤品牌的发展历程及未来趋势[J]. 中国化妆品(行业),2013:26-28.

[9] 谷俊. 护肤品市场未来发展特点[J]. 中国化妆品(行业),2010:30-35.

[10] 何黎,涂颖,李利. 医学护肤品的概念及临床应用[B]. 皮肤病与性病,2011,33 (2):74-76.

[11] 郭全生. 护肤品品名词语及其性别差异[D]. 广州:广州大学,2012.

[12] 蒋开屏. 男性护肤品消费行为及广告媒介选择策略[J]. 中国市场,2006:62-63.

[13] 梁洁. 广告语体的及物性分析:以护肤品广告为例[J]. 郑州航空工业管理学院学报(社会科学版),2010,29(3):88-91.

[14] 刘宏伟. 男性护肤品消费分析[J]. 市场周刊(理论研究),2011(02):44-45.

[15] 刘慧. 论护肤品广告修辞手段的女性语体特征[J]. 成功(教育),2008:286.

[16] 卢清颖. 护肤品广告词的语用特点分析[J]. 现代语文(语言研究版),2014:83-85.

[17] MARC G W, CHARLES S G. The impact of humor in advertising:a review [J]. Journal of advertising,1992,21(4):35-59.

[18] 邱宁. 我国男士护肤品市场的竞争[J]. 日用化学品科学,2011,34(2):16-32.

[19] 孙奕. 从软销售角度分析护肤品广告语的文体特征[J]. 绥化学院学报,2014,34 (2):86-89.

[20] 王国全. 新广告文案写作:创意写作表现[M]. 广州:中山大学出版社,2004.

[21] 王磊静. 男性护肤品品牌联想维度分析[D]. 北京:清华大学,2006.

[22] 王希杰. 汉语修辞学[M]. 北京:商务印书馆,2004.

[23] ARENS W F. Contemporary Advertising [M]. 北京:人民邮电出版社,2010.

[24] 曾莉芬. 对他说:男性护肤品广告的诉求之道[J]. 商场现代化,2008 (553):143-145.

[25] 中国护肤品行业发展概况[J]. 日用化学品科学,2014,37(7):11-13.

社会变迁中的婚恋观

——三十年征婚广告的历时研究

[摘要]通过对 1985—2013 年近 30 年间《中国妇女》和《妇女生活》的征婚广告进行内容分析,本文试图在广告与文化的理论框架下,探究社会变迁中人们婚恋观的变迁。结果发现:两性的婚恋观和择偶标准相同点和差异点并存,随着时间推移产生明显变化;男女征婚年龄普遍提高,人们对配偶生理条件的选择标准下降,相反对个性方面的诉求提高。男性从拥有强烈主体意识和强势思维、对配偶形成支配的婚恋思维模式,逐渐淡化形成平等甚至愿意示弱的婚恋方式;女性则从依附男性的家庭模式中逐渐解放变得独立自主;社会经济层面的因素,如职业、教育程度、婚姻状况的影响力均为下降趋势,两性都推崇品行为重、个性相合的婚姻观,但经济状况对女性来说成为越来越重要的择偶标准;中国传统的择偶观念依然存在,尤其年龄、身高、容貌和身材等生理因素仍被看重。整体来说,社会显示出更加开放和包容的发展趋势,人们对于情感的呼唤和精神的重视越来越明显。

[关键词]征婚广告;婚恋观;变迁

广告与文化息息相关,它就像一面镜子,尽管是折射的镜子(Pollay & Gallagher,1990),依然反映着社会文化中的微妙变动。所以,通过广告来分析消费文化及社会文化,是一个合理而且成果颇丰的研究方向。

征婚广告又是一类独特的镜子。它的特殊性一方面在于其传播内容是人本身而不是商品或服务,另一方面还在于它包括对广告受众的要求,是一种典型的双向选择性传播。作为现代社会的择偶方式,征婚广告以报刊等大众传媒为窗口向社会公开发布个人信息,"兜售"自己,短短数语却向其他人传递丰富而深刻的个人与社会信息,这其中包括自我形象的构建与认同、对于异性的想象叙事、性别权力的不平衡现象、社会习俗的映射等等(张伯存,2004)。

更为重要的是,比起男女双方自然结合的不确定性(偶然缘分)和不可传达性(男女双方之外的人不了解其恋爱过程),以步入婚姻为目的、通过中介途径实现择偶结果的方式更能够体现人们理性思考过后对于婚姻的憧憬和现实需求,也能更为客观地从个人个性化的选择中看出人们社会化以及社会规范下所认同的择偶标准,也就是稳定的婚恋价值观(许多澍,2005)。可以说,征婚广告的镜像价值更为突出。

因此,通过对分散性和片段化的征婚广告的研究,我们或许可以梳理出一条发展脉络来领会人们婚恋观和社会文化的变迁。从现实意义角度而言,征婚广告内容的变迁也能反映出社会开放度的进步和人们对于私人话题公开化接受度的提高。

1 研究背景

1.1 征婚广告发展简史

我国的第一则征婚广告登载在 1981 年 1 月 8 日的《市场报》上,报社为此开了 4 次会议才决定谨慎发表(叶童、朗月,1999;赵文芳,2010)。逐渐地,征婚广告变得火爆起来,主要刊登在以恋爱、婚姻、家庭这样大众题材为主的可读性强、受众广的报刊上。如《武汉青年报》开辟"凤求凰"专栏,因为需要刊登者过多,编辑部甚至设立了接待组,开辟专版刊登广告;《三月风》开辟"鹊桥相会终有期",成为残疾人公开寻找配偶的平台;1984 年,《解放军报》的"绿色鹊桥"为中国军人征婚开了一扇大门(丁凯、任文杰;2001);《恋爱·婚姻·家庭》设立了专栏"红丝线",每期两页篇幅,发布大约 50 篇征婚广告,一度供不应求;《知音》在杂志页脚处开辟"请到这里觅知音",为男男女女的婚恋牵线搭桥;《中国妇女》杂志从 1984 年第 6 期就以"一路上,鲜花自会开放"为题,以"红娘组"为署名开辟专栏,指出广告征婚工作的迫切性和重要性,希望全社会都来关心青年们的婚姻大事,秉持负责的态度要求征婚者出具单位证明。

征婚广告的盛况可从这样一个小细节看出:在 1985 年第一期的 47 页,《中国妇女》杂志刊登了一则启事:"由于要求征婚者较多,已排到今年年底,因版面有限,我组(该杂志为征婚者专门服务的'红娘'组)暂停接受征婚启事……如有再征婚事宜,请于七月后与本组联系,请谅。"

随着时代发展,2000 年后征婚广告数量呈明显的下降趋势。在《中国妇女》和《妇女生活》设征婚专栏初期，征婚广告至少占据着杂志的 1—2 个大的版面，到了 2001 年，《中国妇女》征婚广告只有半个版面，甚至有些月份不再刊登；同样的，《妇女生活》杂志到 2005 年只有半个版面，从 2006 年开始将刊登位置变更至杂志的页脚部分。

现今，随着互联网媒体的兴盛，征婚广告多了一个媒体平台。许多婚恋网站的征婚服务正部分取代原先的平面媒体职责。可以说，征婚广告又开始了新的发展期。

1.2　征婚广告研究进展

在所有的征婚广告研究中，婚恋观是主要的讨论话题。学术界对于婚恋观并没有明确的定义，更多的是对相关概念和现象的探讨。通过整理文献，笔者归纳出学术界对"婚恋观"较为认可的观点是：婚恋观是人们价值观在婚姻、恋爱问题上的重要体现，是指人们对男女两性关系的内在看法和主观标准，是人们对婚前恋爱/婚姻生活以及婚恋过程中性爱取向的基本看法。它包括人们对爱情的基本观点（恋爱观）、人们对爱人的期望（择偶观）、人们对各种婚姻形式以及变异的看法（婚姻观），以及人们对性行为的态度（性观念）等方面的内容。

婚恋观的类型，可以大致分为上文提到的恋爱观、择偶观、婚姻观和性观念四大部分，其中恋爱观又可分为恋爱态度（传统或者现代的）和恋爱动机（生理需求、心理需求、排除孤独、好奇、从众等）（苏红、任永进，2008）；择偶观可分为个人取向择偶观（以人格取向为基础，强调生理、心理机制）和社会取向择偶观（包括社会交换、同类匹配和择偶梯度等社会性因素主导）（刘素凡、葛操，2008）；婚姻观可分为婚姻价值观（感情、经济、政治等）、婚姻角色观（男主内女主外、"男高女低"等）和婚姻忠诚观（自身忠诚度认知、对伴侣忠诚度要求等）；性观念则分为性爱抉择观（性爱的目的是发展爱情、维持婚姻还是纯粹追求感官快感等）和性爱行为观（开放的，如可接受婚前性行为、婚外性行为等，还是传统的，如注重贞操观，处女情结等）（苏红、任永进，2008）。

影响婚恋观的因素研究，学术界一直保持高度的关注热情。国外学者对此研究比国内早很多，成果比较丰富。影响婚恋观四个面向的因素主要有三个：生理因素、个性因素和外在社会经济因素。

生理因素的研究是最早开始的，着眼于婚恋对象的本身特征。进化心理学从年龄和生殖力的差异来解释男女在择偶时对年龄偏好的不同的原因，认为对后代"投资"方面的性别差异造成这种偏好。如在繁殖后代过程中，女性主要为直接投入,而生殖力会随年龄增加而减弱。相反,男性属于间接投入,提供食物、金钱、保护等外源性的支出,而这些并不随年龄增加而减少,因此择偶时男性会选择年龄小于自己的,女性则更倾向于稍长自己的男性。类似的结果还来自于1989年Buss所做的一项大型择偶观调查,该调查涉及33个国家、6大洲的10 000个样本,地理位置、种族、文化和宗教信仰分布差异巨大,但是相较于女性,男性更强调另一半的生理吸引力(更年轻、更健康、更美丽、身材更好等),而女性则更加注重未来配偶的经济能力、发展潜力、野心以及勤奋等因素。因此,为了遵从男性和女性的择偶标准,年轻的女性和年长的男性就成为了男女彼此需要的基本组合(年长的男性意味着更高的社会地位和经济资源,而年轻的女性则更贴近男性择偶的"性策略")(Buss,1989)。

国内学者李银河分析了300多则征婚广告,发现在婚姻关系中,年龄、身高以及婚姻状况是中国人最为看重,而其他文化国家的人并不太在意这些因素(李银河,1989)。董金权和姚成通过对《现代家庭》杂志从1986年1月至2010年10月所刊载的6 621则征婚广告进行内容分析,发现20世纪80年代中期以后人们的择偶标准呈现多元化、综合性的走向。尽管年龄因素的关注度一直位居第二,但逐渐淡化;容貌和身高仍是重要因素,可吸引力有限;健康的关注度不断增长,性别成为影响择偶的敏感因素。男女对于未来配偶的要求差异显著(董金权、姚成,2011)。

在心理/精神/品质方面的研究主要集中于性格、品行、感觉、魅力和能力等非外表性特质上。Press(1986)研究了以色列报刊上的1 800则征婚启事,发现男女择偶标准的区别正趋向消失——双方从物质需要的交换互补逐渐发展为以个人魅力为基础的婚恋关系,更加注重双方的感觉和对彼此的满意程度。有学者系统研究《中国妇女》杂志1985—2000年15年间征婚广告,认为婚姻观从过去的家庭和社会行为,更多地转向关注自我的层面,人们更关注自身的生活质量和个性发挥方面,生育则从责任变成选择,这些变化受社会改革、社会舆论、流行风尚等多种因素的综合作用(童辉杰,2001)。还有学者发现,人们对品德因素的关注度越来越高,感情忠诚度等情感性因素发挥着越来越重要的作用(董金权、姚成;2011)。美国一项针对大学生婚恋观的研究(1971—1981年,时间跨度共10年)发现,从大学生阶段起,人们对配偶智力关注度明显提高,相反,针对女性的贞洁、持家能力以及双方未来的家庭生活的要求关注程度在下降(朱松等,2004)。

在个人的生理和心灵因素之外,其他的社会经济因素也常常对婚恋观的形成和变化起深远影响。在家庭影响方面,社会现代化过程中家庭形式和人们婚恋观念变化以及社会结构变化都对婚恋、家庭观念有所影响。W.J.古德(1963)在《世界革命与家庭模式》一书中提出夫妻家庭制度和经济进步之间是相互依存、相互影响的关系,这为研究我国社会转型时期夫妻家庭制度和人们择偶观的形成提供了借鉴。Lin(1977)在台湾地区的研究发现,人们在 1971年比 1966 年更愿意选择与自己教育水平相近的人结合,在作者看来原因在于女子上学率的提高使得男女的受教育差距在减小。Singh(1977)通过研究纽约一家大报上移民美国的印度人的征婚广告发现,种姓这一具有身份和社会地位象征的因素在择偶过程中的影响力在下降。

在《乡土中国生育制度》一书中,费孝通强调婚姻家庭中责任的重要性,认为养育孩子的共同责任是夫妻双方将婚姻进行下去的基础和婚姻生活的主要内容(费孝通,1998)。徐安琪等人在《婚姻市场中的青年择偶》一书中,通过调查问卷的方式实证研究了市场经济下青年择偶标准的演变、择偶的方式、父母对择偶起到的作用、青年婚姻家庭观念以及婚前性态度与性行为等问题,反映出改革开放以来,我国市场经济运行过程中青年婚恋观念的发展和未来趋势(徐安琪、叶文振,1999)。国内学者还发现 20 世纪 80 年代中期以后,住房因素重要性提高,职业因素的影响力在经过一次滑坡之后关注度重新上升,学历和户籍两大因素与社会资源关联度减弱(董金权、姚成,2011)。

相关的理论解释有著名的"择偶梯度"。该理论认为男性更倾向于选择比自己社会地位、受教育程度、薪金收入等低或相当的女性为配偶。相反的,女性更多选择社会地位、受教育程度、薪金收入等高于自己的男性作为伴侣,这便形成传统中最常见的"男高女低"的婚配模式。它反映出男性和女性在社会建构中的不对等地位。一方面,男性对女性显示出优势地位和权力,但另一方面,女性将自己的相貌、身材、年轻和持家能力等作为自己向上流动的资本。

除此之外,"同类匹配"理论向我们描绘"匹配型"的婚恋关系。这和中国人"门当户对"的传统观念形成呼应,即人们在择偶过程中,更可能选择和自己年龄、所在地、受教育程度、价值观等方面相近的异性作为婚配对象。"资源交换理论"则描绘和解释了"互补型"的婚恋关系。这一理论认为人们之间的相互吸引建立在彼此拥有资源并且相互需要之上,这些资源广泛而多样,它包括个人的社会地位、生理条件、个人气质、金钱财富。男女双方通过资源的交换进行结合,如有权有势的男性娶回容貌出众的女性,该女性也因此换取一定的财富和社会地位(许小玲,2004)。

从学术成果的梳理可以看出,征婚广告的关注度是较高的,而且婚恋观是社会文化的显性要素,两者的关系在已有研究中常被讨论。笔者想做出的创新在于:一是样本,《中国妇女》和《妇女生活》是最早刊登征婚广告,而且影响力较大的杂志,这个样本在已有研究中没有涉及;二是研究内容,对以往学者讨论的婚恋观内涵做了较为全方位的整合;三是研究视角,通过对近三十年的历时考察,侧重分析婚恋观的变迁及启示意义。

2 研究过程

2.1 抽样

第一则征婚广告诞生于报纸上,但征婚广告的主要发布平台是杂志,于1984年刊登于《中国妇女》杂志上,一直以妇女类期刊为主要载体。《中国妇女》月刊杂志在受众中具有较高声誉和影响力,多次被评为最具历史感和权威感的全国妇联机关刊物,其开设"鹊桥"版面刊登征婚广告历时长,可信度高,资料保存完整,因此笔者将其作为样本之一。但是,《中国妇女》从2002年开始刊登的征婚广告,不再占据特别开辟的版面,加之杂志本身变为半月刊,征婚广告的搜集不能像以往一样连贯和完整。经过衡量,选择了连续六次荣获国家级大奖、多次代表中国优秀期刊成功参与国际期刊博览会的《妇女生活》作为另一样本。虽然未用同一本杂志进行研究,但是刊登在同类型杂志上的征婚广告所反映的社会事实和人们的婚恋观念是具有共通性的。笔者补充了《妇女生活》杂志"觅知音"版面从2002年到2013年12年的征婚启事。抽样方法是:《中国妇女》抽1985年到2001年间,每一年第一期征婚广告的前15则;《妇女生活》抽2002—2005年每一年第一期的前15则,2006—2013年,由于每一年的第一期不足15则,因此顺延至第二期继续选择达15则为止。这样,总共得到435则征婚广告,既保证了历时性,又保证了样本容量的充足性。

2.2 编码标准

婚恋观主要从征婚者本人的特征和择偶标准两项内容中看出。国外研究一般把择偶标准分为以下几个因素:性别、民族、宗教、年龄、健康、相貌、教育、性格、职业、经济状况等(童辉杰,2001),学者Buss还增加了"身体特征、智力、个性以及社会态度"等变量(Buss,1989)。国内学者李银河的研究表明中国人较为看重的婚恋标准因素为年龄、身高、教育程度、职业、容貌、健康以及婚姻状况与经历(李银河,1989)。

综合考虑后,笔者以年龄和性别作为控制变量,选取对配偶年龄、身高、健康、容貌身材、性格、爱好、品行能力、婚姻状况、职业、受教育程度、经济状况等11项要求作为可观测指标(如表 2-1):

表 2-1 编码类目

变量	分类
年龄	0、未提及;1、≤24;2、24—30;3、30—40;4、41—50;5、≥51;
身高	0、未提及;1、≤159;2、160—165;3、166—170;4、171—175;5、≥176
健康	0、未提及;1、提及
容貌身材	0、未提及;1、貌佳;2、肤白;3、貌不佳;4、身材佳;5、身材不佳;6.一般;7、其他
性格	0、未提及;1、内向型;2、外向型
爱好	0、未提及;1、未提及
品行能力	0、未提及;1、善良;2、正直;3、忠诚;4、传统型;5、责任型;6.事业型;7、情感型;
婚姻状况	0、未提及;1、未婚;2、离婚/丧偶;3、未婚父/母
职业	0、未提及;1、公务员;2、教师;3、工人;4、工程师;5、商人;6.医务人员;7、农民;8、军人;9、打工者;10、企业员工;11、其他
受教育程度	0、未提及;1、≤初中;2、高中及同等;3、大专;4、大学本科;5、≥研究生
经济状况	0、未提及;1、房;2、车;3、地;4、收入;5、其他

为了部分数据统计的方便,笔者将 1985—2013 年共 29 年划分为三个阶段。1985 年是改革开放初期,到了 1992 年我国确立了社会主义市场经济体制,这对中国经济及各方面发展产生导向性影响;2002 年是中国转型的一年,加入了 WTO,加速加入现代化进程中。其中第一阶段(1985—1992)包含 8年,第二阶段(1993—2002)包含 10 年,第三阶段(2003—2013)包含 11 年。在统计结果中,用一、二、三分别代表三个阶段。

2.3 统计结果

2.3.1 生理面向:(配偶)年龄、身高、健康、容貌身材

表 2-2　两性对配偶的生理层面要求(单位:则,%)

	一	二	三	总计
男	94(78.33)	103(68.67)	72(43.64)	269(61.84)
女	26(21.67)	47(31.33)	93(65.36)	166(38.16)
提及年龄	88(73.33)	103(68.67)	104(63.03)	295(67.82)
未提及年龄	32(26.67)	47(31.33)	61(36.97)	140(32.18)
提及身高	56(46.67)	50(33.33)	31(18.79)	137(31.49)
未提及身高	64(53.33)	100(66.67)	134(81.21)	298(68.51)
提及健康	50(41.67)	58(38.67)	60(36.36)	168(38.62)
未提及健康	70(58.33)	92(61.33)	105(63.64)	267(61.38)
提及容貌身材	47(31.17)	53(35.33)	38(23.03)	138(31.72)
未提及容貌身材	73(60.83)	97(64.67)	127(76.97)	297(68.28)
总计	120	150	165	435

　　在性别方面,从 1985—2013 年,征婚者为男性的广告共 269 则,女性为 166 则,总体上男性征婚者比例远高于女性,但男性征婚者比例呈递减趋势,而女性征婚者比例在第三阶段相比第一阶段增幅巨大。在年龄方面,征婚者自身的年龄主要集中于 25 至 50 岁年龄段,共 365 位,并且征婚者本身对于年龄的提及显示出征婚大龄化的趋势。对配偶的要求年龄也主要集中于 25—50 岁,共 241 位,三个阶段数据呈现出一个递减的态势,说明征婚者对配偶的年龄关注度下降。在对配偶身高要求方面,全部样本中,对配偶具体身高的要求为 170 cm 和 160 cm 的最多,男性主要希望配偶身高在 160cm 左右,而女性希望配偶不低于 170 cm,历时考察则发现关注身高的征婚者在第三阶段已不足该阶段样本总量的 1/5。在对配偶健康("健康"这个概念包括"身体健

康"、"身强体健"、"有生育能力"等)的关注上,重视程度缓慢下降,总体保持在35％以上的关注度;对于配偶容貌/身材的提及也呈现下降趋势,且提及率远不及对自身容貌/身材的提及(见表2-2)。

除了生理条件提及度呈明显下降趋势之外,笔者也计算了年龄差和身高差。年龄差是指征婚广告中同时提及对配偶的具体年龄要求与征婚者自身具体年龄的落差,涉及294人;身高差是指广告中同时提及对配偶身高要求和自身身高的落差,涉及133人。此外将"容貌身材"编码下的每一项赋值为1,每提到一个条件加1分,把同时提到的条件分数相加可得到"对配偶容貌身材要求加总"。最后通过SPSS软件得出如表2-3所示的数据:

表2-3 两性对配偶容貌身材要求汇总(单位:分)

分类	男			女		
	一	二	三	一	二	三
年龄差均值	−0.19	−2.44	−0.71	5.00	5.45	8.79
年龄差均值总计	−1.19			7.13		
身高差均值	−12.43	−10.10	−6.88	4.29	6.84	6.20
身高差均值总计	−10.68			5.73		
容貌身材加总均值	0.45	0.41	0.39	0.38	0.26	0.13
容貌身材加总均值总计	0.42			0.20		

数据显示,三个阶段的男性均要求配偶年龄比自己小,其中第二阶段男性的要求与女性年龄差最大,现阶段(第三阶段)男性比女性大7个月左右为最可被接受的年龄差;而女性在三个阶段均接受男性比自己大5岁以上,尤其是现阶段可接受年龄差接近9岁,对配偶的年龄开放度远大于男性;在身高差方面,早期的男性要求自己比女性高10厘米以上,但到了现阶段,7cm左右都能被接受,而女性在三个阶段均希望配偶高于自己,并且现阶段比第一阶段要求高2cm左右,在容貌身材方面,无论男性还是女性,加总分值都是递减的,但总体上男性对女性容貌身材的要求高于女性对男性的要求。

2.3.2 个性面向:性格、爱好、品行能力

总体而言,男女征婚广告在三个阶段中对性格、爱好及品行能力的要求以及自身的介绍,结果汇总如表2-4所示:

表 2-4　征婚者的个性特征汇总(单位:则,%)

	一	二	三	总计
提及性格	37(30.83)	49(32.67)	59(35.76)	145(33.33)
未提及性格	83(69.17)	101(67.33)	106(70.67)	290(66.67)
提及爱好	29(24.17)	40(26.67)	17(10.30)	86(19.77)
未提及爱好	91(75.83)	110(73.33)	148(79.70)	349(80.23)
提及品行能力	72(60.00)	107(71.33)	112(67.88)	291(66.90)
未提及品行能力	48(40.00)	43(28.67)	53(32.12)	144(33.10)
总计	120	150	165	435

　　1985 年—2013 年,三个阶段中,"性格"的提及率在上升,相反的,"爱好"的提及率从第一阶段到第二阶段稍有上升之后在第三阶段大幅下降,"品行能力"的提及率则是先大幅上升再小幅下降。总体上,提及"爱好"和"性格"的比率在三个阶段都没有超过 40%,而提及"品行能力"的比率均在 60% 以上,说明征婚者更注重配偶的"品行能力"。

　　如果将"性格"编码下的每一项赋值为 1,每提到一个条件加 1 分,把同时提到的条件分数相加可得到"对配偶性格要求加总";对"品行能力"进行同样的"0/1"赋值和计算,借助 SPSS 软件得到表 2-5 的数据:

表 2-5　两性对个性因素的重视程度(单位:分)

性别	男			女		
分类	一	二	三	一	二	三
性格加总均值	0.27	0.33	0.40	0.19	0.26	0.15
性格加总均值总计	0.33			0.19		
品行能力加总均值	1.49	1.55	2.01	1.35	1.98	2.69
品行能力加总均值总计	1.65			2.28		

　　如果我们认同,各条件相加得分越高者,就表示对性格能力越为重视,则能较明显地看出总体上男性比女性更强调配偶的性格,女性现阶段最不注重配偶的"性格",男性对配偶性格则越来越看重,在当前最为重视;同样去观测

"品行能力加总"的数据,发现三阶段无论是男性还是女性,对于配偶"品行能力"的注重程度均递增,且女性的增幅更大,总体加总分数也高于男性。

在对配偶品行能力的具体要求方面,男性征婚者的要求主要有:善良(83次)、贤惠(71次)、善解人意(通情达理)(39次)、重感情(33次)、勤劳(25次);女性征婚者的要求主要有:重感情(47次)、善良(35次)、责任心(35次)、(作风)正派/正直(34次)、修养好(34次)。将这些多达40种以上描绘品行能力的词语归纳为七种,可得到表2-6数据:

表2-6　两性对配偶品行能力的要求(单位:则,%)

	一	二	三	总计
善良(有爱心)	23(19.17)	39(26.00)	56(33.94)	118(27.13)
正直(正派)	25(20.83)	17(11.33)	18(10.91)	60(13.79)
忠诚(忠厚)	7(5.83)	9(6.00)	25(15.15)	41(9.43)
传统型(顾家/贤良等)	50(41.67)	60(40.00)	90(54.55)	200(45.98)
责任型(守信/责任心等)	2(1.67)	17(11.33)	44(26.67)	63(14.48)
事业型(能干/事业心等)	20(16.67)	21(14.00)	35(23.03)	76(17.47)
情感型(重感情/通情达理等)	25(20.83)	37(24.67)	61(36.97)	123(28.28)

可以发现,除了对于"正直/正派"的要求不再重视之外,征婚者对配偶品行能力的各方面均随时间发展愈加看重,尤其是对"善良"、"传统型"品质和"情感型"品质的提及在当前阶段都达到30%以上,显示出人们对于感情的呼唤和对于家庭的重视。

2.3.3　外在经济社会面向:(配偶)婚姻状况、职业、受教育程度、经济状况

表2-7　两性对配偶的经济社会要素要求(单位:则,%)

	一	二	三	总计
提及婚姻状况	40(33.33)	24(16.00)	3(1.82)	67(15.40)
未提及婚姻状况	80(66.67)	126(84.00)	162(98.18)	368(84.60)
提及职业	20(16.67)	21(14.00)	15(9.09)	56(12.87)
未提及职业	100(83.33)	129(86.00)	150(90.91)	379(87.12)

续表

	一	二	三	总计
提及受教程度	92(76.67)	97(64.67)	67(40.61)	256(58.85)
未提及受教程度	28(23.33)	53(35.33)	98(59.39)	179(41.15)
提及经济状况	3(2.50)	20(13.33)	30(18.18)	53(12.18)
未提及经济状况	117(9.75)	130(87.67)	135(81.82)	382(87.82)
总计	120	150	165	435

对配偶婚姻状况的在意与否方面,从第一阶段到第三阶段降幅剧烈;在对配偶职业要求方面,三个阶段的提及率都较低,且呈现下降的趋势;同样的,对于配偶教育程度的关注也逐渐下降,且第二阶段到第三阶段下降比例更多;对配偶经济状况的要求上则呈现出较大幅度的连续增长(见表2-7)。

将"教育程度"按照前文编码分别赋值1分(初中及以下)、2分(高中或中专)、3分(大专及同等)、4分(大学本科)、5分(研究生级以上),用对配偶要求教育程度等级减去征婚者自身教育等级得到"教育程度差";将"经济状况"编码下的每一项赋值为1,每提到一个条件加1分,把同时提到的条件分数相加可得到"对配偶经济状况要求加总"。得到的数据如表2-8所示:

表2-8　两性对教育程度和经济状况的重视程度差异(单位:分)

	男			女		
	一	二	三	一	二	三
教育程度差均值	−1.34	−1.25	−1.06	−0.50	−1.21	−0.74
教育程度差均值总计	−1.23			−0.84		
经济状况加总均值	0.01	0.04	0.03	0.15	0.36	0.37
经济状况加总均值总计	0.03			0.33		

三个阶段中,男性和女性征婚者均允许配偶的学历低于自己,但男性均要求配偶学历比自己至少低一个等级。女性接受度则更高一些,作为男性的配偶比自己学历低也可以接受,若简单进行性别对比,可以理解为总体而言女性更不注重配偶与自己的"教育程度差";"经济状况加总"的数据显示三阶段中男性对配偶均没有太大要求,女性对于配偶经济状况的注重程度在不断递增,第二阶段至第三阶段的增幅较第一阶段较慢。总体而言,女性更看重配偶的

经济状况。

3　结论与讨论

对 435 则征婚广告进行分析的最直观的印象就是：男性征婚的人数远超女性，但公开征婚的女性逐渐递增。这一方面可能反映出我国男女比例的不平衡，另一方面也能看出女性思想解放程度尚不如男性，而婚恋自由的社会风气应是推动女性自主征婚的一个重要因素。如 1978 年 12 月十一届三中全会的召开，开辟了改革开放新时期。两年后，就公布了新中国第二部《婚姻法》。

随着对数据的细致统计，笔者归纳了征婚广告发展史中的几个重要婚恋观变迁趋势。

3.1　生理条件的吸引力不断下降

配偶年龄、身高、健康以及容貌身材这四个生理主要因素的提及率呈递减态势，说明征婚者对配偶生理条件的关注度一直在下降。不过，传统的"男高女低"、"男大女小"的婚配方式仍是主流，男性在年龄差上的宽容度不及女性，但在身高差上的接受度则远高于女性。笔者认为导致这一现象的原因可能有以下几个方面：

首先，在改革开放的初期，人们依旧受到传统择偶模式的影响，选择"适龄婚配"，但随着社会宽容度的增加，男性"先立业后成家"的选择（朱松等，2004），以及更多女性受教育程度提升要求步入职场，渴求上升机会，婚姻一度成为人们在事业之后考虑的因素，自主性大大提高，因而生理条件不再成为走进婚姻殿堂的必要条件。

其次，现代科技对于人们婚恋观念的影响。生育技术的发展，甚至如"代孕"、"冷冻精子/卵子"等观念的流行，使得人们对"适婚年龄"的看法更为淡化，人们没必要因为年龄生理要素和繁衍后代的需求而选择结婚。于是两性对于恋爱的质量越来越重视，社会中"姐弟恋"、"老少恋"等多样恋爱形式的不断出现也说明婚恋宽容度越来越高。

在身高问题上，传统婚恋往往采取"男高女低"的组合方式，男性身高于女性，这呼应了社会文化对于两性气质的设定——男性高大魁梧的刚性气质和女性柔弱、受保护的阴性气质。从女性主义的角度来看，未尝不是男权社会中男性地位的一种符号表现。通过身高，男性显示了他之于女性的权威和主动，女性则自动地依附男性,得到保护。男性征婚者公开自己的身高,是向潜在配偶传递自己的征婚标准,征婚双方看到这一信号会以此进行隐形筛选。

但随着整个社会接受度的提高,男女两性气质的评价准则的身高开始变得模糊,身高不再成为男性权威的代名词。尽管微博等社交媒体上出现"最萌身高差"(男极高女极低)等个别热点话题,但这里的"身高"仅作为人们对于恋爱组合的一种欣赏标准,多元化、开放的思维使人们对于任意身高的组合接受度大大提高。尤其进入 21 世纪以来,求偶者越来越不在意未来伴侣的身高,"真爱至上"的理念已不仅是一种口号,而是开始被更多人践行。

在容貌和身材方面,男性不再将容貌身材作为自己征婚竞争的核心要素。从古到今,男性一向以地位、权力以及财富而非外貌来显示自身,女性的容貌身材对于男性来说更具备吸引力。从"社会交换"理论角度来分析,不难理解男性和女性从征婚广告开始进行"取样和评估",然后发现彼此双方可以"互惠"的方面(男性的财富、地位或能力,女性的容貌、身材或贤惠),当双方认为得到的收益大于单身或与其他异性组合时,彼此将形成"承诺"进行交往约会,并最终通过"制度化"的契约——结婚(领取结婚证,受法律保护和监督的、社会承认的婚姻)来组成家庭。尽管契约已经具有排他性和彼此忠诚的特点,但是在这种资源交换中,双方还是会因为信任的问题向对方明确提出"忠诚""可靠"等要求。这个时候,容貌身材并不能成为理想婚姻的充分条件,但它作为必要条件大大提高了婚姻的成功的可能性以及彼此社会资源不对等交换的可能性。

另外,在女性自我描述的用词中,笔者发现"瘦"与"白"逐渐成为现代社会审美的趋势。在 80 年代和 90 年代初期,这种特点在征婚广告中体现得并不明显,但随后一直至今,社会建构对女性身体的形塑,不仅成为男性对于女性身体消费的一种标准,也成为女性对于自身符号化的潜在认同。所谓的"白富美",经过媒体传播的放大,被编码化地塑造起来,成为现代具有魅力的女性形象的代名词。

总体来说,人们对于另一半的容貌和身材要求在放宽尺度,到现今阶段已经很少有征婚者把容貌身材作为择偶的最主要要求。

3.2 个性条件越来越受到重视

在性格方面,不难发现,无论社会如何变迁,对于男女双方的形容词并没有发生太显著的变化,女性自我认同地将自身描述成较为弱势的一方,而男性则将自己表达为较为强势的一方。这似乎成为社会的思维定式,并没有因为

整个社会的进步而有大的改变。从传统社会沿袭下来的对于男性和女性社会
角色、家庭角色和个人角色定位的建构,成为一个较稳定的结构要素,在征婚
的过程中牢牢束缚着双方的表述。如选择配偶方面,男性依旧倾向于"温柔"
女性,而女性较为倾心于"随和"的男性。男性的支配性心态要求女性的服从,
女性则由于男性的强势而更期待对方能够对自己"好脾气"。尽管时代在变
迁,性格的互补或相似依旧成为保证婚姻美满的一个重要因素,并且在物质满
足的情况下,人们开始考虑婚姻温饱之外的质量,从"能不能组成家庭"发展到
"怎样组合成好家庭"。另外,笔者还发现高学历者更加关注配偶性格,这可能
和受教育程度有关,因为这类人群会更注重精神方面的沟通和协调。

在爱好方面,时代特征非常明显。20 世纪 80 年代征婚者主要提及的是
自己在书法、文学等更为传统方面的爱好,90 年代征婚广告显示出人们的爱
好逐渐多元化,体育、法律、旅行、摄影、乐器、歌舞、烹饪等都成为人们爱好的
一部分。再到 21 世纪,电脑、经商、收藏、流行音乐则成为人们的新爱好。笔
者认为产生这种时代痕迹的原因在于:80 年刚刚改革开放,整个社会风气从
"文革"期间的"读书无用论"转变为"弥补失去的青春"心态,对于书本和文学
的渴求形成 80 年代狂热浓厚的人文基调;而到了 90 年代,电视等大众化的新
兴媒体开始占据人们视野,一方面分散了人们阅读的兴趣,另一方面市场经济
的发展也推动了娱乐化、平民化休闲方式;到了 21 世纪,电脑的普及真正带来
信息爆炸,与之相伴的是财富神话,收藏和经商暗含了对金钱的渴望,而通俗
文化的风起云涌更是促进了娱乐休闲的盛行。但总体而言,征婚者对配偶爱
好的要求较少,这或许在一定程度上说明征婚者对于婚姻双方的期待欠缺生
活情趣。

征婚者对于品行能力的提及率是最高的。20 世纪 80 年代的男性会用
"为国贡献青春"这样充满激情的话语,90 年代的女性开始用"现代女性风范"
来形容自己,男性则开始用"具迁调能力"来彰显自己,到了 2011 年,女性用
"会经商"、"适应能力强"为自己贴上标签,男性则强调自己"重情顾家"。从不
同征婚者的描述中我们可以看到,在时代变迁的背景下,人们对于品行能力的
看重既有变化的地方,也有不变的方面。无论男性还是女性,都渴望"善良"的
伴侣,寻求"情感型"配偶,这是人性的体现,更是对"家"的一种诠释。"善良"
代表容易沟通、彼此包容、相互珍惜,对"善良"和"情感"的强调在工具理性和
消费主义泛滥的时代,更显示出人们渴望温暖的诉求和对情感复归的呼唤。
"传统型"品行(顾家/贤良)的要求,体现出多元化社会带来的后续效应,如婚
外恋现象促使女性更强调配偶的忠诚度。此外,男性注重女性的"贤惠/贤良/

会持家",很大一部分是基于家庭结构稳定的需求。

变化的地方主要体现在女性的描述。早期的女性描述自己是"贤良、温柔",顺应"男主外、女主内"的家庭模式,20世纪90年代的女性却从经济能力上肯定自己,突出"会经商"的才华,这显然打破传统角色的定位。相应地,当女性可以成为家庭中经济责任的分担者,甚至是家庭支柱后,她对男性的要求则变成"重情顾家"。放眼如今真人秀节目中"好父亲"的形象,不难理解,女性地位上升,男女角色换位的社会趋势已然是现实。

3.3 理想配偶的标准日益多元化

男女心目中的理想配偶,在社会因素方面的标准上呈现出新特点,这主要体现在配偶的婚姻状况、职业和受教育程度三个方面。这三个方面的要求在三十年间均不断下降,仅幅度略有不同。就第一个结果,笔者认为这显示出社会宽容度逐渐增强的趋势,人们对于离婚现象习以为常,整个社会对此接纳度不断提升,婚姻史的影响慢慢淡化,这或许反映出整个社会一种乐观向上的精神面貌。但仅就离异现象增加而言,也说明婚姻中的不可调和因素在增加,婚姻冲突在凸显。

对配偶"职业"要求的提及率非常低,并且一直下降,如果提及,主要是女性征婚者。传统上人们认为职业往往和经济水平、社会地位相联系,女性的要求反映出其对男性的依附性,但如今的征婚者更多的并不十分看重职业对于婚姻的影响,职业不再成为衡量成功或者经济实力的主要标准。

征婚者对配偶"受教育程度"要求的数据反映出20世纪80、90年代的人们更注重配偶的受教育程度,到了21世纪,提及配偶"受教育程度"的人越来越少,征婚者会用"有一定文化"、"有知识"等模糊词汇来形容自己对教育程度的要求。笔者以为这一结果可能受如下因素的影响:首先,学历和社会财富、社会地位的关联度在逐渐淡化,整个社会对于人们,尤其是男性成功标准的界定不再单单依靠文凭或者证书。尽管它依旧有效,但更多元的综合能力考察成为新的评判标准。社会上学历不高但经过自身努力流动至富人阶层的现象和高学历人群失业形成鲜明对比,向人们证明了学历非唯一性;其次,近年来高校扩招政策下文凭呈现泛滥的景象,文凭含金量降低,文凭与个人社会经济地位的关联在弱化,进一步促成教育被看轻的结局。此外,还有一个事关两性地位的因素,在提及教育的人群中,男性多希望女性的受教育程度能够低于自己,少数认为可与自己"相当",这再次说明女性学历低于男性才能充分满足"男强女弱"的刻板家庭结构,也证明"择偶梯度"理论的有效性。

3.4 经济状况在女性择偶过程中影响力增强

对配偶经济状况的整体提及率不如想象中的高。一般男性对于女性的经济状况没有太多要求,女性对于男性的经济状况要求相对较多。在第一、二阶段,女性对于男性提出的经济要求都是比较空泛的词语,例如"有一定经济基础"、"事业有成"、"有经济实力"等,而对于住房的要求提及率虽然不高,却仍然呈现上升的趋势,这可以从一个侧面反映女性对于婚姻物质负载的要求和现代社会高房价经济的现实。但这个结果并不完全符合一些学者提出的择偶标准实用主义倾向的观点(董金权、姚成,2011)。出现这一状况,可能与样本本身数量还不是十分丰富有关。此外,笔者认为,征婚广告的特殊语境需加以考量。语境是指制约语言表达和理解的各种因素的总和,它包含语言因素、非语言因素、上下文、时空、情景、对象、话语前提等因素(余娜,2011)。征婚广告虽然与一般广告一样都具有明确的广告主、广告对象和广告信息,但相比普通的产品广告,征婚广告推荐的是观念和人本身。这决定了它所传达的信息需符合社会主流认可的价值观、伦理观,它的目的之一是塑造和维护征婚者的品牌形象。传统的爱情观和婚姻观仍然奉行着自由恋爱、爱情为重的主旋律基调,即使人们在现实中的择偶动机更偏向现实功利主义,但在征婚广告的特殊语境里,这一点不会明目张胆地被宣扬出来,而且征婚者也不愿意被塑造成"唯利是图"的形象。因此,征婚广告中的择偶观是否一定完整、全面而透彻地反映出人们的真实想法,笔者尚有存疑。假如说广告是折射的镜子,笔者以为在征婚这一事宜中,广告的折射效应会更加严重。

在未来的研究中,笔者认为通过深入访谈的方式,能更深入地揭示出两性婚恋观中的微妙之处。

爱情和婚姻是永恒的话题,总的来说,中国社会在改革开放浪潮的推动和市场经济的繁荣中不断多元发展,社会风气日益宽容开放,两性对爱情和婚姻的表述更加自主独立,征婚平台的普及让人们的婚姻生活从私人场所被摆放在公共叙事的领域,婚姻成为生活的一种选择而非必须。虽然城市化和市场化的扩张不可避免地带来人际关系冷漠化和个人原子化的弊端,但两性对基于感情基础的婚姻表现出强烈的渴望,人们更加认同婚姻的质量并不仅仅建立在年龄、身高这些以前非常重视的生理条件或者职业、受教育程度等较为物质的外在基础上,而是更加注重精神、心理、情感、个性等方面的诉求。与此同时,我们看到,经历了将近三十年的社会转型,国人的择偶观念有突飞猛进的发展,但某些传统的观念和生活方式依旧顽固地延续下来。广告作为社会文化的参与者和行进者,是非常值得研究的对象。

参考文献

[1] BUSS D M. Sex difference in humanmate preferences:evolutionary hypotheses tested in 37 cultures [J]. Behavior brain science,1989,12(1):1-49.

[2] 董金权,姚成. 择偶标准:二十五年的嬗变(1986-2010):对 6612 则征婚广告的内容分析[J]. 典型研究,2011(2):73-78.

[3] 丁凯,任文杰. 近 20 年征婚广告的媒体梳理[J]. 社会,2001(9):33-34.

[4] 费孝通. 乡土中国生育制度[M]. 天津:天津人民出版社,1989.

[5] 李银河. 当代中国人的择偶标准[J]. 中国社会科学 1989(4):61-74.

[6] LIN R I. Educational effects on mate selection in Taiwan,1966-1972 [J]. National Taiwan University journal of sociology,1977,12:117-125.

[7] POLLAY R W,GALLAGHER K. Advertising and cultural values:reflections in the distorted mirror [J]. International journal of advertising,1990,9:359-372.

[8] PRESS Y,MEIVAR H. Self-presentation during courtship:a content analysis of classified advertisements in Israel [J]. Journal of comparative family studies,1986,17(1):19-31.

[9] SINGH H A. Content analysis of matrimonial advertisements of Indians abroad [J]. Man in india,1977,57(1):69-74.

[10] 苏红,任永进. 国内外大学生婚恋观研究综述[J]. 河南职业技术学院学报,2008(2):81-83.

[11] 童辉杰. 中国人择偶模式在 10 年中的变化[J]. 江西师范大学学报(哲学社会科学版),2004,34(2):10-14.

[12] GOODE W J. World revolution and family patterns [M]. New York:The Free Press,1963.

[13] 徐安琪,叶文振. 中国婚姻质量研究 [M]. 北京:中国社会科学出版社,1999.

[14] 许多湝. 十五年间征婚主体及其择偶标准的变迁:以征婚广告为分析切入点[J]. 长白学刊,2005(5):79-82.

[15] 许小玲. 从择偶观的变迁看择偶标准的时代性[J]. 武汉理工大学学报,2004(5):631-635.

[16] 叶童,朗月. 激荡的情史:1949-1999 中国婚恋[M]. 北京:中国文史出版社,1999.

[17] 余娜. 浅析修辞语境[J]. 传奇.传记文学选刊(理论研究),2011(2):84-85.

[18] 张伯存. 征婚广告:从私人话语到公共叙事[J]. 当代作家评论,2004(4):

149-156.

　　[19] 赵文芳. 新中国成立 60 年以来青年婚恋观的发展变迁 [J]. 长江师范学院学报，2010(5):92-95.

　　[20] 朱松,董葳,钱铭怡,等. 十五年来中国男性择偶标准的变化[J]. 心理与行为研究,2004(4):614-621.

国外性别与广告研究述评*

[摘要]广告是性别研究的重要载体,但目前尚无对性别与广告研究成果的全面总结和整理。本文使用内容分析法和文献归纳法,对 20 世纪 70 年代以来兴起的性别与广告研究进行文献综述和评析。112 篇文献涵盖五个研究主题:性别角色、性别形象、性别与广告效果、跨文化比较和其他细分广告。笔者提炼和总结了每个领域的主要成果,最后提出该领域的研究局限,探讨未来的研究方向。

[关键词]性别;广告;述评

20 世纪 70 年代,性别正式进入传播学的研究体系,即"以传播学和性别研究为理论基础,既是用社会性别的视角研究媒介、传播和大众文化,也是通过传播理论和文化研究的范式解读社会性别的发展"(张敬婕,2009)。广告作为重要的传播载体,是性别研究的主要领域之一。然而这一领域的研究进展如何,据笔者收集到的资料,较为全面的一篇是对 1970—2002 年的性别议题(Gender issues)的回顾(Lori D. Wolin,2003),作者收集了 76 篇文献,并整理了五个角度的主要研究成果,分别是:刻板印象、选择性假说的验证、代言人性别的效果、两性的广告反应比较以及品牌的性别定位。然而,是否还有其他领域的研究主题? 近十年来的研究进展如何? 这些是笔者希望继续探讨的缘由。有鉴于此,本次研究的目的有两点:一是试图描绘性别与广告研究的整体图景,尽可能地将涉及的广告主题予以归类;二是将每个领域的主要结论和新成果予以展示。

---

* 本文发表于《现代广告学术季刊》2014 年第 21 期,80—88 页,发表时有删节。

1 研究方法

1.1 文献检索

本文以 ProQuest 检索平台、谷歌学术（scholar.google.com）为数据库。ProQuest 提供九个数据库的搜索，学科涉及广泛，权威期刊多，其中的博硕士论文数据库是当今世界最大、最具权威和最广泛使用的学术论文数据库，也是广告学研究最常使用的数据库。谷歌学术能够提供最新的多个学科的文献搜索，有部分在 ProQuest 上无法读取全文的文章，借助谷歌学术可予以补充。

使用光盘文摘法进行关键词搜索，截止至 2012 年 4 月 20 日，获得标题、作者、刊物名称、期号、摘要等，通过标题和摘要阅读，确定文献是否符合要求。关键词为性别和广告的相关衍生词（见表 1-1）：

表 1-1 性别与广告研究的关键词

Key words
female＋advertising/advertisement/Ad
male＋advertising/advertisement/Ad
women/woman＋advertising/advertisement/Ad
man/men＋advertising/advertisement/Ad
sex＋advertising/advertisement/Ad
gender＋advertising/advertisement/Ad

最终收集了 112 篇文献，最早始于 1977 年，研究的时间跨度为 35 年。

1.2 编码

内容分析包括基本信息编码和研究主题编码。

基本信息编码如下所示：

"研究时间"：文献中文章的发表时间；"作者"：所有作者的姓名；"国别"：由作者所属的研究机构确定国别，来自不同国家的作者，录入多个国别；"广告媒介"：包括电视、纸媒、广播和网络，部分实践调查研究和二手资料分析录为无法判别；"发表刊物"：发表刊物的具体名称。

由于性别与广告研究主题宽泛，此前也无统一的理论假设，故没有编码表可供借鉴。笔者采用标题实词累计的方法来分类。首先剔除所有文献标题中的虚词,计票统计实词。需注意的是,某些实词词组,如果拆分后会影响类别划分,需要将其固定搭配的实词标明,如"Sexual appeal"或"Sexual image"记为"Sexual(appeal/image)"2 次。然后将属于同一研究角度的实词合并同类项,如广告形象主题包括图像、裸露、身体、模特和外表魅力(Image:Imagery/Nudity/Body/Model/Physical attractiveness)。

由于编码含义客观明确,故本研究的编码和统计均由一人完成。

2　研究结果

2.1　性别与广告研究进展概况

从时间上看,最早的性别与广告研究始于 1977 年,20 世纪 80 年代以前仅 2 篇,80 年代有 10 篇,90 年代增加到 28 篇,到 21 世纪成为研究热点,达到 72 篇,保持了不断增长的趋势。

从研究角度看,通过文献标题实词的计票统计和同类项合并,排名前十的主题如表 2-1 所示:

表 2-1　文献标题统计

类别	同类项	数量
Advertising	Advertisement/Ads/ Commercial	121
Sex	Sex/Sexism/Sexuality	39
Gender		37
Role	Perceptions/Perceived Prescriptive Essay/ Identity Masculinity/Masculine Moderating/Moderator/ Cultural influence/Cultural influence Subtle prejudice/Self-esteem Social desirability/Social comparison	60
Image	Imagery/Nudity/Body/Model/Beauty/Physical attractiveness	48
Media	TV/Radio/Web/Internet/Print/Magazine	43

续表

类别	同类项	数量
Effect	Effectiveness/Consequence/Affect/Functional Effect Arousal/Engage/Response/Evaluation/Recall Attitude/Belief/Trust/Preference/Mood/Preference Behavior/Reaction/Info-processing/ Purchase intention	36
Cultural comparison	Countries/Cross-cultural/Cross-national/ Multicultural/Comparison Countries' names	36
Female	Feminine/Women/Women's	30
Specific research	Children/Teenager/Adolescents/Proadolscent Alcohol/Wine/Pansies/Gay/Heterosexuals Food/Humorous/Sports/Athlete/Luxury/Watch/Fra- grances/Emotional(advertising)	27

"Advertising、Sex、Gender、Media、Female"等五个词虽然在计票统计中排在前十,但它们大都是对研究范围的界定,不能描述特定的研究角度。因此,笔者将这一领域的研究文献合并分类为五个主题:性别与广告效果研究(Gender and Advertising Effect,43 篇)、跨文化比较(Cultural Comparison,20 篇)、性别角色研究(Gender Role,29 篇)、性别形象研究(Gender Image,13篇)和其他细分广告的研究(Specific Research,7 篇)。

性别与广告研究发表的刊物都比较集中,主要有:*Sex Role*(16 篇)、*Journal of Advertising*(14 篇)、博硕士论文(6 篇)、*International Marketing Review*(4 篇)、*Media Report to Women*(4 篇)、*Psychology & Marketing*(4篇)、*Journal of Advertising Research*(3 篇)、*American Academy of Advertising*(2 篇)、*International Journal of Advertising*(2 篇)、*European Journal of Marketing*(2 篇),等等。

从广告媒介而言,研究最多的依次是杂志广告(58 篇)、电视广告(21 篇)、网络广告(3 篇)、广播广告(2 篇),多种媒体(1 篇),其余为二手资料分析和调查。

使用的研究方法包括内容分析法(52 篇)、实验法(42 篇)、二手资料分析(9 篇)、焦点小组(3 篇)、调查研究(2 篇)、综合研究(3 篇)和话语分析(1 篇),

以内容分析法和实验法为主,分别占到了总文献的 46％和 38％。

可辨明的研究者来源地以美国为主导(77 篇),其次是加拿大(6 篇)、英国(5 篇)、中国(3 篇)、德国(2 篇)等。

2.2 广告性别角色研究

性别角色是由一定的文化所认定的适合于男性和女性的行为系统以及两性的基本态度、情感,它强调社会如何引导和决定两性的行为规范。

性别角色习惯上被分为男性主义角色和女性主义角色,但广告研究中,绝大多数都是对女性角色和形象特征的研究,即使是涉及两性的研究,也以女性为重点,单独的男性角色研究只有 3 篇。

2.2.1 男性角色(Male role)研究

Kolbe & Albanese(1997)考察了 6 本男性杂志广告中的单独男模(Sole man),发现广告中的男性角色类型相对女性来说,数量非常有限,占主要地位的是传统男性角色,包括运动员、牛仔和户外活动者,男性职业描述亦有限。

McRee & Denham(2006)则关注多个男模广告(Multiple-male),结果发现广告回避描述男模间的人际关系,拒绝让男模有眼神交流,研究者认为这种超然离群的形象深刻体现了现代社会中男性的独立。广告中大部分男模身着休闲服,这显示出主导的、权力的传统男性角色定型可能正在衰退。绝大部分的男模都出现在室内场景中,传统的牛仔形象逐渐消失。研究者认为这是因为女性角色对男性角色的影响,男模可能为了配合广告中作为主体的性感女性,而被描述为无权力的、装饰性的角色,从而促进销售。

Rohlinger(2002)考察了从 1987 年到 1997 年十年间男性杂志广告,主要探讨广告中女性化的男性形象。作者认为这一现象是广告对过去 50 年经济发展变化的反映,柔美的男性形象旨在吸引思想开化的女性和新兴男性消费群体。同性恋解放运动也重构了人们对男性美的判断标准,使这一话题进入主流媒体。男性的对象化问题,这是 Rohlinger 的重要理论贡献。对象化常被用来探讨女性形象和女性主义,但越来越多的学者意识到,当前男性的身体,与女性身体一样被肢解、打包以适应广告销售(Kilbourne,1999;Bordo,1999)。尽管两性形象的社会意义不同,但作用一样,都成为被操控和观赏的对象。

男性对象化的趋势还表现在广告中不出现面部或头部,因而无法判断性别的模特不断增多;男性对外表日益高涨的兴趣,对体型不满而饱受节食折磨的群体中,男性占到了 10%(Fraser,1999)。这一切都说明广告中男性角色的定型正在改变。

2.2.2 女性角色(Female role)研究

与男性研究相比,女性角色研究不仅数量丰富,而且深入全面。研究主题有如下几类:

(1)女性角色类型。Emmanuella & Yorgos(2009)将学界较为认同的七类角色(Belkaoui & Belkaoui,1976;Lysonski,1985;Paul & Wendy,1990;Zotos & Lysonski,1994)归纳为四大类,即:传统女性角色(依赖性、家庭主妇)、装饰性角色(身体吸引、性对象)、非传统角色(非传统活动、职业女性、权威发言人)和男女平等角色,如表 2-2 所示:

表 2-2　女性角色类型

角色类型	描述
传统女性角色	依赖性:女性依赖男性的保护/需要被安抚/只做不重要决定
	家庭主妇:被置于家庭情境/主要角色是做好妻子/从事家务劳动
装饰性角色	身体吸引:引起兴趣/与化妆品和珠宝首饰相关/与时尚相关
	性对象:性与产品相关/性与产品无关
非传统角色	非传统活动:参与户外活动(如买车)/参与体育运动
	职业女性:专业人士/演艺人员/蓝领/非专业人士
	权威发言人:专家
男女平等角色	中立:女性与男性平等

(2)女性角色变迁。广告中充斥着刻板印象,女性角色经常被定型化。但是学者们注意到从 20 世纪 80 年代开始,女性角色开始发生变化。

在 80 年代,Kerin 等人(1979)通过研究回顾,预测不断提高的女性求职者比例和高涨的女性主义运动将导致广告中现代女性形象的增加。后续研究部分地验证了这一预测。如 Lysonski(1985)发现杂志广告的角色描述发生变化但不显著,依赖男性的女性角色有所减少,但大多数女性还是被视为家庭主妇和性对象。Mays(1990)发现女性的家庭角色越来越少,社交和职业角色增加,但性对象的描述并未减少。

Paul & Wendy(1990)发现英国广告中的女性角色呈现两极分化之势:一种是走向更传统的、以家庭为主导的依赖形象;另一种是非传统的、以职业为主导的权威形象。作者认为这是一个可喜的变化,不管女性作为家庭角色还是职业角色,都比原来的性吸引对象这一定位要有益于社会。

在 90 年代,Ford, LaTour & Lundstrom(1991)通过问卷调查高端女性群体,发现尽管广告中女性的刻板印象在减少,但现实中的女性依然对广告持批判态度。她们认为广告定型依然存在,广告并未真实反映现实。Das(2000)对 1987、1990 和 1994 年的印度杂志广告进行对比后发现,传统女性角色,例如依赖男性、家庭主妇、性对象和身体吸引的描述,都在这一期间明显减少,由 1987 年的 83.1% 降到 1994 年的 52.6%。尽管如此,90 年代的女性仍然多被看作性对象。

到了 21 世纪,Emmanuella & Yorgos(2008)指出 3/4 的广告女性角色都被刻画成装饰性的,与 Lysonski(1985)的数据对比后发现,广告中依赖男性、家庭主妇等传统女性角色的比例在下降,非传统女性角色(如权威人士、职业女性)呈现上升趋势,尽管总体数量很小,男女平等的描述也有所减少。

概括而言,广告对女性角色的描述的确有所改善,但定型化依然存在,正如 Coltrane & Messineo(2000)和 Ganahl 等人(2003)所言,广告继续实施着性别歧视和大男子主义,不过也在朝着尊重女性、如实反映女性的方向进步。

谈到两性角色,不可避免地会涉及两性地位比较。对男女社会角色的一般文化理解是女性从根本上要次于男性(Ortner,1974),仅有少数平等价值观主导的社会文化强调性别平等(Sullivan & O'connor,1988;Green et al.,1983)。因此,两性不平等,女性被冒犯、被歧视的问题在性别角色研究中由来已久。最早提出性别描述不平等问题的是 Courtney & Lockeretz(1971)的研究。他们发现美国广告未平等地描述男性和女性,存在严重的角色定型,随后的研究发现女性屈服于男性是广告中的普遍现象。

学者们一致认为广告往往将女性限定在次要、需要帮助的角色,而男性则通过不同方式展现重要的、专业的和独立的角色(Thomas & Alice,1985;Bretl & Cantor,1988;Artz & Venkatesh,1991;Kramer & Knupfer,1997),女性对这一点非常不满。

2.3 广告性别形象研究

形象研究主要考察广告中的男女模特在视听上如何呈现,它大致包括以下几个方面:人口因素、出现频率、身体展示、广告场景、画外音、对象间的互动与接触(人物与人物、人物与产品)。因为刻板印象的存在,广告对两性的形象描述存在很大差异。

(1)年龄(Age)。许多研究都显示广告模特大多年轻,且女性比男性要更年轻(Dominick & Rauch,1971;McArthur & Resko,1975;Caballero & Solomon,1984;Gilly,1988)。Daechun & Sanghoon(2007)认为韩国广告尤其如此,原因是韩国传统文化价值观中尊老爱幼的观念开始弱化,此外年轻模特能够吸引具有更大消费潜力的年轻受众。

(2)出现频率(Frequency)。大部分研究都发现电视广告中的男性数量超过女性(Gilly,1988;Furnham et al.,2000),除了少数国家,如韩国广告中的女性角色略多于男性(Daechun & Sanghoon,2007)。但在儿童广告中,结果无一例外地一致,男孩出现的频率远比女孩要高(Browne,1998;Childs & Maher,2003)。

(3)场景(Setting)。大部分研究都显示,电视广告中男性更多地被置于工作场景或商务场合,而女性则是家庭环境、商店或户外(Gilly,1988;Mazzella et al.,1992;Furnham et al.,2000)。

(4)衣着程度(Degree of dress)。Lawrence & Gary(1986)发现广告中的女性比男性有更多的衣着诱惑暗示,裸露更多,即使是在同一广告中。

(5)画外音(Over-voice)。在画外音上,多是男性声音主导(Dominick & Rauch,1972;Lovdal,1989),而且男女差别非常大。例如 Gilly(1988)比较美国、墨西哥和澳大利亚三国广告,发现其画外音都以男性为主,女性为主的情形还不足 12%。针对这一现象,Kate(2001)从广告效果的角度,为业界敲响警钟,提出男性并不是所有产品最有效的代言人,应视具体情况而定。

(6)对象间的互动与接触(Contact)。成人广告研究中,Koble & Albanese(1997)研究了单独男模(Sole man)广告,相当多的广告中没有产品出现,男性与产品的身体接触也非常少见。这点恰好与 Katie & Bryan(2006)的结论相反,后者研究的是多个男模(Multiple male),发现绝大多数广告中至少有一个以上的模特和产品发生身体接触,但男模之间没有眼神交流。

2.4 广告性别效果研究

广告性别的效果研究是最丰富的,笔者搜集到的三篇综述,都与广告效果有关:

第一篇是 Thomas & Alice 1985 年对女性角色与广告传播效果所作的综述。学者们确定广告模特的性别对广告效果存在影响,但女性性别究竟影响如何,没有得出一致结论。不过研究者发现女性角色与产品类别之间有相互作用。

第二篇是 Reichert(2002)对美国相关主题的总结,他将广告效果研究分为三类:广告信息处理、情感反应和行为反应。在信息影响方面,学者们验证了注意力分散假设,即广告的性信息既可以吸引注意力,又会分散受众对广告信息的注意;在情感反应上,受众的唤醒(Arousal)程度随着广告模特裸露越多而越高,受众的情感反应会对广告、品牌态度产生影响,进而影响说服和购买意图;对行为反应的研究较少,但结论都发现性会影响消费者的购买意图。

第三篇是 Edison(2009)对 60 篇广告性诉求效果的文献的归纳。大部分研究者都认为性诉求比非性诉求有更积极的效果,但不是很显著。同时,其他干扰因素如受众的性别、广告模特的性别都影响广告效果。

总体而言,这三篇综述是有局限性的:第一篇时间太早,而大量的性别广告研究都集中在 21 世纪;Reichert(2002)和 Edison(2009)虽然在综述中涵盖了男性和效果关系的研究,但两位学者都将性别片面地理解为性诉求,而忽略了其他内容。此外,Thomas & Alice(1985)和 Reichert(2002)都只关注了美国文献。因此,有必要对这一领域的最新研究动态予以整理。笔者将广告效果的研究分为两个部分:第一部分是讨论性别形象与广告效果,第二部分是性别角色与广告效果。

2.4.1　性别形象与广告效果

(1)裸露(Nudity)。广告效果涵盖了信息处理(信任"Trust"、注意"Attention"、回忆"Recall")、情感反应(喜爱度"Preference"、态度"Attitude"、唤醒"Arousal")以及行为反应(购买欲"Purchase intention")。

有关男女对裸露的反应差异,学者们的结论基本一致,验证了异性相吸(Sex oppose)的假设,即受众对广告中异性的裸露反应更为积极,而对同性裸露反应消极(Reidenbach & McCleary,1983;Michael,1990;Michael & Tony,1993)。Simpson,Horton & Brown(1996)进一步验证女性对广告商、广告和品牌的态度都会随着广告中男模特的裸露程度升高而增强,但到达峰值后,如面对的是全裸男性,这种积极反应反而受阻。Christian & Zdenek(2010)发现这一结论没有国别差异,捷克、西班牙和法国的女性受众对女性裸露的态度都比男性消极。

学者们还探讨了这一现象对广告主选择期刊的启示。Michael(1990)和 Michael & Tony(1993)指出当前高度裸露的女性广告大都刊登在女性杂志上,男性杂志上极少有,这与异性相吸的原理正好背道而驰,值得广告主投放时考虑。此外,广告主还需考虑裸露的度的问题,女性主义者对女性过度裸露的态度最为消极,因此广告要避免过多的性内容。

(2)形象代言人(Spoken characters)。不少研究都发现代言人是有效的广告手段,因为代言人的形象讨人喜爱,容易被记住(Phillips,1996)。而且代言人的性别会对广告态度产生影响。Reidenbach & McCleary(1983)最早验证了 Peterson & Kerin(1977)提出的产品/模特一致性假设,即消费者对产品的"性别"有所期待,认为某些产品只适合女性或男性。如果产品"性别"与模特性别一致,受众对广告的喜爱度和信任度都较高,但与购买动机的关系很小。

Kate(2001)运用实验法也发现目标受众对广告的感知会随着代言人性别的改变而改变。它对营销的启示就是代言人的性别应根据产品的目标受众性别来确定。如果产品只针对某一性别,广告应总保持代言人性别和受众感知性别的统一;但对于中性产品而言,应更为慎重。

(3)外形魅力(Attractiveness)。这部分研究主要针对年轻人。与成人喜爱裸露和漂亮不同,Tsai & Chang(2007)发现不管在态度还是购买欲上,青少年都对使用普通外形模特的广告反应更积极,且不存在男女差异。

Martin & Kennedy(1993)曾提到,青少年有将自身与广告进行比较的倾向。学者们发现女性将自身与广告的漂亮模特对比后会产生受挫的消极体验(Bower,2001),也许青少年因此更青睐和他们一样的模特。Martin & Gentry(1997)认为广告和大众媒体对青少年的身心健康影响大,因此以青少年为目标受众的广告应格外注意对模特外表的把握。

2.4.2 性别角色与广告效果

研究者主要考察了广告中性别角色的定型化描述如何影响广告效果,总的来说,现实性别应和广告角色性别一致。

Lynn & Paul(1994)将现代女性形象分为两种——女强人和平等主义者,援引经济资源理论作为假设,通过实验验证广告中性别角色描述和受众的性别意识对效果(购买欲、情感唤起)的影响。如研究者所预期的,不论是在购买欲还是情感唤起的效果上,现代女性的定位都比传统女性形象好。在两种现代女性形象中,平等主义女性更胜一筹。

根据经济资源理论,在家庭中女性比男性权力小是因为他们为家庭所提供的经济资源小。随着女性经济能力提高,她们对丈夫在家庭中承担的家务有更多期待,广告则表现为平等主义。研究结果证实了经济资源理论的适用性,高收入的女性更喜欢将女性描述为平等主义者的广告。这一研究对广告主的启示是:要拓展女性市场,最为合适的诉求是广告展现男女共同承担家庭责任。

Ulrich & Denisa(2004)发现,男女都对同性角色描述的广告反应最为积极。因此,广告中不恰当的性别角色描述会对品牌产生消极影响。研究者还发现消费者对含有他/她所处群体角色描述的广告反应最为积极,这一结论与前人一致(Williams,1995;Bhat,1998)。

Morrison & Shaffer(2003)发现现实生活中不同角色自我定位的男女会根据广告相应的角色描述来为产品贴标签。传统型的被试(男子主义男性、女子主义女性)都更喜欢传统的、含有角色定型(刻板印象)的广告,而非传统被试(女子主义男性、男子主义女性)相应地更喜欢非传统广告。

Putrevu(2004)则探讨男女信息处理方式的差异。测试中,男女被试接触到的广告信息量相同,但女性列出的大部分信息与产品类别相关,如"多芬—沐浴露",男性则多记忆与态度相关的信息,如"万宝路—自由狂野的生活态度"。这说明女性运用的是关联信息处理模式,男性是具体信息处理模式。对广告策略而言,这说明两性都更喜欢与各自的性别角色期待和信息处理模式相一致的信息。和实际的社会角色相似,男性更喜欢竞争和比较广告,而女性更强调和谐。

2.5 广告性别跨文化研究

随着经济全球化发展,许多品牌开始实施国际化战略,这一过程就涉及了目标市场的文化差异,相应的广告研究也随之开始文化比较。

本研究共搜集了 11 篇关于性别/广告与国家的对比研究,主要国别和结论见表 2-3:

表 2-3 性别与广告跨文化研究

研究者	时间	主要结论
Gilly	1988	美国、澳大利亚、墨西哥三国电视广告中,澳大利亚广告没有显著的性别差别,但美国和墨西哥有
Wiles ,Tjernlund	1991	美国和瑞典杂志广告在非工作活动方面有很大性别差异
Sengupta	1995	美国和日本电视广告在女性角色类型上有很大差别
Wiles et al.	1995	荷兰、瑞典、美国三国杂志广告的性别差异不一

续表

研究者	时间	主要结论
Wee, Choong & Tambyah	1995	马来西亚和新加坡电视广告中,马来西亚有更多传统女性角色
Cheng	1997	美国和中国电视广告没有明显差别
Furnham, Farragher	2000	英国和新西兰电视广告的主要角色有很大性别差异
Furnham et al.	2000	香港和印度尼西亚电视广告没有很大差别
Milner, Collins	2000	瑞典、俄罗斯、美国、日本电视广告中,男子主义国家(日本、美国)的性别角色差异更大
Moon, Chen	2002	香港和韩国电视广告没有明显差异
Gaby, Kristof & Natascha	2002	英国和荷兰杂志广告没有明显差异
Daechun & Sanghoon	2007	韩国和美国网络广告中,美国在工作角色中的性别差异比韩国小
Lin, Pataradech & Debra	2009	美国、中国和泰国杂志广告中,中国和泰国广告有更多的角色定型,美国的性别角色差异更小
Fang, Cheng & Li	2009	澳大利亚、美国、中国杂志广告中,中国与美国表现出一致性,澳大利亚角色差别不明显
Hye-Jin, Michelle & Alexandra	2011	巴西、加拿大、中国、德国电视广告中,男性主义与女性主义国家在性别描述上存在很大差异

从中可见,广告性别差异的比较研究在近20年才兴起,美国是最受关注、被用于比较最多的国家。

这些研究使用的理论都是荷兰学者 Geert Hofstede 提出的文化价值模型(Cultural Values Framework)。Hofstede 基于 IBM 公司的全球员工调查数据,提炼出文化差异的五个基本维度:权力差距(Power distance - societal desire for hierarchy or egalitarianism)、个人主义—集体主义(Individualism - societal preference for a group or individual orientation)、不确定性规避(Uncertainty avoidance - societal resistance to uncertainty)、长期导向和男性气质—女性气质(Masculinity - a gender-role differentiation)(Hofstede,1980;Bond & 1984),涉及性别研究的维度正是男性气质和女性气质(M/F:masculinity/femininity)。尽管该模型存在很多漏洞(Gooderham & Nordhaug,2002),但它已被多个学科(社会学、市场调查和医学)的跨文化研究所证实,也是目前被采用最多的(Dorfman & Howell,1988)。

男性气质和女性气质是界定男性与女性的社会角色的社会规范,Hofstede 由此提出两种社会形态:男性气质社会和女性气质社会,表 2-4 列举了其主要区别(Hofstede,2001)。日本、美国、墨西哥等都是典型的男性气质国家,瑞士、荷兰、丹麦等则是女性气质社会。

表 2-4　男性气质社会和女性气质社会的主要差别

女性气质社会	男性气质社会
性别文化差距小	性别文化差距大
平等就业和工作的机会多	平等就业和工作的机会少
女性在专业和技术领域占的份额大	女性在专业和技术领域占的份额小
社会化朝向非传统社会角色	社会化朝向传统社会角色
女性认为她们比男性更有竞争力	男性认为他们比女性更有竞争力
性别角色定型源于一般的生理差别	性别角色定型因国家而异
特征主要归因于性别	性别特征的成因不容易区分
女性用自己的术语描述自己	女性用男性的术语描述自己
男性可以是温和的、女性化的、柔弱的	女性应是温和的、女性化的,男女都不应该柔弱
男性要求压制快乐或悲伤	男性要求展现快乐或悲伤
女性解放意味着女性在家庭和工作中占与男性平等的份额	女性解放意味着女性进入迄今为止只有男性的工作领域

和性别与广告研究主题相似,跨文化比较主要涉及三个领域:性别角色对比、男女形象和效果对比。

2.5.1　性别角色跨文化研究

学者们都认为广告中的性别角色存在不同文化差异,而且男性气质/女性气质价值观对不同国家广告中的性别角色描述有影响。总的来说,男性气质国家广告中性别描述的两性差异比女性气质国家要大。

Gilly(1988)比较了三个男性主义国家墨西哥、澳大利亚和美国的电视广告,发现后两者非常相似,只有墨西哥广告描述男女职业类别时,比美国呈现更多的传统角色。While(1995)比较代表男性气质的美国和代表女性气质的瑞士和荷兰的杂志广告,发现瑞士广告呈现男女的方式比美国和荷兰都更为平等,这一定程度上验证了 Hofstede 的假设。Hye-Jin,Michelle & Alexandra(2011)比较了中、美、德等七个国家的电视广告,也证实了 Hofstede 模式:七个国家广告中的性别角色描述因各自男性气质分值 MAS(Masculinity score)的不同而不同。男性主义国家如德国,比女性主义国家如中国、韩国的角色差异更多。但作者也指出 MAS 值不能指示性别差异的全部,只有比较两个分值差别较大的国家时,Hofstede 模型才能发挥作用。

Hofstede 还认为国家性别和男女个体关系相关联,女性气质国家会更偏爱表现男女关系。Daechun & Sanghoon(2007)的研究证实了这一点。他们比较了韩国和美国的网络广告,发现韩国广告刻画男、女演员关系的频率更高。韩国广告更多地以女性为主角,美国广告以男性为主。

但是研究也显示男性气质国家广告中的角色描述差异不一定比女性气质国家大。Daechun & Sanghoon(2007)发现美国虽是男性气质的,但广告却表现出平等主义。同样的,Lin,Pataradech & Debra(2009)也发现美国广告出现的职业角色描述未表现出明显的性别差异,但泰国和中国的差异却非常大。Cheng(1997)对比中美广告时发现女性在两国的广告中都是被贬低的,男性更多地被描述为职业角色,两国广告描述性别角色没有差异。

对于结论不一致的现象,可能正如其他学者对 Hofstede 模型的批判中提到的,这一模型产生于 20 世纪 80 年代,许多新的文化价值观并没能同步跟进。Michelle & Hye-Jin(2008)建议后续学者应该考虑在研究中加入对其他新现代社会文化价值观的探讨,如种族和宗教。此外,不同国家的广告规范也可能有影响。Fang,Cheng & Li(2009)和 Gilly(1988)的数次研究证明,虽然澳大利亚是高男性气质国家,但其广告未表现出明显的性别角色差异。Thomas & Alice(1985)曾提到,澳大利亚是少有的实行广告自律和广告管理制度的西方国家。该国妇女组织专门建议解决"消除女性刻板印象和利用女性肉体来促销"的问题,媒体也做出回应,要求自律,这就可能导致该国广告呈现的是尊重女性的倾向。

2.5.2　两性形象跨文化研究

总体而言,跨文化比较的研究结果和之前的非对比研究相似,广告中女性的裸露程度都比男性高,在这点上,国家差异不明显。

Michelle & Hye-Jin(2008)对比了中、美、德等七国广告,发现不论哪个国家,女性都比男性裸露得更多,其中中美两国的女性裸露程度最低,最高的则是德国和泰国。同时,性别/模特与产品匹配(Model/Product Match)理论也适应不同国家。泰国和加拿大的广告中,如果模特与产品品类一致,男女模特的裸露程度都很高;韩国和中国的女性模特在品类一致的情形下裸露都比较高,但男性没有显著差别;德国则是女性裸露较多,而男性裸露较少。

Piron & Young(1996)以德国和美国为比较对象,发现两国展示明显性元素,如性交暗示和全裸的广告非常少,模特部分裸露的情形正朝着不裸露却具有性诱感的方向转变。这一结论部分支持了 Jill, Peggy & Spencer(1990)的发现:随着时间推移,广告将女性刻画为性诱感对象的描述会增多。

Lin, Pataradech & Debra(2009)比较了中、美、泰三国广告,发现广告都喜欢采用女模特,泰国尤其偏爱这一方式。而且模特都比较年轻,女模特的平均年龄小于男性。

2.5.3 广告效果跨文化研究

广告效果被证实有国别差异。Fang, Cheng & Li(2009)对比了美国、中国和澳大利亚的杂志广告,如研究者所预期的,消费者对性诉求的广告态度和品牌态度会因国别而有很大不同,但是对消费者的购买意图没有影响。不论哪个国家,女性对性诉求广告的喜爱度都不如男性。因为文化差异,东西方消费者对相同的广告持有不同的态度(Choi & Miracle,2004)。尽管中国消费者通常被认为不喜欢性诉求广告,但研究结果并非如此。中国消费者对性诉求广告的态度与美国一样积极,甚至比澳大利亚消费者的态度更为积极。对于这一现象,Duan(2003)曾指出,中国的年轻一代在文化上越来越"亲西方",尤其是"亲美国"。三国消费者态度的差别说明 Hofstede 的男性气质理论并不能说明跨文化研究中的所有问题,Fisher(1986)、Hatfield & Rapson(1993)也认为其他文化因素如某一细分群体的价值观和个性或许能更好地显示消费者对广告的反应。此外,这一结论为广告主进入新市场时,应该执行本土化策略还是标准化策略提供了启示。有些诉求和创意可以放之四海而皆准,有些则不然,需慎重考虑。

2.6 广告性别具体细分研究

除了上述研究主题,笔者还发现其他广告细分领域的性别研究,这些小众研究主体包括:儿童广告、同性恋和宗教。

2.6.1 儿童广告

儿童用品的消费量正以每年 15% 的速度增长,儿童接触的广告超过 20 000 条(Angrisani,2001),广告构成儿童社会环境的重要部分。青少年对社会角色和生活方式的学习依赖于广告(Polly & Mitta,1993),因此,研究儿童的性别角色和差异不仅对广告有实践意义,更有重要的社会意义。

本研究中,围绕儿童广告中的性别差异文献共有 4 篇,其中 1 篇是儿童广告态度的性别差异,其余 3 篇研究广告中的儿童形象。

学者们注意到儿童电视广告中存在的性别角色刻板印象,广告中男孩和女孩的描述存在很大的差异(Furnham et al.,1997;Browne,1998;Peirce & Mcbride,1999)。不同国家的儿童广告都存在被扭曲的角色形象。学者们从六个方面来考察,4 篇研究时间不同、地域不同,但结果却惊人的一致。

在画外音、产品代言人和主角方面,广告均以男童为主。Childs & Maher (2003)发现画外音都以男性为主,食品广告尤其严重;儿童广告的主角都是男孩。Browne(1998)发现美国和澳大利亚的儿童广告同样如此,即使产品没有性别定位,大多时候都是男孩在解说、展示产品。

在性别描述方面,男孩和女孩也不一样。面向男孩的广告比面向女孩的广告,模特的活跃程度更高。男孩在广告中有更多的言语、肢体动作,更多地掌控他人或物,女孩只是与他人、物体有轻微接触,表现为害羞、躲闪的退缩行为(Browne,1998)。早期的研究也发现男孩在广告中的攻击行为最多,女孩则没有;男孩更自主、激进,富有创造力(Schuetz & Sprafkin,1974;Welch et al.,1979)。

综上所述,儿童广告中也存在着性别角色定型,Browne(1998)最终指出,儿童广告中的刻板印象没有很大改变。

2.6.2 同性恋与广告

近年来,广告中同性恋形象(Gay image)越来越多,他们多受过良好教育,有较强的经济实力,市场潜力很大,涉及产品也非常广泛,因此同性恋经济被称为"Gay dollar"。

本研究搜集到了 2 篇研究同性恋问题的文献。Brankchik(2002)引用了 Clark(1969)提出的针对同性恋态度的四步骤框架:不被感知—被嘲笑—常规化—被尊重,并逐一分析了从 1917 年至 2004 年间出现的数十种广告中的同性恋形象,由此修订了 Clark 的框架。他认为 20 世纪 20 年代末以前,媒体中的同性恋形象处于感知阶段；20 年代末至 70 年代对应 Clark 的第二阶段，但他认为在这一阶段同性恋不但被嘲笑而且被忽视；70 年代至 90 年代中期，同性恋处于先锋地位，此后才进入 Clark 框架中的被尊重阶段。

Child 等人（1996）比较了变性人（Male to female）、同性恋男子和异性恋男女的求偶广告，认为求偶广告是分析自我呈现、社会角色和性别角色的好样本。研究发现：对异性恋男女而言，女性经常提及个人特征和外表吸引力，很少透露年龄，男性则多展现经济能力和社会地位、就业情况。这验证了前人结论：男性关注伴侣的生育能力，女性则注重伴侣抚养后代的能力。变性人在性、外表、职业和真诚度上都更接近于异性恋男性，这可能是因为在变性前他们保留了男性的社会化身份。

2.6.3 宗教与广告

许多研究都证明宗教信仰和消费者行为间的关系（Hirschman,1982）。Ghanimi（2008）以深入访谈的方式探究美国穆斯林对不同媒介广告信息的感知，试图了解广告中有哪些与穆斯林价值观不相符或抵触的因素。结果发现：网络是穆斯林接触最多的媒介；穆斯林更注重产品的功能性，而非外表或心理寄托；穆斯林对广告中使用的女性身体、过多的性诉求以及利用身份地位、个人隐私来进行产品定位的手法表现出极大的反感；穆斯林大多缺乏品牌意识，多依据边缘线索做出购买决策。穆斯林批判广告的标准主要是两点：不尊重女性和不合体统。这一研究对以穆斯林聚居地为主要目标消费市场的广告主有很大的借鉴意义。

3 结论及探讨

3.1 主要结论

对 112 篇文献进行内容分析和综述后，性别与广告研究的整体概况如下：

第一，相关研究始于 20 世纪 70 年代末，呈逐年上升趋势，成为关注热点则是在 21 世纪；研究者使用最多的方法是内容分析法和实验法；美国是研究重地。

第二，这一领域的主题主要有五个：性别角色、性别形象、性别与广告效果、跨文化比较和其他细分广告研究。

各个主题的主要研究成果如下：

(1)性别角色的研究绝大多数关注女性角色,即使是性别比较研究,也将重点集中在女性。男性角色类型非常有限,占主要地位的是运动员、牛仔和户外活动者等传统角色;性感男性形象有逐年增多的趋势;男性角色也出现对象化的势头,即男性像女性一样作为被观赏和操控的对象。

女性角色的定型化现象非常普遍,从 20 世纪 70 年代末 80 年代初开始有所改善,依赖男性的、家庭主妇等传统角色比例略有下降,现代独立女性数量上升,但定型化和刻板印象依然存在。

大量研究证明广告和一般文化都将女性看作根本上是次于男性的。广告将女性限定在次要的依赖型角色,男性则是专业的、独立的角色。

(2)性别形象研究中,大多数结论都发现广告中的男女模特都很年轻,并且女性比男性更年轻,男性出现的频率高于女性。男性多被置于工作场景或商务场合,而女性则是在家庭环境、商店或户外;女性比男性展现更多的性诱惑、性暗示、裸露,女模特的衣着要远少于男模特;广告的画外音多以男性为主导;男性很少与产品接触,而女性则通过对产品的依靠或接触表现出依赖性。

(3)性别与广告效果研究中,裸露的影响是重要主题。许多研究都证明了异性相吸原理,即受众对广告中异性的裸露反应更为积极,而对同性裸露反应消极。此外,当模特性别与消费者对产品的性别期待相一致时,受众会对广告表现出更积极的反应;与成人对裸露的积极反应不同,青少年的态度会随着外表吸引力的升高而降低,他们更钟爱普通外形的模特;性别角色描述也会对广告效果产生影响,当广告中的性别角色描述与受众的自我定位和期待相一致时,受众对广告的态度是积极的。

(4)跨文化比较的结果显示,不同国家的广告描述性别时,确实存在很大差异。根据 Geert Hofstede 的男性气质理论,男性气质分值越高的国家,广告描述的性别差异越明显。虽然这一理论受到部分学者质疑,但大多数研究都证实了其适用性和指示性。

两性形象比较中,广告中女性的裸露程度比男性高,在这点上,国家差异不明显。广告效果被证实有国别差异。

(5)其他具体细分研究主要有儿童广告、同性恋和宗教问题,它们为学界和广告实践提供了最新的视角,是对现代社会生活不断变化发展的真实反映。

3.2 性别与广告研究局限和未来研究方向

笔者认为上述文献中体现出来的主要局限有:

第一,有近 40% 的研究都采用实验法,需控制无关因素,忽略了真实环境对广告效果的影响,且研究样本大都是学生,过于单一,代表性不足。

第二,在跨文化研究中,Geert Hofstede 的男性气质理论是基本的,且是唯一的框架。但目前学者们对这一框架的适用性没有达成高度一致,有相当研究都显示出该理论不能很好地解释广告中的性别差异。也有学者质疑这一理论不适应当代社会,有的认为其他因素如宗教、受众个性等可能更好地指示性别差异,但尚未开展相关研究。因此,理论建设,笔者认为是重中之重。

第三,文献显示了因现实社会变化而新出现的研究主题,如儿童、同性恋和东方宗教,但相关文献数量尚少,且研究程度浅显。例如同性恋经济已是其他领域,如社会学、心理学等的热门话题,但广告学的关注几乎还是空白,后续研究值得深入。

3.3　本研究不足

首先,文献收集可能存在遗漏,一是数据库所限,二是关键词检索可能尚未覆盖所有相关文献;其次,文献归纳需阅读全文才能精准获得其观点及意义,但本次研究的文献量数量丰富,主题广泛,笔者在阅读时可能存在遗漏和忽略之处。

参考文献

[1] ANGRISANI C. Kids rock! [J]. Brand marketing,2001(1):26.

[3] ARTZ N, VENKATESH A. Gender representation in advertising [J]. Advances in consumer research,1991 (18):618-623.

[4] BELKAOUI A, BELKAOUI J M. A comparative analysis of the roles portrayed by women in print advertisements:1958,1970,1972 [J]. Journal of Marketing Research,1976,8:168-72.

[5] BHAT S, LEIGH T W, WARDLOW D L. The effect of consumer prejudices on ad processing:heterosexual consumers' responses to homosexual imagery ads [J]. Journal of advertising,1998,27(4):9-25.

[6] BORDO S .As minorities' TV presence dims, gay roles proliferate [N]. 1999-7-21 (1).

[7] BOWER A B. Highly attractive models in advertising and the women who loathe them:The implications of negative affect for spokesperson effectiveness [J]. Journal of advertising,2001,30:51-63.

[8] BRANCHIK B J. Out in the market:a history of the gay market segment in the United States [J]. Journal of macro marketing,2002,22 (1):86-97.

［9］BRETL D J，CANTOR J. The portrayal of men and women in US television commercials: a recent content analysis and trends over 15 years［J］. Sex roles,1988,18(9/10): 595-609.

［10］BROWNE B A. Gender stereotypes in advertising on children's television in the 1990s: a cross-national analysis［J］. Journal of advertising,1998,27(1): 83-96.

［11］CABALLERO M，SOLOMON P J. A longitudinal view of women's role portrayal in television advertising［J］. Academy of marketing science,1984,12(4): 93-108.

［12］CHENG H. Holding up half the sky: a socio-cultural comparison of gender role portrayals in Asian and US advertising［J］. International journal of advertising,1997,16: 295-319.

［13］CHILD M，LOW K G，MCCORMICK M D，et al. Personal advertisements of male-to-female transsexuals，homosexual men，and heterosexuals［J］. Sex roles,1996, 34 (5/6): 447-455.

［14］CHILDS N M. Gender in food advertising to children: boys eat first［J］. British food journal,2003,105(6/7): 408-419.

［15］DIANOUX C，LINHART Z. The effectiveness of female nudity in advertising in three European countries［J］. International marketing review,2010,27(5): 562-578.

［16］CHOI Y K，MIRACLE G. The effectiveness of comparative advertising in Korea and the United States［J］. Journal of advertising,2004,33(4): 75-87.

［17］CLARK C C. Television and social controls: Some observations on the portrayals of ethnic minorities［J］. Television quarterly: the Journal of the National Academy of Television Arts and Science,1969,8(2): 18-22.

［18］COLTRANE S，MESSINEO M. The perpetuation of subtle prejudice: race and gender imagery in 1990s television advertising［J］. Sex roles,2000,42(5/6): 363-389.

［19］COURTNEY A E，LOCKERETZ S W. A woman's place: an analysis of the roles portrayed by women in magazine advertisements［J］. Journal of marketing research, 1971(8): 92-95.

［20］AN D，KIM S. Relating Hofstede's masculinity dimension to gender role portrayals in advertising: a cross-cultural comparison of web advertisements［J］. International marketing review,2007,24(2): 181-207.

［21］DAS M. Men and women in Indian magazine advertisements: a preliminary report［J］. Sex roles,2000, 43(9/10): 699-717.

［22］DOMINICK J R，RAUCH G E. The image of women's network TV commercials ［J］. Journal of broadcasting,1971,16: 259-265.

［23］FARMER R N，MCGOON E G. Advances in international comparative managemwnt［C］. Green wich: JAI press, 1988.

［24］DUAN Y. What is the attraction of sex appeal ads? ［EB/OL］.［2008-05-18］www.csonline.com.cn/changsha/whgc/t20030929_26875.htm.

［25］STEPHANIE E A. Does sex really sell? research on sex in advertising: a meta-analysis ［D］. Tuscaloosa: The Univ of Alabama,2009.

［26］PLAKOYIANNAKI E, ZOTOS Y. Female role stereotypes in print advertising ［J］. European journal of marketing,2009,43(11/12): 1411-1434.

［27］FISHER T D. An exploratory study of communication about sex and sexual attitudes of early, middle and late adolescents and their parents ［J］. Journal of genetic psychology,1986,147(4): 543-57.

［28］FORD J B, LATOUR M S, LUNDSTORM W J. Contemporary women's evaluation of female role portrayals in advertising ［J］. The journal of consumer marketing,1991,8(1): 15-28.

［29］FRASER L. The hard body sell ［J］. Mother jones,1999, March/April: 31-32.

［30］FURNHAM A, ABRAMSKY S, GUNTER B. A cross-cultural content analysis of children's television advertisements ［J］. Sex roles,1997,7(37): 91-99.

［31］FURNHAM A, BABITZKOW M, UGUCCIONI S. Gender stereotyping in television advertisements: a comparative study of French and Danish television ［J］. Genetic, social & general psychology monographs,2000,126(1): 79-104.

［32］FURNHAM A, FARRAGHER E. A cross-cultural content analysis of sex-role stereotyping in television advertisements: a comparison between Great Britain and New Zealand ［J］. Journal of broadcasting and electronic media,2000,44(3): 415-36.

［33］SCHRODER G O, DE WULF K, HOFSTEE N. Is gender stereotyping in ad more prevalent in masculine countries? A cross-national analysis ［J］. International marketing review,2002,19(4/5): 49-65.

［34］GANAHL D J, PRINSEN T J, NETZLE S B. A content analysis of prime time commercials: a contextual framework of gender representation ［J］. Sex roles,2003,49: 545-551.

［35］GILLY M C. Sex roles in advertising: a comparison of television advertisements in Australia, Mexico and the United States ［J］. Journal of marketing,1988,52: 75-85.

［36］GOODERHAM P N, NORDHAUG O. The decline of cultural differences in Europe ［J］. EBF,2002,8:48-53.

［37］GREEN R T. Societal development and family purchasing roles: a cross-national study ［J］. Journal of consumer research,1983,9: 436-442.

［38］HATFIELD E, RAPSON R L. Historical and cross-cultural perspectives on passionate love and sexual desire ［J］. Annual review of sex research,1993,4: 67-97.

［39］HIRSCHMAN E C. Religious differences in cognitions regarding novelty seeking and information transfer [J]. Advances in consumer research,1982,10: 228-233.

[40] HOFSTEDE G H. Culture's Consequences: international differences in work-related values [M]. California: Sage Publication, 1980.

[41] HOFSTEDE G H. Culture's Consequences: comparing values,behaviors, institutions, and organizations across nations [M]. California: Sage Publication,2001.

[42] HOFSTEDE G H, BOND M H. Hofstede's cultural dimensions: an independent validation using Rokeach's value survey [J]. Journal of cross-cultural psychology,1984,15: 417-433.

[43] HYE-JIN P, NELSON M R, VILEA A M. Examination of gender-role portrayals in television advertising across seven countries [J]. Sex roles,2011,64:192-207.

[44] FERGUSON J H, KRESHEL, TINKHAM S F. In the pages of Ms.: sex role portrayals of women in advertising [J]. Journal of advertising,1990,19(1): 40-51.

[45] PEIRCE K. Importance of gender in perceptions of advertising spokes-character effectiveness [J]. Sex roles, 2001,45(11/12): 845-858.

[46] KERIN R A, LUNDSTROM W J, SCIGLIMPAGLIA D. Women in advertisements: retrospect and prospect [J]. Journal of advertising,1979,8: 37-42.

[47] KILBOURNE J. Deadly persuasion: why women and girls must fight the addictive power of advertising [M]. New York: Free Press,1999.

[48] KOLBE R H, ALBANESA P J. The functional integration of sole-male images into magazine advertisements [J]. Sex roles,1997, 36(11/12): 813-836.

[49] KRAMER K M, KNUPFER N N. Gender equity in advertising on the wondwide web. the 1997 National Convention of the Association for Educational communications and Techaclogy [R]. Albuquerque, 1997.

[50] LATOUR M S, HENTHORNE T L. Female nudity: attitudes toward the ad and the brand, and implications for advertising strategy [J]. The journal of consumer marketing,1993,10(3): 25-32.

[51] SOLEY L, KURZBARD G. Sex in advertising: a comparison of 1964 and 1984 magazine advertisements [J]. Journal of advertising,1986,15(3): 46-54.

[52] ZHANG L, TONY P, SRISUPANDIT P. A comparison of gender role portrayals in magazine advertising The United States, China and Thailand [J]. Management research news,2009,32(7): 683-700.

[53] LIU F, CHENG H, LI J Y. Consumer responses to sex appeal advertising: a cross-cultural study [J]. International marketing review,2009,26(4/5): 501-520.

[54] WOLIN L D. Gender issues in advertising: an oversight synthesis of research: 1970-2002 [J]. Journal of advertising research,2003,43(1): 111-129.

[55] LOVDAL L F. Sex role messages in television commercials: an update [J]. Sex

roles,1989,21(11/12):715-21.

[56] JAFFE L J, BERGER P D. The effect of modern female sex role portrayals on advertising effectiveness [J]. Journal of advertising research,1994,34(4):32-42

[57] LYSONSKI S. Role portrayals in British magazine advertisements [J]. European journal of marketing,1985,19(7):37-55.

[58] MARTIN M C, GENTRY J W. Stuck in the model trap: the effects of beautiful models in ads on female preadolescents and adolescents [J]. Journal of advertising,1997,26 (2):19-33.

[59] MARTIN M C, KENEDY P F. Advertising and social comparison: Consequences for female preadolescents and adolescents [J]. Psychology & marketing (1986-1998),1993,10(6):513-530.

[60] MAYS A E, BRADY D L. Women's changing role portrayals in magazine advertisements: 1955 to 1985 [R]. Working Paper, Millersville State University Series, 1990.

[61] MAZZELLA C, DURKIN K, CERINI E, et al. Sex role stereotyping in Australian television advertisements [J]. Sex roles,1992,26(7/8):243-259.

[62] MCARTHUR L Z, RESKO B G. The portrayals of men and women in American television commercials [J]. Journal of social psychology,1975,97(12):209-220.

[63] MCREE K, DENHAM B E. Stoic and aloof for eternity: an analysis of multiple-male images in men's magazine advertising [J]. Media report to women,2006,34(3):5-12.

[64] LATOUR M S. Female nudity in print advertising: An analysis of gender differences in arousal and ad response [J]. Psychology & marketing (1986-1998),1990,7(1):65-81.

[65] MILNER L M, COLLINS J M. Sex role portrayals in Turkish television advertisements: an examination in global context [J]. Journal of euromarketing,1998,7(1):1-28.

[66] NELSON M R, HYE-JIN P. Nudity of female and male models in primetime TV advertising across seven countries [J]. International journal of advertising,2008,27(5):715-744.

[67] MOON Y S, CHEN K. Gender portrayals in Hong Kong and Korean children's TVcommercials: a cross-cultural comparison [J]. Asian journal of communication,2002,12 (2):100-119.

[68] MICHELLE M M, SHAFFER D R. Gender-role congruence and self-referencing as determinants of advertising effectiveness [J]. Sex roles,2003,49(5/6):265-275.

[69] ROSALDO M Z, LAMPHERE L. Woman, culture and society [C]. California: Stanford University Press, 1974.

[70] MICHELL P C N, TAYLOR W. Polarising trends in female role portrayals in UK advertising [J]. European journal of marketing,1990,24(5): 41-49.

[71] PETERSON R A, KERIN R A. The female role in advertisements: some experimental evidence [J]. Journal of marketing,1977,41(October):59-63.

[72] PHILLIPS B J. Thinking into it: consumer interpretation of complex advertising images [J]. Journal of advertising,1996,26(2): 77-87.

[73] PEIRCE K, MCBRIDE M. Aunt Jemima isn't keeping up with the Energizer Bunny: stereotyping of animated spokes-characters in advertising [J]. Sex roles,1999,40 (11/12): 959-968.

[74] FRANCIS P, MURRAY Y. Consumer advertising in Germany and the United States: a study of sexual explicitness and cross-gender contact [J]. Journal of international consumer marketing,1996,8(3):4.

[75] POLLAY R W, MITTAL B. Here's the beef: factors, determinants, and segments in consumer criticism of advertising [J]. Journal of marketing,1993,57 (7): 93-114.

[76] PUTREVU S. Communicating with the sex: male and female responses to print advertisements [J]. Journal of advertising,2004,33(3): 51-62.

[77] REICHERT T. Sex in advertising research: a review of content, effects, and functions of sexual information in consumer advertising [J]. Annual review of sex research, 2002,3: 241-273.

[78] REIDENBACH R E, MCCLEARY K W. Advertising and male nudity: An experimental investigation [J]. Academy of marketing science, 1983, 11(4): 444-454.

[79] ROHLINGER D A. Eroticizing men: cultural influences on advertising and male objectification [J]. Sex roles,2002, 46(3/4): 61-74.

[80] DANTELS A K, BENETJ. Heart and home, images of woman in the mass media [C]. New York: Oxford University Press, 1974.

[81] SENGUPTA S. The influence of culture on portrayals of women in television commercials: a comparison between the United States and Japan [J]. International journal of advertising,1995,14(4): 314-333.

[82] SIMPSON P M, HORTON S, BROWN G. Male nudity in advertisements: A modified replication and extension of gender and product effects [J]. Academy of marketing science journal,1996,24(3): 257.

[83] SULLIVAN G L, O'CONNOR P J. The family purchase decision process: A cross-cultural review and framework for research [J]. Southwest journal of business and economics,1988,6: 43-63.

[84] WHIPPLE T W, COURTNEY A E. Female role portrayals in advertising and communication effectiveness: a review [J]. Journal of advertising,1985,14(3): 4.

［85］ CHIA-CHING T，CHIH-HSIANG CHANG. The effect of physical attractiveness of models on advertising effectiveness ［J］. Adolescence,2007,42:168.

［86］ULRICH R O, DENISA H. Men's and women's responses to sex role portrayals in advertisements ［J］. International journal of research in marketing, 2004,21:77-88.

［87］CHOW-HOU W，MEI-LAN C, TAMBYAH，et al. Sex role portrayal in television advertising ［J］. International marketing review,1995,12(1): 49.

［88］WELCH R L，HUSTON-STEIN A，WRIGHT G C，et al. Subtle sex role cues in children's commercials ［J］. Journal of communication,1979,9: 202-209.

［89］WILES C R，TJERNLUND A. A comparison of role portrayal of men and women in magazine advertising in the USA and Sweden ［J］. International journal of advertising,1991,10:259-267.

［90］WILES J A，WILES C R,TJERNLUND A. A comparison of gender role portrayals in magazine advertising ［J］. European journal of marketing,1995,29(11): 35-49.

［91］WILLIAMS P. Female role portrayals in print advertising: talking with women about their perceptions and their preferences ［J］. Advances in consumer research,1995,22: 753-760.

［92］张敬婕. 性别与传播［M］. 北京:中国传媒大学出版社,2009.

［93］GHANIMI Z. Muslim's perceptions of advertising: The male's perspective: the 50th Anniversary Annual Conference of American Academy of Advertising ［R］. California: AAA,2008.

［94］ZOTOS Y C，Lysonski S. Gender representations: the case of Greek magazine advertisements ［J］. Journal of euromarketing,1994,3(2):27-47.

后 记

　　作为一名广告学和传播学的研究者,关注男女的兴趣,要从我大学时喜欢广告开始。不过转头一想,谁又会不喜欢呢? 广告是如此的活色生香、光怪陆离,在短短的数秒、数十秒间,就能讲完一个生动的故事,引来一阵开怀大笑,甚至煽下几滴眼泪,谁能有这样的生花妙笔和巧嘴簧舌? 难怪许多广告大咖跨界电影圈,难怪同好们抚掌,广告比电视好看多了,又难怪西方批判学者们忧心忡忡广告的世俗入侵。

　　继而,想一想,这样的影响怎能离开其中的主角——你和我呢? 业界早已总结出创意的不二法则:Beauty 一出,天下无敌;学界论证出"异性相吸"依然是广告中颠扑不破的真理,并在流行的逆向代言风潮中找到拥趸。所以,当我上下求索,遨游在广告与性别的浩瀚学术圈里时,不禁从心底涌出一句俗套的感叹:食色,性也!

　　俗人的好奇和窥探是一回事,正经而严肃的学术研究却是另外一回事。它离不开理论、方法,以及冷静。理论,帮助我们找到研究的问题,而不是现象。当我们享受于俊男美女的高颜值时,理论触及到刻板印象;当我们惊诧于"赤裸裸的真理总是美女"时,理论指出背后的权力关系;当我们于"他好,我也好"的广告语心有戚戚焉,理论说这个修辞名为婉曲。方法,确定我们解决问题的工具,而不是心有所感,随口笑谈。一时、一地和一人的回答,虽然也能带给人启迪,却不能经过仔细推敲和验证,因此无论使用定量还是定性,方法总是要有据可依。而冷静的视角,平静的心态,客观的语气,更是学术研究的典型模样。

　　其实本书中的各种现象,业界都曾谈论,但大多是短平快的点评而已,笔者既不想做浮光掠影式的蜻蜓点水,也不期望自己的一家之言能"放之四海而皆准"，于是老老实实地用广告学的传统方法来做，也许逻辑很八股，语言很平淡，结论很简单，但至少研究过程经得起检验，对得起笔者坐的这条冷板凳。

厦大出版社的王鹭鹏编辑，与之合作多年，他身上追求严谨、确实、平易的那股子狠劲，着实让我汗颜。感谢他为本书付出的辛劳。

周　雨

2016 年 4 月 1 日